20★26

윤진만
박찬준
김가을
김대식
이현석
지음

2026
K리그 스카우팅리포트

K리그 관전을 위한 가장 쉽고도 완벽한 준비

NEXO
HYUNDAI
JEONBUK
bs

CONTENTS

스쿼드 일러두기

스포츠조선 기자들이 각 팀의 주목할 만한 선수 5인과 1군 경기에서 얼굴을 자주 비출 선수 15인을 선정하였다.

이승우 ①

1998년 1월 6일 | 28세 | 대한민국 | 168cm | 64kg ②

경력 ⑦

바르셀로나B(16~17)
▷엘라스베로나(17~19)
▷신트트라위던(19~21)
▷포르티모넨스(21)
▷수원FC(22~24)
▷전북(24~)

K리그 통산기록 ⑧

K리그1 – 125경기 40득점 13도움

대표팀 경력 ⑨

12경기
2018 월드컵, 2019 아시안컵

K리그 연봉킹이자 최고의 슈퍼스타다. 사실 2025년은 그에게 복잡한 한해였다. 전북은 우승을 차지하며 생애 첫 리그 우승 트로피를 들어올렸지만, 아이러니하게도 이승우는 백업으로 전락했다. 하지만 이승우는 게임 체인저라는, 자신의 새로운 역할을 받아들였다. 포옛 감독과 스페인어로 자주 미팅을 하며, 마음을 다잡은 그는 고비마다 알토란 같은 득점포를 쏘아올렸다. 단 4골에 그쳤지만 순도는 높았다. 포옛 감독도 우승 미디어데이에서 이승우의 태도에 대해 칭찬을 아끼지 않았다. 능력은 설명이 필요없다. '코리안 메시'라는 호칭이 아깝지 않은 환상적인 개인기, 탁월한 센스, 창의적은 플레이는 보는 이들의 탄성을 자아내게 한다. 하지만 전북에서는 아직 100% 이승우를 보여주지 못했다. 자신을 중심으로 팀이 세팅된 수원FC에서는 '에이스'로 맹활약을 펼쳤던 반면, 좋은 선수들이 많은 전북에서는 팀의 중심에 서지 못했다. A대표팀에서도 멀어진 이유다. K리그 최고 연봉을 받는 이승우에게 조커는 어울리는 역할이 아니다. 연령별 대표팀에서 자신을 누구보다 잘 활용했던 정정용 감독 체제 하에서 다시 우뚝설 수 있을지, 올 시즌은 이승우 축구인생의 중요한 기로다.

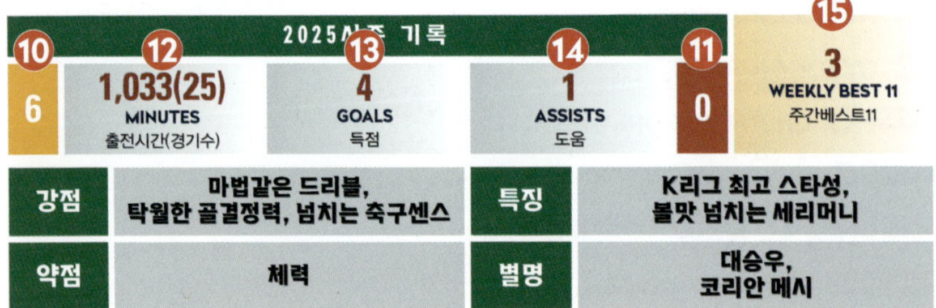

■ 스쿼드 일러두기 페이지는 정보와 기록 등 각각의 요소를 설명하기 위한 예시로 구성된 것이며, 도서 본문 내용과 일치하지 않을 수 있습니다. 정확한 정보는 구단별 스쿼드 페이지 내의 선수 데이터를 확인해주세요.

김태환 ①

1989년 7월 24일 | 36세 | 대한민국 | 180cm | 75kg ②
경력 | 서울(10~12) ▷ 성남(13~14) ▷ 울산(15~16) ▷ 상무(17~18) ▷ 울산(18~23)
▷ 전북(24~) ⑦
K리그 통산기록 | K리그1 – 443경기 22득점 57도움 ⑧
대표팀 경력 | 4경기 | 2022 월드컵, 2023 아시안컵 ⑨

전북의 뉴 캡틴. 2024년 정든 울산을 떠나 전북으로 이적한 김태환은 지난 시즌 맹활약을 통해 완벽한 '전북맨'이 됐다. 입단 첫 해 다소 아쉬운 모습을 보이며 주전 경쟁에서 우위를 보이지 못했던 김태환은 지난 시즌 이를 악물었다. 절치부심하며, 세월을 거스르는 듯한 활약을 보였다. 장기인 폭발적인 주력과 악착같은 수비는 물론, 날카로운 크로스까지 선보였다. 거의 모든 경기에 나설 정도로 체력도 여전했다. 재계약에 성공한 김태환은 올 시즌 주장 완장까지 차게 됐다. 치타의 전성기는 아직 끝나지 않았다.

2025시즌 기록

					강점	약점
7 ⑩	0 ⑪	3,012(35) MINUTES 출전시간(경기수) ⑫	0 GOALS 득점 ⑬	2 ASSISTS 도움 ⑭	1 WEEKLY BEST 11 주간베스트11 ⑮	여전히 쌩쌩한 주력 / 감정 컨트롤

---

① 이름

② 프로필

③ 포지션

④ 등번호

⑤ 주장 마크

⑥ 국적
이중국적의 선수의 경우 K리그에 등록된 국가만 표기했다.

⑦ 경력
과거의 군·경 팀은 '상무'와 '경찰'로 표기를 통일했다.

⑧ K리그 통산 기록
K리그 통산기록은 1부리그, 2부리그 정규리그 기록이다.

⑨ 대표팀 경력
국가대표 A매치 출전 기록 & 참가한 주요 대회를 표기했다. (2026년 2월 27일 기준)

⑩ 경고

⑪ 퇴장

⑫ 출전시간(경기수)

⑬ 득점수 / GK 실점수

⑭ 도움수 / GK 선방수

⑮ 주간베스트11

일러두기

- 각종 기록 및 사진 출처는 한국프로축구연맹이다.
- 지난 시즌 K리그 두 팀에서 뛰었던 선수는 합산 기록을 반영했다.
- 1부에서 2부로, 2부에서 1부로 이적하여 활동 리그가 바뀐 경우는 이적 후 새 팀에서의 기록만을 정리했다.
- 이적시장은 2026년 2월 27일까지의 현황을 반영했다.
- 골키퍼의 경우 득점과 도움 대신 실점과 선방을 표기하였다.
- 국가대표 경력의 경우 KFA 홈페이지를 참조하였고, 출전기록은 A대표 경기만을 기준으로 정리하되, 주요 출전 대회는 월드컵, 아시안컵, 올림픽을 표기하였다.
- 외국인 선수의 경력과 기록은 트랜스퍼마크트를 참조하였다.
- 2026시즌 공식 프로필 사진이 미촬영, 미확보된 선수는 직전 시즌 사진을 활용하거나 비워 두었으며, 추후 재쇄 제작 시에 수정할 예정이다.
- 감독의 K리그 통산 전적은 K리그1, K리그2 성적이 포함된 기록이다.

2026시즌 달라지는 점

K리그 개막을 앞두고, 스포츠 조선 기자들이 2026시즌 달라지는 주요 제도와 운영 방식을 정리하였다.

K리그 29 구단 체제 시작

K리그가 겨울잠에서 깨어나 기지개를 켠다. 2026년 K리그는 달라진 모습, 더 발전된 모습으로 팬들에게 다가갈 예정이다. 뭐가 달라졌냐고? 우선 팀 수부터 달라졌다. 용인FC, 파주 프런티어, 김해FC 2008, 신입 3팀이 한꺼번에 프로 무대에 도전장을 내밀었다. K리그1은 기존 12팀 체제로 유지되지만, K리그2는 신생팀 세 팀을 포함해 14팀에서 17팀으로 늘었다. K리그1, K리그2를 통틀어 전체 구단 수가 29팀으로 증가했다. 2016년 23팀 체제에서 꼭 10년 만에 6팀이 늘어 '프로팀 30개 시대'를 앞뒀다. K리그2 시스템도 바뀌었다. 기존 K리그2는 팀당 3로빈, 39경기를 치렀다. 많은 경기 수로 인해 주중, 주말 경기가 빈번했다. 이젠 팀당 두 번씩 맞붙는 2로빈으로 돌아간다. 경기 수도 32경기로 줄어든다. 매 주말 더 뜨거운 '혈전'을 기대해도 좋은 이유다.

K리그 승강 방식 변경점

새 식구가 늘어나면서 승강제에도 변화가 생겼다. 2027시즌부터 K리그1은 14팀으로 참가수가 늘어난다. 이는 '승격지옥' K리그2를 덜 '지옥스럽게' 만드는 효과를 기대케한다. 2026년 K리그2에선 우승과 준우승, 2개 팀이 자동 승격한다. 3~6위는 4강 플레이오프를 펼쳐 승리한 팀이 K리그1로 승격한다. 이것만 해도 3팀이 동반 승격할 수 있다. 여기서 끝이 아니다. 플레이오프에서 패한 팀도 K리그1 최하위 팀과 승강 플레이오프를 치르는 '두번째 기회'를 잡는다. K리그20에서 최대 4팀이 승격하려면 조건 하나가 충족돼야 한다. 2026년 김천시와의 연고지 협약이 만료돼 순위와 상관없이 2부로 강등되는 군팀 김천 상무가 K리그1 12위(최하위)를 기록하지 않는 것이다. 김천이 12위를 하면 김천만 강등되고 승강 플레이오프는 열리지 않는다.

정몽규 대한축구협회장의 공약대로 K리그2와 K3리그 간 승강제도 동시에 실시된다. K리그2 최하위 팀은 K3리그 우승팀과 단판으로 승강 결정전을 치른다. 다만 K3리그 구단이 프로 무대에 뛰어들기 위해선 한국프로축구연맹이 정한 K리그 클럽 라이선스를 취득해야 한다. 양적 팽창만 있는 건 아니다. K리그는 질적 팽창을 위해서 외국인 선수 보유 한도를 폐지했다. 구단은 외국인 선수를 영입하고 싶으면 무제한으로 영입할 수 있다. 단, 경기 명단 등록 및 출전은 K리그1은 5명, K리그2는 4명으로 제한된다. 뛰어난 외국인 선수들의 유입은 리그 수준을 높여 팬들에게 즐거움을 선사하고, 궁극적으로 아시아클럽대항전에서의 성적 향상을 도울 것으로 기대된다.

28년 만에
외국인 골키퍼 등족 허용

이제 K리그에서도 외국인 골키퍼가 슛을 막는 모습을 볼 수 있다. 신의손 등이 국내 골키퍼의 성장을 저해한다는 이유로 폐지된 이 규정은 28년 만인 올해 전격 부활했다. 정확히는 '다양성'의 부활이다. K리그2 신생팀 용인은 주전 수문장으로 활용할 계획으로 포르투갈 출신 골키퍼 노보를 영입했다.

U-22 의무 출전제도 변경점

어린 선수들의 성장 발판이었던 22세 이하(U-22) 의무 출전 제도는 완화했다. K리그1의 U-22 제도는 사실상 폐지 수순이다. K리그1은 U-22 선수 출전 여부와 상관없이 경기 중 5명을 교체할 수 있다. 20명 출전 명단 중 U-22 선수가 한 명 포함되면 19명, 한 명도 없으면 18명으로 각각 엔트리가 줄어드는 불이익을 받는다. K리그2는 U-22 선수 미출전시 3명 교체 가능, 1명 선발 출전시 4명 교체, 교체로만 2명 이상 출전시 4명 교체, 2명 이상 선발 출전 혹은 1명 선발 출전 후 1명 이상 교체 출전시 5명의 교체가 허용된다.

그밖에 달라지는 점들

각 구단은 올해부터 테크니컬 디렉터(TD) 보유를 의무화해야 한다. 테크니컬 디렉터란 구단 고유의 축구 정체성을 확립하고 장기 기술 발전 계획을 실행하는 책임자로, 구단의 기술 발전과 선수단 운영을 총괄하는 직책이다. 유럽에선 단장(대표이사)이 구단 살림(마케팅)을 챙기고, TD가 선수단 성적을 책임지는 시스템이 오래전부터 정착됐다.

선수 표준 계약서엔 '구단 임금 체불 시 선수 계약 해지 조항'이 새롭게 삽입된다. 기존에는 구단이 정당한 사유 없이 연봉을 3개월 이상 미지급할 경우 선수가 계약을 즉시 해지할 수 있었다. 개정 후에는 연봉 2개월 이상 미지급 시 선수는 구단에 채무 불이행을 통지하고 15일 동안 시정할 기회를 부여하도록 변경됐다. 해당 규정 개정 사항은 국제축구연맹(FIFA) RSTP(선수 지위와 이적에 관한 규정)를 반영한 것이다. 15일 경과 후에도 구단이 시정하지 않으면 선수가 계약을 해지할 수 있다. 이제 달라진 K리그를 보러 경기장으로 달려가자.

CHAPTER 1

K LEAGUE 1
SCOUTING REPORT

송범근
김진규
이승우
박지수
오베르단
이주현
연제운
김태현
김영빈
조위제
이영재
강상윤
맹성웅
감보아
김승섭
이동준
김태환
티아고
콤파뇨
모따
김준영
박주영
김영환
이상명
최진웅

전북현대모터스

다시 찾은 자존심, 다시 왕조 구축에 나서는 전북

전북현대모터스

'왕의 귀환'이었다. 전북은 2024년 자존심을 구겼다. 초유의 5연패를 달성한 K리그 통산 최다 우승팀이자 최고 명가의 몰락이었다. 전북은 모기업의 화끈한 투자를 앞세워 리그를 선도한 '절대 1강'이었다. 2021년 우승 이후 2위 → 4위로 내리막을 타던 전북은 급기야 창단 첫 파이널B로 추락한 데 이어 강등 위기까지 몰렸다. 승강 플레이오프 끝에 가까스로 잔류했다. 반등을 위한 전북의 승부수는 외국인 감독이었다. 잉글랜드 프리미어리그 사령탑 출신 거스 포옛 감독을 선임했다. 하지만 기대 보다는 우려가 컸다. 2024년이 남긴 상처는 깊어 보였다. 모든 전문가가 시간이 필요하다고 했다. 하지만 절치부심한 전북의 힘은 강했다. 초반 적응기를 거친 포옛 감독은 확실한 플랜A를 바탕으로 연승을 달렸다. 굴욕인 줄 알았던 6라운드 FC안양전 두 줄 수비는 신의 한수였다. 이 경기서 1대0 승리를 거두며 동력을 얻은 전북은 이후 리그 22경기 무패를 질주하며 조기 우승을 확정지었다. K리그 역사상 최초의 10회 우승을 달성했다. 기세를 탄 전북은 코리아컵까지 거머쥐며 더블을 달성했다. 다시 한번 전북의 시대를 열었다.

구단 소개

정식 명칭	전북 현대 모터스 FC
구단 창립	1994년 12월 12일
모기업	현대자동차
상징하는 색	녹색
경기장(수용인원)	전주월드컵경기장 (34,276명)
마스코트	나이티, 써치
레전드	최진철, 김도훈, 에닝요, 김상식, 이동국 등
서포터즈	매드그린보이즈
커뮤니티	에버그린

우승

K리그	10회 (2009, 2011, 2014, 2015, 2017, 2018, 2019, 2020, 2021, 2025)
코리아컵(FA컵)	6회 (2000, 2003, 2005, 2020, 2022, 2025)
AFC챔피언스리그(ACL)	2회 (2006, 2016)

최근 5시즌 성적

시즌	K리그	코리아컵(FA컵)	ACL
2025시즌	1위	우승	–
2024시즌	10위	32강	–
2023시즌	4위	준우승	8강
2022시즌	2위	우승	4강
2021시즌	1위	16강	8강

정정용 | 1969년 4월 1일 | 57세 | 대한민국

K리그 전적
202경기 81승 52무 69패

말 그대로 '맨발에서 벤츠까지'다. 정정용 감독은 축구계의 '흙수저'다. 프로 무대조차 밟지 못했다. 은퇴 후 스포츠생리학 박사, 포르투갈 축구 유학 등을 통해 지도자 준비를 시작했다. 2006년 대한축구협회 유소년 전임 지도자가 된 그는 코치로, 감독으로 연령별대표팀 등을 두루 거쳤다. 2019년에는 U-20 월드컵에서 준우승을 차지하는 놀라운 성과를 만들기도 했다. 정 감독은 연령별 대표팀은 물론 초, 중, 고, 대학교, K리그2, K리그1, 심지어 군 팀까지 이끌었다. 밑바닥부터 한계단씩 올라온 정 감독은 김천을 두 시즌 연속 3위로 이끄는 지도력을 발휘했고, 마침내 K리그 최고 명문인 전북 지휘봉을 잡았다.

선수 경력

이랜드 푸마

지도자 경력

인천 코치	U-14 대표팀 감독	U-23 코치	대구 수석코치	대구 U-18 감독	U-17 대표팀 감독	U-20 대표팀 감독	이랜드 감독	김천 상무 감독	전북 감독(26~)

주요 경력

2019년 U-20 월드컵 준우승

선호 포메이션	4-4-2	3가지 특징	공부하는 지도자	탁월한 육성 능력	선수 구성에 맞춘 유연한 전술

STAFF

코치	GK코치	피지컬코치	전력분석관	주치의	의무팀	장비 담당관	통역
성한수 이문선	서동명	심정현	송석화 박준완	송하현	지우반 김병선 이규열 노상근	최재혁	김민서 표석환

2 0 2 5　R E V I E W

아디다스 포인트로 보는 전북의 2025시즌 활약도

압도적인 시즌이었다. 초반 위기를 넘긴 후 5월부터 1위에 올라 시즌 종료까지 선두 자리를 놓치지 않았다. 적수는 없었다. 전북은 올 시즌 최다 득점, 최소 실점을 기록했다. 무패를 질주한 끝에 스플릿 제도 도입 후 최단 기간 우승을 차지했다. 아디다스 포인트가 이를 입증한다. 커리어 하이를 기록한 공격수 전진우와 조현우의 K리그 베스트11 골키퍼 부문 8년 천하를 끝낸 송범근이 톱10에 진입했고, 무려 8명이 톱30에 이름을 올렸다. 주전에 해당하는 13명이 2만 포인트 이상을 얻었는데, 그만큼 포옛 감독이 확실한 플랜A를 바탕으로 운영한 것을 알 수 있는 대목이다.

2025시즌 아디다스 포인트 상위 20명　■ 포인트 점수

포지션 평점

FW 

MF

DF

GK

출전시간 TOP 3

1위	송범근	3,420분
2위	박진섭	3,105분
3위	김태환	3,012분

득점 TOP 3

1위	전진우	16골
2위	콤파뇨	13골
3위	티아고	9골

도움 TOP 3

1위	김진규	6도움
2위	티아고	5도움
3위	강상윤	4도움

주목할 기록

32 최소 실점 1위

12 코너킥에 의한 득점 (전체 2위)

성적 그래프

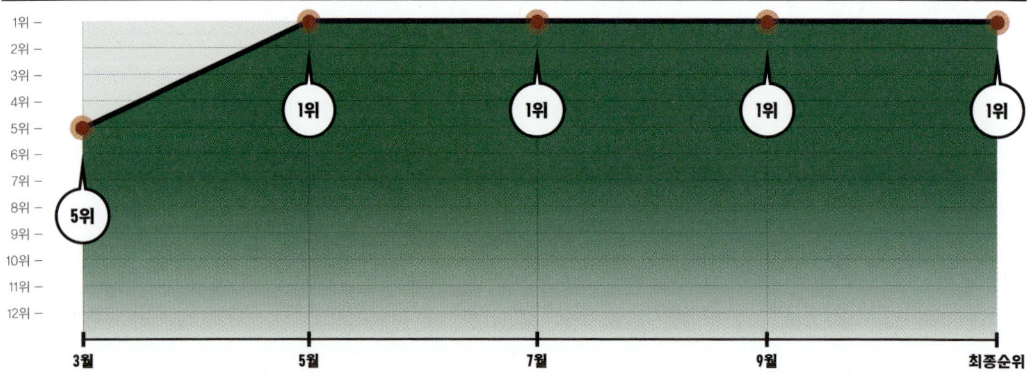

2026 시즌 스쿼드 운용 & 이적 시장 인앤아웃

IN

이주현_부천
조위제_부산
박지수_우한
오베르단_포항
김승섭_제주
이상명 최진웅
_천안
김영환_충북청주
모따_안양
김하준_이랜드
김준영 박주영
_화성

OUT

최철순_은퇴
전진우_옥스포드
한국영_대구
박재용_이랜드
홍정호_수원삼성
송민규_서울
권창훈_제주
박진섭_저장
정태욱_인천
진시우_포항
김정훈_안양
안현범_부산
변준수_입대

FW

티아고　모따　콤파뇨
이동준　김승섭　이승우
진태호　츄마시　박주영

MF

김진규　오베르단　강상윤
이영재　맹성웅　감보아　김영환

DF

김영빈　박지수　조위제
연제운　김하준　최진웅　김태현
김태환 ⓒ　최우진　이상명　김준영

GK

송범근　이주현　전지완

ⓒ 주장

'절대 1강'의 위용을 되찾았다. 전 포지션에 걸쳐 수준급 선수들을 더했다. 특히 기존 자원들이 떠나고 남긴 자리에 특급 자원으로 핀셋 처방을 한 것이 눈에 띈다. 오히려 전력이 올라갔다는 평가다. 티아고, 콤파뇨, 모따가 포진한 최전방은 역대급이고, 수비진도 더욱 젊어졌다. 중원은 역동성이 올라간 모습이다. 정정용 감독이 김천 시절 함께한 선수들이 많다는 것도 긍정적이다. 고민은 풀백이다. 더블스쿼드 체제를 구축한 전북이지만 김태현–김태환, 두 확실한 주전 풀백을 받쳐줄 백업이 부족하다. 포백 앞에서 압도적인 수비력을 보인 박진섭의 존재감을 누가 대신할지도 미지수다. 정 감독이 빅클럽에서 어떤 모습을 보일지도 변수로 꼽힌다. 하지만 지난 시즌 우승을 통해 회복한 우승 DNA의 존재는 올 시즌 전북의 가장 큰 힘이 될 전망이다.

주장의 각오

김태환

"지난해 우승의 영광은 이제 가슴에 묻고, 새로운 감독님과 함께 더 높은 곳을 향해 뛰겠습니다. 전북의 DNA를 믿습니다. 주장이자 동료로서 팀을 하나로 묶어, 전주성의 함성 속에 다시 한번 우승컵을 들어 올리겠습니다."

2 0 2 6 예 상 베 스 트 1 1

이적시장 평가

역대급 변화였다. 나간 선수들로만 베스트11을 짤 수 있을 정도였다. 그간 전북을 이끌던 핵심 자원들이 줄줄이 떠났다. '정신적 지주' 최철순이 은퇴했고, '수비의 핵' 홍정호가 수원으로 갔다. '캡틴' 박진섭은 저장으로, 공격 전 지역을 누빈 송민규는 서울로 향했다. 난 자리가 제법 커 보였지만, 전북은 그에 못지 않은 선수들을 수혈했다. 박지수, 조위제, 군에 입대한 변준수를 데려와 수비진을 강화했고, 모따, 김승섭, 오베르단 등 리그 정상급 선수들을 품으며 선수단을 더욱 업그레이드했다. 연령대를 낮추며 미래를 향한 준비까지 마쳤다.

저자 5인 순위 예측

· 윤 진 만 ·	· 박 찬 준 ·	· 김 가 을 ·	· 김 대 식 ·	· 이 헌 석 ·
2위_명실상부 K리그1 2연패를 따낼 우승 전력. K리그 슈퍼컵에서 대전을 꺾고 심리적 우위를 점했다. 다만 사단 변화로 연속성을 기대하긴 어려워 보인다.	**1위**_정정용 변수가 있지만, 스쿼드가 너무 압도적이다. 영입파도 모두 검증된 선수들이다. 우승 DNA까지 회복했고, 지난 시즌 우승 주역들도 건재하다.	**3위**_새 감독 체제로 치르는 첫 시즌이다. 선수 변동 폭도 크다. 측면의 불안함이 있다. 얼마나 빠르게 안정을 찾느냐가 중요하다.	**1위**_정정용 감독이 새로 부임했지만 거스 포옛 감독의 향기가 많이 남아있다. 정 감독은 전북에 많은 변화를 주지 않으려는 듯하다. 모따, 오베르단, 박지수까지 영입해 척추는 더 튼튼해졌다. .	**2위**_큰 공백이 생겼지만, 큰 영입들로 막았다. 기대 만큼만 해준다면 2년 연속 우승도 꿈은 아니다. 정정용 감독의 지도력도 시험대에 오른다.

송범근

1997년 10월 15일 | 29세 | 대한민국 | 196cm | 90kg

경력

전북(18~20)
▷ 쇼난벨마레(23~24)
▷ 전북(25~)

K리그 통산기록

K리그1 – 205경기 172실점

대표팀 경력

2경기
2022 월드컵, 2023 아시안컵

마침내 조현우의 아성을 깨고 K리그 넘버1 골키퍼 자리에 올랐다. 송범근은 지난 시즌 전북으로 돌아왔다. 송범근은 2018년부터 2022년까지 전북의 최후방을 든든히 지켰다. 이 기간 동안 전북은 정확히 5연패에 성공했다. 송범근은 꾸준히 대표팀에 이름을 올리며 차세대 골키퍼로 입지를 분명히 다졌지만, '전북의 단단한 수비 덕을 봤다'고 평가하는 이도 있었다. 우승에도 불구하고 단 한차례도 K리그1 베스트11에 선정되지 못한 이유다. 하지만 든자리는 몰라도 난자리는 티가 난다고 했다. 송범근은 2023년 J리그 쇼난 벨마레로 이적했다. 송범근이 2년 동안 골문을 비운 사이, 전북은 내리막을 거듭했다. 2024년에는 승강 플레이오프까지 추락했다. 김준홍이 미국으로 떠나며 생긴 넘버1 자리, 전북의 선택은 하나, 송범근이었다. '송붐'은 그대로였다. 오히려 진화한 모습이었다. 송범근이 전북의 골문을 든든히 지키자, 전북의 경기력은 눈에 띄게 안정됐고, 결국 우승까지 거머쥐었다. 송범근은 이같은 활약을 인정받아 조현우의 8년 천하를 깨고 생애 첫 K리그1 베스트11에 이름을 올렸다. A대표팀에서도 3년 4개월 만에 출전에 성공했다. 송범근의 전성기는 지금부터다.

2025시즌 기록

4	3,420(38) MINUTES 출전시간(경기수)	122 SAVE 선방	32 LOSS 실점	0	6 WEEKLY BEST 11 주간베스트11

강점	탁월한 공중 장악 능력, 슈퍼 세이브, 수준급 빌드업	특징	이제 K리그1 골키퍼
약점	기복	별명	송붐

김진규

1997년 2월 24일 | 29세 | 대한민국 | 177cm | 68kg

경력

부산(15~22)
▷ 전북(22~23)
▷ 김천(23~24)
▷ 전북(24~)

K리그 통산기록

K리그1 – 112경기 13득점 13도움
K리그2 – 138경기 21득점 12도움

대표팀 경력

18경기 3득점
2020 올림픽

마침내 K리그 최고의 미드필더로 도약했다. 부산 유스 출신으로 일찌감치 유망주로 불렸던 김진규는 2015년 만 18세의 나이에 프로에 입성, 준주전급으로 활약했다. 하지만 이후 부상과 부진에 빠지며 주춤하던 김진규는 2018년 8골–2도움을 기록하며 부활에 성공했다. 2019년에는 부산을 승격으로 이끌었다. 부산의 원클럽맨으로 활약하던 김진규는 2022년 새로운 도전에 나섰다. 전북으로 이적을 택했다. 김진규는 이적하자마자 선발로 나서는 등 전북 중원의 희망으로 떠올랐다. 이후 김천으로 유니폼을 갈아입고, K리그2 우승을 경험한 김진규는 2024년 김천 돌풍의 주역으로 활약했다. 2024년 여름 전역한 김진규는 위기의 전북을 구한 소방수였다. 김진규는 14경기에서 4골을 넣었고, 승강 플레이오프에서도 결정적인 도움을 기록했다. 2025년 김진규는 도약에 성공했다. 포옛 감독식 스리미들의 중심으로 활약하며, 볼배급, 침투, 조율능력까지 최고의 모습을 보였다. A대표팀에서도 없어서는 안될 자원으로 성장했고, K리그1 베스트11 중앙 미드필더 부문에도 선정됐다. 자신을 잘 아는 정정용 감독이 가세한 올시즌, 김진규는 변함없는 전북 전력의 핵이다.

2025시즌 기록

2	2,377(35) MINUTES 출전시간(경기수)	5 GOALS 득점	6 ASSISTS 도움	0	3 WEEKLY BEST 11 주간베스트11

강점	탁월한 시야, 날카로운 킥, 멀티 능력	특징	국대 미드필더
약점	아쉬운 수비 범위	별명	준식이

이승우

1998년 1월 6일 | 28세 | 대한민국 | 168cm | 64kg

경력

바르셀로나B(16~17)
▷ 엘라스베로나(17~19)
▷ 신트트라위던(19~21)
▷ 포르티모넨스(21)
▷ 수원FC(22~24)
▷ 전북(24~)

K리그 통산기록

K리그1 – 125경기 40득점 13도움

대표팀 경력

12경기
2018 월드컵, 2019 아시안컵

K리그 연봉킹이자 최고의 슈퍼스타다. 사실 2025년은 그에게 복잡한 한해였다. 전북은 우승을 차지하며 생애 첫 리그 우승 트로피를 들어올렸지만, 아이러니하게도 이승우는 백업으로 전락했다. 하지만 이승우는 게임 체인저라는, 자신의 새로운 역할을 받아들였다. 포옛 감독과 스페인어로 자주 미팅을 하며, 마음을 다잡은 그는 고비마다 알토란 같은 득점포를 쏘아올렸다. 단 4골에 그쳤지만 순도는 높았다. 포옛 감독도 우승 미디어데이에서 이승우의 태도에 대해 칭찬을 아끼지 않았다. 능력은 설명이 필요없다. '코리안 메시'라는 호칭이 아깝지 않은 환상적인 개인기, 탁월한 센스, 창의적은 플레이는 보는 이들의 탄성을 자아내게 한다. 하지만 전북에서는 아직 100% 이승우를 보여주지 못했다. 자신을 중심으로 팀이 세팅된 수원FC에서는 '에이스'로 맹활약을 펼쳤던 반면, 좋은 선수들이 많은 전북에서는 팀의 중심에 서지 못했다. A대표팀에서도 멀어진 이유다. K리그 최고 연봉을 받는 이승우에게 조커는 어울리는 역할이 아니다. 연령별 대표팀에서 자신을 누구보다 잘 활용했던 정정용 감독 체제 하에서 다시 우뚝설 수 있을지, 올 시즌은 이승우 축구인생의 중요한 기로다.

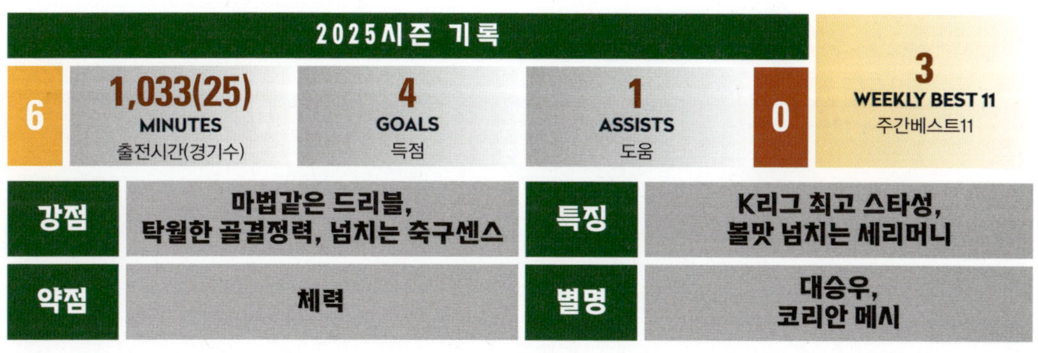

2025시즌 기록

6	1,033(25) MINUTES 출전시간(경기수)	4 GOALS 득점	1 ASSISTS 도움	0	3 WEEKLY BEST 11 주간베스트11

강점	마법같은 드리블, 탁월한 골결정력, 넘치는 축구센스	특징	K리그 최고 스타성, 볼맛 넘치는 세리머니
약점	체력	별명	대승우, 코리안 메시

박지수

1994년 6월 13일 | 32세 | 대한민국 | 187cm | 83kg

경력

인천(13)
▷의정부(14)
▷경남(15~18)
▷광저우헝다(19~22)
▷수원FC(21)
▷김천(21~22)
▷포르티모넨스(23)
▷우한싼전(23~25)
▷전북(26~)

K리그 통산기록

K리그1 – 77경기 3득점 2도움
K리그2 – 103경기 5득점 2도움

대표팀 경력

16경기
2020 올림픽

박지수는 대한민국을 대표하는 센터백 중 하나다. 인천 유스 출신의 박지수는 2013년 많은 기대 속 인천 유니폼을 입고 프로무대에 입성했지만, 데뷔전조차 치르지 못한채 방출됐다. K3리그의 FC의정부에서 재기에 나선 박지수는 눈에 띄는 활약을 펼치며, 2015년 경남을 통해 K리그에 복귀했다. 박지수는 경남에서 최고의 활약을 펼치며, 리그를 대표하는 수비수로 성장했다. 이 기간 파울루 벤투 감독에 의해 A대표팀에 깜짝 발탁되기도 했다. 박지수는 중국 무대 진출에도 성공했다. 이후 수원FC에서 잠깐 활약한 뒤, 상무에 다녀온 박지수는 포르투갈의 포르티모넨세로 이적이 확정되며, 유럽 진출에도 성공했다. 우한 싼전 유니폼을 입으며 다시 중국으로 돌아간 박지수는 중국 무대 최고의 수비수로 평가받았다. 2025시즌을 끝으로 우한과 계약이 만료된 박지수를 향해 많은 클럽들이 러브콜을 보냈다. 많은 중국 클럽들이 관심을 가졌다. 하지만 몸이 좋을때 국내로 복귀하는 것이 나을 수 있다는 판단을 내리며, 기류가 바뀌었다. 전북이 적극적인 구애를 보내며 박지수를 품었다. 터프한 수비력에 빌드업 능력까지 박지수는 홍정호의 빈자리를 메울 수 있는 최상의 카드다.

■중국 슈퍼리그 기록

2025시즌 기록			-
6 2,295(26) MINUTES 출전시간(경기수)	**1** GOALS 득점	**0** ASSISTS 도움	**0** WEEKLY BEST 11 주간베스트11

강점	탁월한 신체조건, 수준급 스피드, 파이터 기질	특징	인생역전의 아이콘
약점	잦은 뒷공간 허용	별명	군다이크, 피닉수

오베르단　Oberdan Alionço de Lima

1995년 7월 30일 | 31세 | 브라질 | 175cm | 69kg

경력

히우브랑쿠(15~17)
▷카스카베우(17)
▷플루미넨시(18)
▷바라(19)
▷아틀레티코이타자이(19)
▷카스카베우(20~21)
▷피게이렌시(21~22)
▷포항(23~25)
▷전북(26~)

K리그 통산기록

K리그1 – 99경기 10득점 4도움

대표팀 경력

—

오베르단이 2023년 처음 K리그에서 입성할때만 하더라도 이 정도로 성공하리라고 믿는 이는 아무도 없었다. 데뷔 전부터 최고의 모습을 보인 오베르단은 단숨에 포항 중원의 핵심이 됐다. 미친 활동량은 과거 울산에서 뛰던 에스티벤을 연상케했다. 오베르단의 활약에 고무된 포항은 그를 완전 영입했다. 오베르단은 해가 갈수록 진화했다. 탁월한 수비력에 공격력까지 장착했다. 과감한 침투와 패싱력, 마무리 능력까지 과시했다. 포항 골문부터 상대방 골문까지 그라운드의 전 영역이 오베르단의 포지션이었다. 좀처럼 부상도 당하지 않았고, 부상이 와도 슈퍼맨 같은 회복력을 보였다. 2024년 시즌 종료 후 중국과 중동의 러브콜이 쏟아졌다. 포항에 남은 오베르단은 변함없는 활약을 펼쳤다. 시즌 막판 아킬레스 부상으로 치료를 위해 브라질에 돌아갔지만, 이게 오베르단의 포항에서의 마지막이 됐다. 박진섭을 중국으로 보낸 전북은 대체자가 필요했고, 포항은 이적료가 필요했다. 오베르단도 연봉 상승을 원했다. 결국 오베르단은 포항의 검빨 유니폼에서 전북의 녹색 유니폼으로 갈아입었다. 오베르단은 전북에서도 '박투박 미드필더' 역할을 하게 될 전망이다. 익숙한 역할인만큼, 전북에서도 최고의 활약을 펼칠 수 있다.

2025시즌 기록

5	2,673(31) MINUTES 출전시간(경기수)	6 GOALS 득점	0 ASSISTS 도움	1	4 WEEKLY BEST 11 주간베스트11

강점	엄청난 체력, 수준급 탈압박, 탁월한 연계력	특징	슈퍼맨급 부상 회복력
약점	아쉬운 킥력	별명	영일만 오씨

이주현

1998년 12월 6일 | 28세 | 대한민국 | 188cm | 78kg
경력 | 부천(19~25) ▷ 김천(24~25) ▷ 전북(26~)
K리그 통산기록 | K리그1 – 14경기 15실점 | K리그2 – 10경기 13실점
대표팀 경력 | –

어린 시절부터 유망 골키퍼로 불렸다. U-17 월드컵에도 나섰고, 대학 무대에서도 맹활약을 펼쳤다. 2019년 부천에 입단한 이주현은 FA컵 등에 주로 나서며 기회를 엿봤다. 출전 시간이 제한된 탓에, 기복 있는 모습을 보였다. 김천 입대는 신의 한수가 됐다. 김천에서도 초반에는 김동헌 등에 밀려 기회를 잡지 못했다. 하지만 핵심 골키퍼들이 전역한 후 포항과의 18라운드에 데뷔전을 치른 이주현은 기대 이상의 경기력을 보였다. 김정훈을 안양으로 보내며 2번 골키퍼를 찾던 정정용 감독은 애제자에게 손을 내밀었다.

2025시즌 기록						강점	약점
2	0	**1,260(14)** MINUTES 출전시간(경기수)	**39** SAVE 선방	**15** LOSS 실점	**1** WEEKLY BEST 11 주간베스트11	안정된 캐칭 능력	경험

연제운

1994년 8월 28일 | 32세 | 대한민국 | 185cm | 78kg
경력 | 성남(16~21) ▷ 김천(21~22) ▷ 성남(22) ▷ 제주(23~24) ▷ 전북(24~)
K리그 통산기록 | K리그1 – 151경기 4득점 1도움 | K리그2 – 61경기 2득점 1도움
대표팀 경력 | –

지난 시즌 전북의 든든한 백업 센터백이었다. 김영빈과 홍정호가 자리를 비울때마다 그 공백을 완벽히 메웠다. 물론 그의 발목을 늘 잡았던 부상은 여전했지만, 그래도 예년보다는 출전 시간을 늘리며 존재감을 과시했다. 특히 연제운의 장점이었던 빌드업 못지 않게, 수비력이 돋보였다. 경기 막판 출전해 남은 시간을 잠구는 역할을 충실히 해냈다. '연물쇠'라는 기분 좋은 별명까지 얻었다. 조위제, 박지수 등이 가세하며 올해도 3~4번을 오갈 전망이다. 하지만 든든한 백업 센터백의 존재가 우승의 필수 요소인만큼 그의 존재감은 달라지지 않는다.

2025시즌 기록					강점	약점
2	0	**844(20)** MINUTES 출전시간(경기수)	**0** GOALS 득점	**0** ASSISTS 도움	**-** WEEKLY BEST 11 주간베스트11	탁월한 빌밑 능력
							1대1 수비력

김태현

1996년 12월 19일 | 30세 | 대한민국 | 175cm | 71kg
경력 | 안산(18) ▷ 서울이랜드(19) ▷ 안산(20) ▷ 전남(21~24) ▷ 김천(23~24) ▷ 전북(24~)
K리그 통산기록 | K리그1 – 54경기 2득점 3도움 | K리그2 – 141경기 3득점 7도움
대표팀 경력 | 1경기

최악이었던 2024년, 김태현은 전북의 몇안되는 소득 중 하나였다. 전북은 여름이적시장에서 김천에서 갓 전역한 김태현을 품었다. 우려의 목소리가 있었지만, 김태현은 당시 부진하던 김진수를 주전 자리에서 밀어냈다. 흔들리던 전북 수비를 구하며, 팀을 잔류로 이끌었다. 이후 전북의 왼쪽은 김태현의 몫이 됐다. 지난 시즌 김태현은 한결 원숙한 활약을 펼치며, 우승의 주역이 됐다. 부상이 흠이긴 하지만, 견고한 수비와 왕성한 오버래핑은 그만의 장점이다. A대표팀에도 선발된 김태현은 올 시즌도 부상만 없다면 확고한 주전이다.

2025시즌 기록					강점	약점
6	0	**2,415(28)** MINUTES 출전시간(경기수)	**0** GOALS 득점	**3** ASSISTS 도움	**1** WEEKLY BEST 11 주간베스트11	멈추지 않는 하드워커	세밀한 마무리

김영빈

1991년 9월 20일 | 35세 | 대한민국 | 184cm | 79kg
경력 | 광주(14~17) ▷ 상주(18~19) ▷ 광주(19) ▷ 강원(20~24) ▷ 전북(25~)
K리그 통산기록 | K리그1 – 305경기 14득점 4도움 | K리그2 – 27경기 1득점 1도움
대표팀 경력 | 1경기

지난 시즌 전북 우승의 언성히어로였다. 2024년 수비가 흔들리며 강등 위기에 몰린 전북의 겨울이적시장 최우선 과제는 센터백 보강이었고, 전북은 김영빈을 데려왔다. 다소 나이가 많았지만, 선택지는 많지 않았다. 김영빈은 터프한 수비부터 빌드업까지 되는, 리그 남은 몇안되는 육각형 센터백이었다. 홍정호와 짝을 이룬 김영빈은 그야말로 벽이었다. 전북의 최소 실점을 이끌며 팀에 우승트로피를 안겼다. 올 시즌 조위제, 박지수 등이 새롭게 가세했지만, 김영빈의 입지를 달리지지 않는다. 확고한 주전 왼쪽 센터백으로 활약할 전망이다.

		2025시즌 기록			2 WEEKLY BEST 11 주간베스트11	강점	약점
6	0	2,329(28) MINUTES 출전시간(경기수)	0 GOALS 득점	1 ASSISTS 도움		K리그 톱급 빌드업 능력	1대1 마크

조위제

2001년 8월 25일 | 25세 | 대한민국 | 189cm | 82kg
경력 | 부산(22~25) ▷ 전북(26~)
K리그 통산기록 | K리그2 – 104경기 3득점
대표팀 경력 | –

한국축구가 주목하는 젊은 수비수다. 부산 유스 출신인 조위제는 2022년 부산을 통해 K리그에 데뷔한 이래, 매 이적시장마다 빅클럽의 관심을 받았다. 뛰어난 신체 조건에 힘과 스피드를 갖춘 조위제는 K리그2 최고의 수비수로 불렸다. 귀하디 귀한 젊은 센터백인만큼 러브콜이 거셌다. 전북도 그 중 하나였다. 과거 이적시장에서 이미 몇차례 거액을 제시한 바 있다. 홍정호를 보낸 전북은 세대교체를 할 수 있는 특급 수비수를 찾았고, 답은 조위제 뿐이었다. K리그1에서도 증명한다면 국가대표에도 승선할 수 있는 재능이다.

		2025시즌 기록			7 WEEKLY BEST 11 주간베스트11	강점	약점
9	0	3,202(36) MINUTES 출전시간(경기수)	1 GOALS 득점	0 ASSISTS 도움		폭발적인 스피드	가끔 나오는 실수

■K리그2 기록

이영재

1994년 9월 13일 | 31세 | 대한민국 | 174cm | 60kg
경력 | 울산(15) ▷ 부산(16) ▷ 울산(17~18) ▷ 경남(19) ▷ 강원(19~20) ▷ 수원FC(21~23) ▷ 김천(22~23) ▷ 전북(24~)
K리그 통산기록 | K리그1 – 256경기 30득점 32도움 | K리그2 – 30경기 2득점 4도움
대표팀 경력 | 5경기

지난 시즌, 초반만 하더라도 제 몫을 하지 못했다. 2024년 부진의 여파가 남아 있는 듯 했다. 수원FC에서 맹활약을 펼치며, 많은 기대 속에 전북 유니폼을 입은 이영재는 전북 스타일에 자리잡지 못했다. 2025년에도 초반 포옛 감독이 중용하며 기회를 얻었지만, 기대에 미치지 못했다. 결국 강상윤, 김진규에게 밀리며 주전 자리를 내줬다. 하지만 고개 숙이지 않았다. 이후 반등에 성공했다. 교체 투입될때마다 좋은 모습을 보이며, 특급 조커로 자리매김했다. 날카로운 왼발킥이 건재한만큼, 언제든 보탬이 될 수 있는 선수다.

		2025시즌 기록			1 WEEKLY BEST 11 주간베스트11	강점	약점
0	0	1,242(32) MINUTES 출전시간(경기수)	2 GOALS 득점	1 ASSISTS 도움		탁월한 왼발 킥력	다소 떨어진 폼

강상윤

2004년 5월 31일 | 22세 | 대한민국 | 171cm | 64kg
경력 | 전북(22) ▷ 부산(23) ▷ 수원FC(24) ▷ 전북(25~)
K리그 통산기록 | K리그1 – 79경기 3득점 6도움 | K리그2 – 15경기 1도움
대표팀 경력 | 3경기 1득점

이재성의 후계자로 불린다. 지난 시즌 전북 부활의 주역이다. 수원FC로 임대를 다녀온 강상윤은 한단계 업그레이드된 모습으로 전북 중원을 지켰다. 시즌 중반 포옛 감독은 강상윤-김진규-박진섭 트리오로 중원을 재편했고, 강상윤은 공수를 오가는 엄청난 활동량을 앞세워 엔진 역할을 톡톡히 했다. 사실상 대체 불가 선수였다. 이같은 활약을 앞세워 A대표팀에 발탁돼 데뷔골까지 넣었다. FIFA 산하 국제스포츠연구소(CIES)가 발표한 자료에서 K리그 최고 몸값 선수로 공인 받았고, 포옛 감독도 "무조건 유럽에 갈 선수"라고 극찬했다.

		2025시즌 기록			3 WEEKLY BEST 11 주간베스트11	강점	약점
0	0	2,587(34) MINUTES 출전시간(경기수)	0 GOALS 득점	4 ASSISTS 도움		박지성급 지구력	몸싸움

맹성웅

1998년 2월 4일 | 28세 | 대한민국 | 180cm | 72kg
경력 | 안양(19~21) ▷ 전북(22~24) ▷ 김천(24~25) ▷ 전북(25~)
K리그 통산기록 | K리그1 – 74경기 2득점 5도움 | K리그2 – 81경기 1득점 3도움
대표팀 경력 | –

전형적인 살림꾼. 안양에서 데뷔한 맹성웅은 가능성을 인정받아 2022년 전북 유니폼을 입었다. 수비형 미드필더와 중앙 미드필더로 주로 뛰는 맹성웅은 측면 수비수는 물론 센터백까지 가능한 멀티 플레이어다. 투지 넘치는 플레이를 바탕으로 한 수비력이 탁월하다는 평가다. 다양한 포지션을 소화할 수 있을 정도로 센스도 좋다. 지난 시즌 김천에서 막판 출전 시간을 늘린 맹성웅은 전역 후 주전은 아니지만, 한자리를 꿰차며 올 시즌에 대한 기대를 높였다. 안양 복귀설도 있었지만, '스타군단' 전북에서도 자기만의 역할을 할 수 있는 선수다.

		2025시즌 기록			2 WEEKLY BEST 11 주간베스트11	강점	약점
4	0	1,622(22) MINUTES 출전시간(경기수)	1 GOALS 득점	2 ASSISTS 도움		멀티 플레이어	잦은 부상

감보아
João Pedro da Costa Gamboa

1996년 8월 31일 | 30세 | 포르투갈 | 187cm | 79kg
경력 | 브라가(15~17) ▷ 마리티무(17~18) ▷ 샤베스(19~20) ▷ 이스토릴프라이아(20~22) ▷ 아우트헤버클레이(22~23) ▷ 이스토릴프라이아(23) ▷ 포곤슈체친(23~25) ▷ 전북(25~)
K리그 통산기록 | K리그1 – 13경기
대표팀 경력 | –

지난해 여름이적시장에서 전북 유니폼을 입은 수비형 미드필더. 포르투갈 연령별 대표 출신으로 폴란드 포곤 슈체친에서 좋은 모습을 보이며 전북까지 오게됐다. 박진섭의 백업 역할을 했지만, 포옛 감독이 박진섭에 워낙 절대적인 신임을 보낸 탓에 출전시간을 충분히 얻지는 못했다. 하지만 나서는 경기에서는 탁월한 위치선정 능력을 바탕으로, 중원에 무게감을 더해줬다. 수비 뿐만 아니라 공격 작업에서도 인상적인 모습을 보였다. 박진섭이 떠난만큼, 더 많은 기회가 올 것으로 보였지만, 오베르단이 가세하며 또 한번의 주전 경쟁이 불가피해졌다.

		2025시즌 기록			- WEEKLY BEST 11 주간베스트11	강점	약점
3	0	596(13) MINUTES 출전시간(경기수)	0 GOALS 득점	0 ASSISTS 도움		탁월한 포지셔닝	아쉬운 공격력

김승섭

1996년 11월 1일 | 30세 | 대한민국 | 177cm | 65kg
경력 | 대전(18~22) ▷ 제주(23~24) ▷ 김천(24~25) ▷ 제주(25) ▷ 전북(26~)
K리그 통산기록 | K리그1 – 86경기 12득점 5도움 | K리그2 – 116경기 13득점 15도움
대표팀 경력 | –

정정용 감독의 황태자. 대전에서 데뷔한 김승섭은 놀라운 주력과 팀내 체력 테스트 1위를 놓치지 않는 지구력으로 큰 기대를 모았다. 좋은 모습을 보였지만, 1%가 부족했다. 세기가 늘 아쉬웠다. 대전의 승격을 이끈 후 제주로 떠났다. 제주에서 윙백으로 포지션을 옮기는 등 변화를 모색하다, 김천에 입대했다. 군입대는 그에게 터닝포인트가 됐다. 정정용 감독의 지도를 받은 김승섭은 한단계 도약에 성공했다. 지난 시즌 김천의 핵심 왼쪽 날개로 7골-3도움을 기록했다. 김승섭은 올 겨울 전북으로 이적하며 정 감독과 재회하게 됐다.

2025시즌 기록					5 WEEKLY BEST 11 주간베스트11	강점	약점
1	0	2,734(37) MINUTES 출전시간(경기수)	8 GOALS 득점	3 ASSISTS 도움		폭발적인 움직임	아쉬운 온더볼

이동준

1997년 2월 1일 | 29세 | 대한민국 | 173cm | 63kg
경력 | 부산(17~20) ▷ 울산(21) ▷ 헤르타베를린(22) ▷ 전북(23~24) ▷ 김천(24~25)
▷ 전북(25~)
K리그 통산기록 | K리그1 – 128경기 25득점 12도움 | K리그2 – 66경기 17득점 8도움
대표팀 경력 | 4경기 | 2020 올림픽

이동준은 한국 축구의 윙어 계보를 이을 유망주였다. K리그2 MVP까지 거머쥔 이동준은 '명가' 울산으로 이적해 '에이스'로 떠올랐다. A대표팀에서도 입지를 넓혔다. 하지만 유럽 이적 후 내리막을 탔다. 잦은 부상으로 폼을 회복하지 못했다. 2023년 많은 기대 속 전북 유니폼을 입었지만, 햄스트링이 발목을 잡았다. 김천 입대 후에도 반등에 실패했다. 하지만 2025년 마침내 부활의 서막이 비쳤다. 날카로움을 찾은 이동준은 전역 후에도 물오른 경기력을 보였다. 아직 전북에서 최고의 모습을 보이지 못한 이동준, 올 시즌이 기회다.

2025시즌 기록					2 WEEKLY BEST 11 주간베스트11	강점	약점
3	0	1,473(33) MINUTES 출전시간(경기수)	7 GOALS 득점	2 ASSISTS 도움		폭발적인 스피드	잦은 부상

김태환

1989년 7월 24일 | 36세 | 대한민국 | 180cm | 75kg
경력 | 서울(10~12) ▷ 성남(13~14) ▷ 울산(15~16) ▷ 상무(17~18) ▷ 울산(18~23)
▷ 전북(24~)
K리그 통산기록 | K리그1 – 443경기 22득점 57도움
대표팀 경력 | 4경기 | 2022 월드컵, 2023 아시안컵

전북의 뉴 캡틴. 2024년 정든 울산을 떠나 전북으로 이적한 김태환은 지난 시즌 맹활약을 통해 완벽한 '전북맨'이 됐다. 입단 첫 해 다소 아쉬운 모습을 보이며 주전 경쟁에서 우위를 보이지 못했던 김태환은 지난 시즌 이를 악물었다. 절치부심하며, 세월을 거스르는 듯한 활약을 보였다. 장기인 폭발적인 주력과 악착같은 수비는 물론, 날카로운 크로스까지 선보였다. 거의 모든 경기에 나설 정도로 체력도 여전했다. 재계약에 성공한 김태환은 올 시즌 주장 완장까지 차게 됐다. 치타의 전성기는 아직 끝나지 않았다.

2025시즌 기록					1 WEEKLY BEST 11 주간베스트11	강점	약점
7	0	3,012(35) MINUTES 출전시간(경기수)	0 GOALS 득점	2 ASSISTS 도움		여전히 쌩쌩한 주력	감정 컨트롤

티아고

Tiago Pereira da Silva

1993년 10월 28일 | 33세 | 브라질 | 190cm | 84kg

경력 | 아라리피나(12) ▶ 포르투지카루아루(12~14) ▶ 소코렝시(14~15) ▶ 코루리페(15~16) ▶ 자퀴펜시(16) ▶ 콘피안사(16) ▶ 캄피넨시클루비(17) ▶ 카디시아SC(17~18) ▶ 마링가(19) ▶ 아메리카지나타우(20) ▶ 포르탈레자(20~21) ▶ 알자발라인(21~22) ▶ 경남(22) ▶ 대전(23) ▶ 전북(24~)

K리그 통산기록 | K리그1 – 98경기 33득점 13도움 | K리그2 – 35경기 18득점 2도움

대표팀 경력 | –

티아고는 2024년 전북 유니폼을 입었다. 경남, 대전에서 최고의 모습을 보여주며 K리그 최고의 스트라이커로 불렸던 만큼, 기대는 컸다. 하지만 전혀 다른 그림이 펼쳐졌다. 시즌 내내 극심한 결정력 난조에 시달렸다. 페널티킥도 넣지 못했다. 심리적으로 위축되며 부진이 길어지는 최악의 시즌이었다. 다행히 지난 시즌 어느 정도 부활했다. 콤파뇨 백업으로 서서히 컨디션을 올린 티아고는 갈수록 좋은 모습을 보이며, 전북 팬들의 마음을 돌려놓았다. 안정감을 찾자 결정력도 올라갔다. 수비 가담과 연계는 전북 외인 스트라이커 트리오 중 탑이다.

2025시즌 기록					6 WEEKLY BEST 11 주간베스트11	강점	약점
8	0	1,517(30) MINUTES 출전시간(경기수)	9 GOALS 득점	5 ASSISTS 도움		탁월한 골 결정력	유리 멘탈

콤파뇨

Andrea Compagno

1996년 4월 22일 | 30세 | 이탈리아 | 195cm | 84kg

경력 | 카타니아(14~15) ▶ 듀에토리(15) ▶ 피네롤로(15~16) ▶ 아르마(17) ▶ 보르고세시아(17) ▶ 누오레세(18) ▶ 트레 피오리(18~20) ▶ 크라이오바(20~22) ▶ FCSB(22~23) ▶ 텐진 진먼후(24) ▶ 전북(25~)

K리그 통산기록 | K리그1 – 26경기 13득점

대표팀 경력 | –

전북 부활의 선봉장이었다. 티아고가 부침이 심했던 최전방 자리에 영입된 콤파뇨는 압도적인 공중볼 장악 능력을 앞세워 적응기도 없이 놀라운 득점 행진을 이어갔다. 연계력은 다소 아쉽지만, 페널티 박스 안에서의 존재감은 타의 추종을 불허했다. 불의의 부상으로 갑작스레 시즌 아웃됐지만, 이전까지 26경기에서 13골을 넣으며 득점왕 경쟁도 펼쳤다. 콤파뇨는 이탈리아 세리에D에서 출발해 산마리노, 루마니아 등을 거친 대기만성형의 전형이다. 부상으로 초반 출전이 불가능하지만, 복귀하면 언제든 전북 공격에 힘을 실어줄 수 있는 선수다.

2025시즌 기록					5 WEEKLY BEST 11 주간베스트11	강점	약점
3	0	1,520(26) MINUTES 출전시간(경기수)	13 GOALS 득점	0 ASSISTS 도움		압도적인 공중 장악 능력	연계력

모따

Bruno Rodrigues Mota

1996년 2월 10일 | 30세 | 브라질 | 194cm | 94kg

경력 | 고이아네시아(19) ▶ 오스발두크루스(19~20) ▶ 빌라노바(19) ▶ 미라소우(19~22) ▶ 이투아누(20) ▶ 브루스키(21) ▶ 상조제(21) ▶ 캄보리우(22) ▶ 천안(22~24) ▶ 안양(25) ▶ 전북(26~)

K리그 통산기록 | K리그1 – 37경기 14득점 4도움 | K리그2 – 70경기 26득점 6도움

대표팀 경력 | –

'K리그2 최고의 공격수는 K리그1에서도 통한다'는 또 하나의 성공 사례. 2024년 K리그2 득점왕이었던 모따는 곧바로 승격팀 안양 유니폼을 입었다. 중국에서도 관심을 가졌지만, 모따는 K리그1에서 증명하길 원했다. 모따는 가공할 높이를 앞세워 무려 14골이나 폭발시켰다. 모따의 활약 속 안양은 잔류에 성공했다. 그는 또 다시 새로운 도전에 나섰다. 많은 구애 속 전북 유니폼을 입었다. K3리그에서 출발해 K리그1 최고 반열에 올랐다. 주전 경쟁이 불가피하지만, 지금까지 보여준 모습이라면 전북에서도 최고의 활약을 펼칠 수 있다.

2025시즌 기록					6 WEEKLY BEST 11 주간베스트11	강점	약점
6	0	2,640(37) MINUTES 출전시간(경기수)	14 GOALS 득점	4 ASSISTS 도움		타깃 스트라이커의 전형	스피드

전지적 작가 시점

박찬준이 주목하는 전북의 원픽!
이동준

전북의 강점은 측면에 있었다. 최강희 감독은 10골 이상을 득점할 수 있는 측면 공격수를 우승의 필수 조건으로 봤다. 전북의 에이스는 항상 윙어였다. 에닝요, 루이스, 레오나르도, 로페즈 등이 맹활약을 펼친 전북의 닥공은 알고도 막을 수 없는 수준이었다. 2025시즌에 K리그1 우승을 차지한 것 역시 오른쪽 측면에 포진한 전진우의 예상치 못한 득점 레이스가 결정적인 요인이었다. 2026년 전북의 측면에 큰 변화가 생겼다. 양 날개 송민규, 전진우가 모두 팀을 떠났다. 김승섭이 가세하며, 기존 이동준과 함께 김천 라인이 측면의 새로운 주인이 됐다. '건강한 이동준'은 리그 최고의 측면 공격수다. 폭발적인 스피드와 돌파력은 물론 마무리 능력까지 갖췄다. 전역 후 돌아온 이동준은 한층 업그레이드된 모습이었다. 풀타임을 맡길 수 있는 든든한 윙어로 탈바꿈했다. 관건은 역시 부상이다. 최근 잦은 햄스트링 부상으로 온전히 시즌을 치른 적이 없다. 김승섭이 아직 빅클럽에서 검증이 되지 않았다는 점을 감안하면 이동준이 확실히 한 자리를 꿰차야 한다. 전북 2선 자원이 다른 포지션에 비해 넉넉치 않은 만큼, 이동준이 부상 없이 기대만큼 활약해야 2연패를 노릴 수 있다.

지금 전북에 이 선수가 있다면!
황재원

올 시즌 전북의 유일한 고민은 풀백이다. 2025시즌 최고의 모습을 보여준 김태현–김태환 라인은 건재하다. 특히 김태환은 올 시즌 주장 완장까지 찼다. 하지만 그의 나이도 어느덧 37세. 폭발적인 주력은 여전하지만, 건강히 한 시즌을 보낼 수 있을지는 의문부호가 있다. 김태현도 부상이 잦은 편이다. 그래서 중요한 게 백업이다. 2025시즌 최철순이 필요한 순간마다 제 몫을 해줬고, 권창훈이 포지션 변경으로 기대 이상의 활약을 펼쳤다. 하지만 올 시즌을 앞두고 두 선수는 팀을 떠났다. 최우진, 이상명 등 젊은 선수들이 그 공백을 메워줘야 하지만, 무게감이 떨어진다. 대구의 황재원이 가세한다면 모든 고민을 해결할 수 있다. 황재원은 최근 대구의 부진과 맞물려 주춤했지만, 능력이나 잠재력 모두 K리그 정상급 풀백이다. 나이도 24세로 창창하다. 특유의 공격적인 볼 터치는 전북에 '딱'이다. 양 풀백을 모두 맡을 수 있고, 유사시 수비형 미드필더로도 뛸 수 있다. 실제 전북은 황재원에 관심을 뒀지만, 높은 몸값 탓에 발길을 돌린 적이 있다. 혹여나 풀백진에 부상이 발생한다면 황재원의 이름은 더 생각날 수밖에 없다.

이창근
이명재
김봉수
염원상
주민규
이준서
안톤
하창래
김문환
김민덕
조성권
강윤성
밥신
김준범
이순민
루빅손
주앙빅토르
마사
디오고
정재희
김민수
이경태
김현오
서진수
이현식

2
대 전 하 나 시 티 즌

2026년 키워드는 창단 첫 우승

대전하나시티즌

최초의 시도민구단은 대구FC였지만, 시도민구단의 대표는
대전 시티즌이었다. 1997년 창단한 대전 시티즌은 2006년 시
민주 공모를 통해 시민구단으로 전환됐다. K리그의 한축이
었던 시도민구단의 얼굴로 10여년간 중심에 섰다. 하지만 '가
난한 시민구단' 대전 시티즌은 부자 기업구단들의 틈바구니
속에서 천덕꾸러기 취급을 받았다. 2020년 물줄기를 바꿨다.
하나금융그룹에 인수되며 새로운 시대를 열었다. 이름도 대
전하나시티즌으로 바꿨다. 최초의 역사를 쓴 팀답게 처음으
로 시민구단에서 기업구단으로 전환하는 사례를 만들었다.
생존에 초점을 맞췄던 지난 날들과 달리, K리그 최고 그리고
세계로 눈을 돌렸다. '국내 무대를 넘어 아시아를 대표하는
글로벌 명문 구단을 만들겠다'는 큰 포부를 밝혔다. 2025년,
'글로벌 명문 구단'을 향한 여정의 중요한 전환점을 마련했
다. 대전은 2025시즌 18승11무9패, 승점 65점을 기록하며 준
우승을 차지했다. 창단 후 K리그1에서 쓴 최다 승점, 최다승,
그리고 최고 성적이었다. 준우승팀에 메달이나 트로피가 주
어지는 것은 아니지만, 대전에게는 무척이나 특별한 성과다.
창단 두 번째로 아시아 클럽 대항전 출전도 확정지었다.

구단 소개

정식 명칭	대전 하나 시티즌 축구단
구단 창립	1997년 3월 12일
모기업	하나금융그룹
상징하는 색	자주색, 하나그린색
경기장(수용인원)	대전월드컵경기장 (40,903명)
마스코트	자주군, 하나양
레전드	김은중, 최은성, 이관우, 공오균, 김영근, 강정훈 등
서포터즈	대전러버스
커뮤니티	9720

우승

K리그	1회 (2014 – K리그2)
코리아컵(FA컵)	1회 (2001)
AFC챔피언스리그(ACL)	–

최근 5시즌 성적

시즌	K리그	코리아컵(FA컵)	ACL
2025시즌	2위	16강	–
2024시즌	8위	16강	–
2023시즌	8위	16강	–
2022시즌	2위 (2부)	2라운드	–
2021시즌	2위 (2부)	3라운드	–

황선홍

1968년 7월 14일 | 58세 | 대한민국

K리그 전적
451경기 197승 123무 131패

그의 축구 인생은 늘 그랬다. 위기는 기회였다. 2024년 여름, 파리올림픽 본선 진출 실패의 충격이 채 가시기도 전, 4년 만에 다시 대전의 지휘봉을 잡았다. 시선은 곱지 않았다. 그도 알고 있었다. 하지만 '황새'를 움직이게 한 것은 책임감이었다. 새로운 대전의 창단 감독으로 채 1년도 채우지 못했던 아쉬움, 대전을 명문구단 반열에 올리겠다는 약속 때문이었다. 강등권에 있던 팀을 빠르게 살리며, 잔류시킨 황 감독은 2025년 도약의 발판을 마련했다. 초반 선두를 질주하는 등 대전을 상위권 팀으로 탈바꿈시켰다. 숱한 고비 속 중심을 잡은 것은 황선홍 감독의 풍부한 경험이었다. 이제 결실을 맺을 때다. 그 역시 우승 목표를 숨기지 않는다. 물론 쉽지 않은 미션이다. 하지만 포항에서, 서울에서 우승을 경험한 '승부사' 황 감독이 있기에, 대전의 목표는 허황돼 보이지 않는다.

선수 경력

레버쿠젠	부퍼탈	포항	세레소오사카	가시와레이솔	전남

지도자 경력

전남 코치	전남 수석코치	부산 감독	포항 감독	서울 감독	옌벤 감독	대전 감독	U-23 대표팀 감독	A대표팀 임시감독	대전 감독(24~)

주요 경력

2002년 한 · 일월드컵 4강	2013년 포항 더블	2022년 항저우아시안게임 우승

선호 포메이션	4-4-2	3가지 특징	풍부한 지도자 경험	다양한 전술 아이디어	젊은 선수들과의 소통

STAFF

수석코치	코치	GK코치	피지컬코치	의무 트레이너	물리치료사	전력분석관	키트매니저	팀 매니저	통역
명재용	김창수 배효성 오츠카 신지	김일진	박성균 홍덕기	장호석 엄동환 김진목	권순민	문세종 여성혁	김동률	조현준	이근표 김민혁 유재임

2 0 2 5 R E V I E W

아디다스 포인트로 보는 대전의 2025시즌 활약도

대전은 초반 선두를 질주하며 기세 좋게 출발했다. 새롭게 영입한 주민규의 득점력은 불을 뿜었다. 그는 다이나믹포인트 팀내 1위, 전체 7위에 오르며, 기대에 부응했다. 하지만 여름이적시장에서 폭풍 영입이 오히려 독이 됐다. 새로운 선수들이 가세하며 적응이 필요했고, 축구류도 달라졌다. 대전이 2위에 올랐지만, 전반기와 후반기 선수단 변화가 컸던 만큼 핵심 선수들이 다이나믹포인트에서 상위권에 오르지 못했다. 대전은 가을부터 강한 압박과 빠른 트랜지션이라는, 지난 시즌 후반기 재미를 봤던 축구로 회귀했고, 막판 놀라운 스퍼트를 이어가며 2위에 올랐다.

2025시즌 아디다스 포인트 상위 20명 ■ 포인트 점수

출전시간 TOP 3

순위	선수	기록
1위	안톤	2,508분
2위	이창근	2,385분
3위	주민규	2,318분

득점 TOP 3

순위	선수	기록
1위	주민규	14골
2위	마사	6골
3위	주앙 빅토르, 최건주, 에르난데스, 구텍	4골

도움 TOP 3

순위	선수	기록
1위	마사	4도움
2위	주민규, 에르난데스, 김현욱, 이명재	3도움
3위	주앙 빅토르, 정재희, 김문환, 김봉수	2도움

주목할 기록

5	주민규 5시즌 연속 K리그1 두 자릿수 득점
313	K리그1 태클 전체 1위

성적 그래프

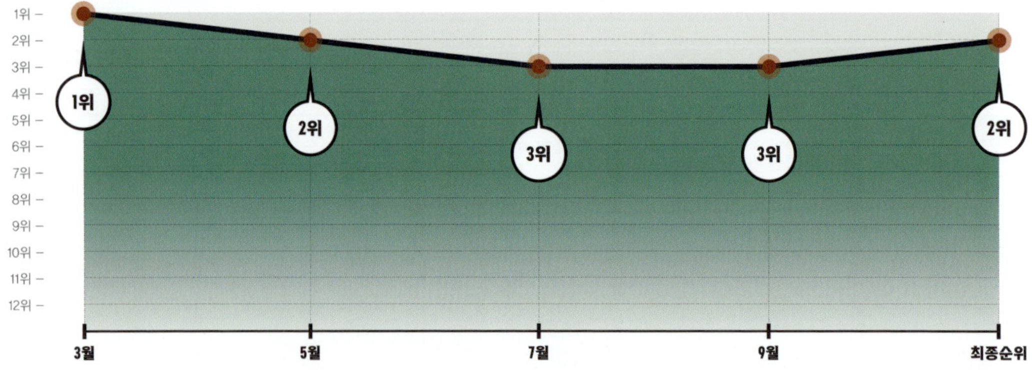

2026 시즌 스쿼드 운용 & 이적 시장 인앤아웃

ⓒ 주장

우승 라이벌들이 감독 교체의 홍역을 앓는 동안, 대전은 조용히 시즌을 준비했다. 황선홍 감독 체제가 더욱 공고해지며, 안정감이 눈에 띄게 올라갔다. 대전은 지난 2년간 이적시장마다 스쿼드를 수차례 갈아엎었다. 그래서 만들어진 게 지금의 스쿼드다. 여기에 디오고를 제외하고 검증된 선수들 위주로 영입에 성공했다. 스쿼드는 전북, 서울과 함께 3강으로 손색이 없다. 특히 현대축구에서 가장 중요한 풀백 구성만 놓고 보면 단연 최고다. '국대 듀오' 이명재, 김문환을 보유했다. 지난 몇 년간 우승의 키를 풀백이 쥐었던 것을 감안하면, 대전은 분명 우승권 전력이다. 여기에 두 차례나 우승을 경험한 황 감독의 우승 DNA도 빼놓을 수 없다. 중앙 수비진의 무게감이 다소 떨어지지만, 조직력으로 커버할 수 있다는 게 황 감독의 생각이다. 분명 '별의 순간'이 대전 앞에 놓였다.

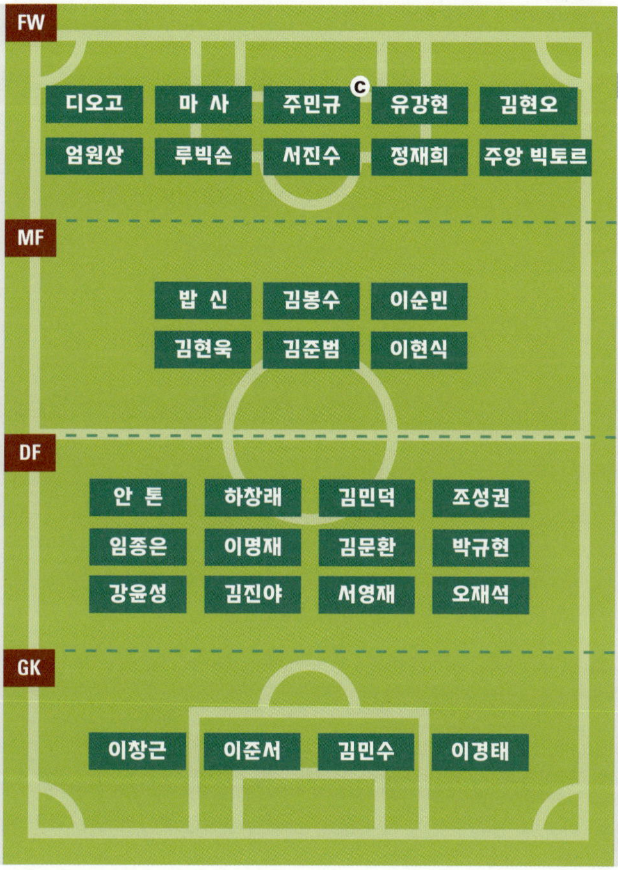

주장의 각오

주민규

"새로운 선수들과 기존 선수들이 조화를 이루는게 중요하다. 목표인 우승을 향해 나아가려면 힘을 합쳐야 한다. 쉽지 않겠지만, 우리가 강해졌기에 우승후보가 됐다고 생각한다. 자신감도 있다."

2 0 2 6   예 상   베 스 트   1 1

이적시장 평가

대전의 이적시장 키워드는 '업그레이드'다. 전 포지션에 걸친 대대적인 보강에 나선 지난 2년과 달리, 요소요소 퀄리티 강화에 집중했다. 일단 지난 시즌 임대로 데려와 좋은 모습을 보인 하창래, 주앙 빅토르를 완전 영입했고, 울산에서 우승 경험을 한 엄원상, 루빅손을 데려와 강점인 속도를 더욱 높였다. 구텍이 빠져나간 자리에도 디오고를 데려왔다. 수비진도 센터백과 측면 수비를 두루 맡는 조성권을 통해 뎁스를 높였다. 당초 노렸던 특급 수비수와 공격형 미드필더 영입에는 실패했지만, 기존 자원도 충분히 좋은 대전이다.

저자 5인 순위 예측

· 윤 진 만 ·	· 박 찬 준 ·	· 김 가 을 ·	· 김 대 식 ·	· 이 현 석 ·
1위_ '물'이 들어오는 시기다. 손수 노를 저어야 했던 돛단배는 몇 번의 변신을 거쳐 항공모함이 됐다. 선장도 두 번이나 K리그1 우승을 경험한 황새다.	**2위_** 올해가 우승을 노려볼만한 타이밍이기는 하지만 고기도 먹어본 놈이 먹는다. 지난 10년간 이어진 현대가의 아성을 깨기에는 아직 더 시간이 필요해보인다.	**1위_** 지난해 준우승을 지휘했던 황선홍 감독은 물론이고 주축 선수 대부분이 팀에 남았다. 여기에 엄원상, 루빅손 등을 영입하며 스쿼드를 강화했다. 이제는 정상을 찍을 때다.	**2위_** 더 강해졌다는 건 부정할 수 없는 사실. 선수단 수준만 보면 전북 부럽지 않다. 하지만 우승은 해본 팀이 더 잘한다. K리그 슈퍼컵에서 증명됐다. 그 미묘한 차이를 대전이 극복하지 못할 것 같다.	**1위_** 우승 후보로의 전환기를 맞이했다. 막대한 투자의 결과물이 빵의 성지를, 축구의 성지로 바꿀 기회다.

이창근

1993년 8월 30일 | 33세 | 대한민국 | 186cm | 80kg

경력

부산(12~16)
▷수원FC(16)
▷제주(17~19)
▷김천(20~21)
▷제주(21)
▷대전(22~)

K리그 통산기록

K리그1 – 249경기 334실점
K리그2 – 41경기 49실점

대표팀 경력

3경기

설명이 필요없는 대전의 혼이다. 부산에서 데뷔해 수원FC에서 가능성을 인정받은 이창근은 제주를 거쳐, 2022년 2대3 트레이드로 대전 유니폼을 입었다. 대전으로 이적한 이창근은 놀라운 선방쇼를 펼치며 그해 팀을 승격으로 이끌었다. 대전의 확고한 수호신으로 자리매김한 이창근은 K리그를 대표하는 골키퍼로 자리매김했다. 2023년에는 무려 133개의 선방을 기록하며 K리그 역사상 단일 시즌 최다 선방 기록을 세웠고, K리그 올스타전에 나서 디에고 시메오네 감독의 찬사를 받기도 했다. 2024년 대전이 다소 주춤한 가운데서도, 유일하게 제 몫을 해냈다. 이같은 활약을 인정받아 다시금 A대표팀에도 이름을 올렸다. 2025년에도 이창근의 활약은 변함이 없었다. 매경기 스페셜 영상을 방불케 하는 슈퍼 세이브쇼를 펼쳤다. 이해 이창근은 A매치 선발 데뷔전까지 치렀다. 이창근의 활약 속 대전은 창단 후 최고 성적인 준우승을 거뒀다. 그가 부상으로 빠졌던 기간, 대전이 주춤했던 것을 떠올리면, 이창근이 숱한 스타들로 가득한 대전에서도 얼마나 중요한 선수인지 알 수 있는 대목이다. 주장 완장을 주민규에게 넘겨줬지만, 그는 대전 선수들이 가장 믿고 신뢰하는 선수다.

2025시즌 기록

4	2,385(27) MINUTES 출전시간(경기수)	90 SAVE 선방	29 LOSS 실점	0	2 WEEKLY BEST 11 주간베스트11

강점	뛰어난 반사신경, 안정적인 빌드업, 탁월한 리더십	특징	대전의 정신적 지주
약점	가끔씩 나오는 실수	별명	창근신

이명재

1993년 11월 4일 | 33세 | 대한민국 | 181cm | 75kg

경력

울산(14)
▷알비렉스니가타(14)
▷울산(15~19)
▷김천(20~21)
▷울산(21~24)
▷버밍엄(25)
▷대전(25~)

K리그 통산기록

K리그1 – 208경기 3득점 30도움
K리그2 – 8경기 1도움

대표팀 경력

10경기

이명재는 2025년 후반기 대전의 승부수였다. 겨울, 야심차게 영입한 박규현이 탈장 수술로 장기 이탈하게 되자, 대전은 버밍엄과 계약이 만료돼 새로운 팀을 찾던 이명재를 전격 영입했다. 이명재는 울산에서 3연패를 달성한 후, 버밍엄 유니폼을 입었지만, 좀처럼 출전 기회를 얻지 못했다. 유럽에서 성공을 갈망하던 이명재는 유럽 잔류를 최우선으로 뒀지만, 월드컵 출전을 위해 안정적으로 뛸 수 있는 팀을 찾았고, 적극적인 제안을 건넨 대전을 택했다. 둘의 만남은 대성공이었다. 단숨에 대전의 왼쪽 풀백 자리를 꿰찬 이명재는 차원이 다른 클래스를 과시했다. 폭발적인 오버래핑은 여전했고, 안정적인 수비력까지 보였다. 이명재가 가세하며, 김문환과 '국대 풀백' 라인을 갖춘 대전은 후반기 질주를 이어갔고, 준우승까지 차지했다. 이명재는 이같은 활약을 인정받아 단 반시즌만을 치르고도 김진수(서울), 김태현(전북)을 제치고 K리그1 베스트11 최고의 왼쪽 풀백으로 선정됐다. 우승 경쟁에 나선 대전의 가장 큰 힘은 안정된 풀백진이다. 이 자리만큼은 라이벌을 압도한다. 그 중에서도 가장 믿음직한 선수는 이명재다. 그는 대전에서의 활약을 바탕으로 북중미월드컵 출전을 노린다.

2025시즌 기록

0	1,281(15) MINUTES 출전시간(경기수)	2 GOALS 득점	3 ASSISTS 도움	0	4 WEEKLY BEST 11 주간베스트11

강점	완성형 풀백, 탁월한 발재간, 경기 운영 능력	특징	국대 풀백
약점	크로스 정확도	별명	망고명재

김봉수

1999년 12월 26일 | 27세 | 대한민국 | 181cm | 74kg

경력

제주(21~24)
▷ 김천(24~25)
▷ 대전(25~)

K리그 통산기록

K리그1 – 169경기 5득점 7도움

대표팀 경력

2경기

광주대에서 제법 쏠쏠한 활약을 펼쳤지만, 그를 주목하는 이는 없었다. 당시 제주를 이끌던 남기일 감독이 광주대와의 인연으로 김봉수를 영입했다. 김봉수는 특유의 성실하고 안정적인 플레이로 빠르게 입지를 넓혔다. 첫 해 U-22 자원으로 인정을 받으며, 28경기나 나섰다. 영플레이어상 후보에도 거론됐다. 다음 해부터 U-22 제도 혜택이 끝났음에도 김봉수는 여전히 제주의 중심이었다. 중앙 수비와 수비형 미드필더를 오가며 좋은 모습을 보였다. 김천 이적 후 김봉수는 한단계 도약에 성공했다. 수준급 중앙 미드필더들이 즐비한 김천에서도 정정용 감독에게 강한 인상을 남기며 주전으로 활약했다. 수비 뿐만 아니라 공격에도 눈을 뜬 모습이었다. 전역한 김봉수를 향해 많은 클럽들이 관심을 보였다. 대전이 적극적이었다. 두 자릿수 이적료를 제시하며 영입에 성공했다. 김봉수는 대전의 기대를 저버리지 않았다. 초반에는 다소 어려움을 겪기도 했지만, 이내 황선홍식 빠른 트랜지션 축구에 적응하며, 중원을 단단히 지켰다. A대표팀에서도 데뷔전까지 치르는 영광을 누렸다. 무명이었던 김봉수의 성공기는 여기서 끝이 아니다. 매 시즌 성장하는 그는 올 시즌 우승을 노리는 대전의 선봉에 선다.

2025시즌 기록

2	3,139(35) MINUTES 출전시간(경기수)	0 GOALS 득점	4 ASSISTS 도움	0	3 WEEKLY BEST 11 주간베스트11

강점	성실함, 안정감, 승부근성	특징	무명에서 국대로
약점	킬패스	별명	K-마스체라노

엄원상

1999년 1월 6일 | 27세 | 대한민국 | 171cm | 63kg

경력

광주(19~21)
▷울산(22~25)
▷대전(26~)

K리그 통산기록

K리그1 - 166경기 34득점 20도움
K리그2 - 16경기 2득점

대표팀 경력

8경기
2020 올림픽

K리그 최고의 스피드레이서다. 그의 스피드는 일찌감치 주목을 받았다. 2019년 U-20 월드컵 준우승 멤버기도 하다. 꾸준히 좋은 모습을 보인 엄원상에게 터닝 포인트가 찾아왔다. 2021년 광주가 강등되며, 엄원상을 향해 러브콜이 쏟아졌고, 당시 이동준을 유럽으로 보낸 울산이 적극적인 구애를 보내며 엄원상을 품는 데 성공했다. 스피드는 빨랐지만, 마무리에서 아쉬움을 보였던 엄원상은 울산에서 확 달라진 모습을 보였다. 점유율을 강조하는 홍명보식 축구 속에서 엄원상은 공격의 속도를 올려주는 '핵심 기어'였다. 슈팅력까지 좋아지며 2022년에는 두 자릿수 득점까지 기록했다. 17년 만의 우승을 확정짓는 골도 그의 발 끝에서 나왔다. 2023, 2024년에도 좋은 모습을 보이며 울산의 3연패에 기여했다. A대표팀 발탁은 물론, 유럽의 주목을 받는 선수로 성장했다. 하지만 지난 시즌 잦은 부상으로 폼이 떨어지며, 울산의 추락을 지켜봐야 했다. 지난 시즌을 끝으로 계약이 만료된 엄원상은 새로운 도전을 택했고, 대전 유니폼을 입었다. 아시안게임 시절 함께한 황선홍 감독의 적극적인 구애가 있었다. 대전이 빠른 트랜지션을 강조하는만큼, 엄원상이 부활한 토대는 완벽히 마련됐다.

2025시즌 기록

0	1,631(30) MINUTES 출전시간(경기수)	1 GOALS 득점	5 ASSISTS 도움	0	2 WEEKLY BEST 11 주간베스트11

강점	폭발적인 주력, 빼어난 지구력, 좋아진 마무리	특징	K리그 최고의 스피드레이서
약점	잦은 부상	별명	엄살라

주민규

1990년 4월 13일 | 35세 | 대한민국 | 183cm | 88kg

경력

고양(13~14)
▷이랜드(15~16)
▷상주(17~18)
▷울산(19)
▷제주(20~22)
▷울산(23~24)
▷대전(25~　)

K리그 통산기록

K리그1 - 245경기 106득점 28도움
K리그2 - 145경기 52득점 14도움

대표팀 경력

11경기 3득점

여전히 K리그 최고의 스트라이커다. 번외 지명을 통해 K리그에 입성한 주민규는 2025년 서울 이랜드 이적과 함께 최전방 공격수로 포지션을 바꾸며 축구 인생의 새 길을 열었다. 상주, 울산 등을 거치며 부침 있는 모습을 보인 주민규는 2021년 제주에서 득점왕에 오르며 마침내 정상에 우뚝 섰다. 2023년 울산으로 복귀한 주민규는 득점왕과 K리그1 우승에 성공했고, 2024년에는 그토록 원했던 A대표팀에도 승선해 데뷔골까지 넣었다. 2024년 10골에 그치며 내리막을 타는 듯 했던 주민규는 지난해 대전으로 이적해 14골을 넣으며 다시금 비상했다. 현역 시절 최고의 스트라이커였던 황선홍 감독의 신뢰 속 꾸준히 경기에 나선 주민규는 알토란 같은 골을 매경기 터뜨리며 대전 준우승의 주역이 됐다. 이제 그의 나이도 어느덧 36세. 스피드는 느려졌지만, 마무리 솜씨만큼은 타의 추종을 불허한다. 주민규는 이동국, 데얀에 이어 K리그 통산 득점 3위에 올라 있다. 디오고라는 새로운 경쟁자가 들어왔지만, 주민규는 여전히 대전의 핵심 자원이다. 그가 올 시즌 대전의 주장 완장을 찬 이유기도 하다. 주민규의 올 시즌 시선은 득점왕이 아닌 대전의 우승을 향해 있다.

2025시즌 기록

3	2,318(34) MINUTES 출전시간(경기수)	14 GOALS 득점	3 ASSISTS 도움	0	9 WEEKLY BEST 11 주간베스트11

강점	탁월한 마무리 솜씨, 빼어난 연계력, 수준급 키핑력	특징	K리그 역대 득점 3위
약점	좁은 활동범위	별명	주멘

이준서

1998년 3월 7일 | 28세 | 대한민국 | 186cm | 83kg
경력 | 대전(21~)
K리그 통산기록 | K리그1 – 14경기 20실점 | K리그2 – 18경기 19실점
대표팀 경력 | –

이창근의 갑작스러운 부상으로 기회를 얻게 된 이준서는 놀라운 활약을 보여주며 그 공백을 완벽하게 메웠다. 이준서 체제에서 대전은 연승을 질주했다. 초반 다소 흔들리는 모습도 보였지만, 특유의 성실함으로 위기를 극복했고, 이준서는 자신이 얼마나 좋은 골키퍼인지 만천하에 알렸다. 대학 시절부터 인정을 받았던 선방 능력만큼은 이창근 못지 않은 모습이었다. 이창근이 돌아온 후에도 황선홍 감독의 부름을 받았다. 올 시즌도 변함없이 이창근 넘버1 체제겠지만, 정산이 은퇴를 선언한만큼, 이준서의 존재감은 더욱 커질 전망이다.

2025시즌 기록				-	강점	약점
0	0	990(11) **MINUTES** 출전시간(경기수)	2 **SAVE** 선방	15 **LOSS** 실점	WEEKLY BEST 11 주간베스트11	탁월한 선방능력
아쉬운
발밑 |

안톤
Anton Viktoroviç Krivotsyuk

1998년 8월 20일 | 28세 | 아제르바이잔 | 186cm | 76kg
경력 | 네프트치(17~21) ▷ 비스와프워츠크(21~23) ▷ 대전(23~)
K리그 통산기록 | K리그1 – 89경기 5득점 3도움
대표팀 경력 | 41경기 1득점

2023년 대전 입단 이래 핵심 수비수로 활약 중이다. 스리백과 포백을 오가며, 어떤 파트너와 함께 해도 존재감을 과시한다. K리그 역사상 첫 아제르바이잔 출신인 안톤은 빠른 스피드와 탁월한 예측 수비, 여기에 안정된 빌드업 능력과 공격 가담 능력까지 갖춘 K리그 최고의 수비수 중 하나다. 큰 부상이 없다는 것도 장점. 대전은 수비 강화를 위해 여러 선수를 저울질 하다 기존 선수들을 믿고 조직력 강화에 초점을 맞추기로 했다. 수비 리더인 안톤의 실력을 신뢰하기에 가능한 선택이었다. 그는 올 시즌 대전의 부주장이다.

2025시즌 기록				4	강점	약점
4	0	2,508(30) **MINUTES** 출전시간(경기수)	2 **GOALS** 득점	1 **ASSISTS** 도움	WEEKLY BEST 11 주간베스트11	빼어난 예측 수비
뒷공간 허용 |

하창래

1994년 2월 16일 | 32세 | 대한민국 | 188cm | 82kg
경력 | 인천(17) ▷ 포항(18~21) ▷ 김천(21~22) ▷ 포항(22~23) ▷ 나고야그램퍼스(24~25) ▷ 대전(25~)
K리그 통산기록 | K리그1 – 180경기 7득점 | K리그2 – 8경기
대표팀 경력 | –

하창래는 지난 시즌 대전을 통해 K리그로 복귀했다. 압도적인 피지컬과 스피드, 제공권 등은 여전했다. 시즌 중반 다소 흔들리는 모습을 보이기도 했지만, 마지막까지 대전의 주전 수비수로 활약했다. 대전은 시즌 종료 후 특급 수비수 영입을 고심했지만, 하창래를 완전 이적시키는 것으로 대신했다. 하창래 역시 J리그 복귀를 염두에 뒀지만, 대전의 부름에 손을 잡았다. 인천, 포항, 나고야 그램퍼스 등을 거친 하창래도 어느덧 베테랑 대열에 들었다. 포항에서 달았던 45번을 택했다는 것은 그만큼 초심을 찾겠다는 의지의 표시다.

2025시즌 기록				4	강점	약점
8	1	2,027(24) **MINUTES** 출전시간(경기수)	0 **GOALS** 득점	0 **ASSISTS** 도움	WEEKLY BEST 11 주간베스트11	용병급 피지컬
순간적인
집중력 저하 |

김문환

1995년 8월 1일 | 31세 | 대한민국 | 173cm | 64kg
경력 | 부산(17~20) ▷ LAFC(21~22) ▷ 전북(22~23) ▷ 알두하일(23~24) ▷ 대전(24~)
K리그 통산기록 | K리그1 – 102경기 2득점 6도움 | K리그2 – 78경기 7득점 4도움
대표팀 경력 | 33경기 | 2022 월드컵

부상으로 초반 경기에 나서지 못했던 김문환은 이후 대전의 오른쪽을 굳건히 지켰다. 특유의 인버티드 움직임은 대전 공격의 핵심 루트였다. 시즌 막바지에는 절정의 경기력을 보여주며, K리그1 베스트11 최고의 오른쪽 풀백으로 선정됐다. 한동안 밀렸던 A대표팀에서도 입지를 넓히며, 최근에는 설영우와의 주전 경쟁에서도 앞서는 분위기다. 부산, LA FC, 전북, 알두하일을 거쳐 2024년 대전으로 온 김문환은 폭발적인 스피드를 앞세워 황선홍식 축구의 핵으로 활약 중이다. 좋은 풀백이 많은 대전이지만, 누구도 김문환의 아성을 넘을 수 없다.

2025시즌 기록				4 WEEKLY BEST 11 주간베스트11	강점	약점
4	0	**1,817(24)** MINUTES 출전시간(경기수)	**0** GOALS 득점　**2** ASSISTS 도움		폭발적인 스피드	아쉬운 크로스

김민덕

1996년 7월 8일 | 30세 | 대한민국 | 183cm | 78kg
경력 | 울산(19~20) ▷ 대전(21~23) ▷ 김천(24~25) ▷ 대전(25~)
K리그 통산기록 | K리그1 – 66경기 2득점 | K리그2 – 63경기 1득점
대표팀 경력 | –

울산 유스 출신의 김민덕은 공격수 출신 답게 폭발적인 스피드를 장점으로 한다. 터프한 수비력까지 갖췄다. 울산에서 아시아챔피언스리그 우승 등을 경험했지만, 두터운 선수층에 막혀 자리를 잡지 못한 김민덕은 2021년 대전으로 유니폼을 갈아입으며 조금씩 날개를 폈다. 대전의 승격과 잔류에 기여한 김민덕은 2024년 김천에 입대했다. 스타군단 김천에서 주장 완장을 찰 정도로 능력과 리더십을 인정받았다. 전역 후 김민덕은 많은 러브콜을 받았지만, 대전에 복귀해 기대만큼의 활약을 펼쳤다. 김민덕은 올 시즌 주전 등극을 노린다.

2025시즌 기록				- WEEKLY BEST 11 주간베스트11	강점	약점
6	0	**1,458(19)** MINUTES 출전시간(경기수)	**0** GOALS 득점　**0** ASSISTS 도움		공격수 못지 않은 스피드	기복

조성권

2001년 2월 24일 | 25세 | 대한민국 | 182cm | 77kg
경력 | 광주(23) ▷ 김포(23) ▷ 광주(24~25) ▷ 대전(26~)
K리그 통산기록 | K리그1 – 40경기 2득점 1도움 | K리그2 – 34경기
대표팀 경력 | –

금호고 시절부터 알아주는 수비수였던 조성권은 우선 지명으로 광주 유니폼을 입었다. 곧바로 김포로 임대를 떠난 조성권은 고정운 감독의 신임 속 주전 센터백으로 자리매김하며, 맹활약을 펼쳤다. 김포의 러브콜에도 광주로 복귀한 조성권은 기대와 달리 좀처럼 입지를 넓히지 못했다. 하지만 2025년 오른쪽 풀백으로 자리매김에 성공하며, 붙박이 주전으로 활약했다. 포항과의 경기에서 구급차에 실려가는 아찔한 장면도 있었지만, 시즌 내내 안정된 모습을 보였다. 해외의 관심이 쏟아지는 가운데, 수비 보강을 원했던 대전이 조성권을 품었다.

2025시즌 기록				1 WEEKLY BEST 11 주간베스트11	강점	약점
6	0	**2,848(34)** MINUTES 출전시간(경기수)	**2** GOALS 득점　**1** ASSISTS 도움		탁월한 대인 방어	가끔씩 나오는 실수

강윤성

1997년 7월 1일 | 29세 | 대한민국 | 172cm | 65kg
경력 | 대전(16~18) ▷ 제주(19~21) ▷ 김천(22~23) ▷ 대전(23~)
K리그 통산기록 | K리그1 – 131경기 2득점 4도움 | K리그2 – 94경기 6득점 4도움
대표팀 경력 | 2020 올림픽

대전 팬들이 사랑하는 선수다. 2016년 대전에서 데뷔한 강윤성은 팀내 유일하게 연령별 대표에 뽑히는 등 빠르게 두각을 나타냈다. 하지만 계약 만료 후 대전이 몸집 줄이기에 나섰고, 강윤성은 결국 제주로 이적했다. 제주에서 좋은 모습을 보인 강윤성은 김천에서도 맹활약했고, 결국 대전이 전역한 강윤성을 품으며 화려하게 복귀했다. 좌우 풀백, 수비형 미드필더 등 어느 자리도 마다하지 않는 모습에 팬들은 열광했다. 지난 시즌 트레이드 카드로 거론되기도 했지만, 끝까지 대전에 남았다. 올 시즌도 유틸리티 플레이어로 활약할 전망이다.

2025시즌 기록					WEEKLY BEST 11	강점	약점
4	1	1,979(25) MINUTES 출전시간(경기수)	1 GOALS 득점	1 ASSISTS 도움	1 WEEKLY BEST 11 주간베스트11	엄청난 지구력	세밀함

밥신

Victor Bobsin Pereira

2000년 1월 12일 | 26세 | 브라질 | 184cm | 74kg
경력 | 그레미우(21~22) ▷ 산타 클라라(22~23) ▷ 대구(23~24) ▷ 대전(24~)
K리그 통산기록 | K리그1 – 53경기 3득점 1도움
대표팀 경력 | –

2024년 여름, 대전 유니폼을 입은 밥신은 단숨에 플레이메이커 자리를 꿰차며 대전의 공수를 이끌었다. 2025년에도 좋은 모습을 보였지만, 20라운드 광주와의 경기에서 불의의 무릎 부상을 당하며 시즌 아웃됐다. 밥신 부상 이후 전술을 전면 재수정해야 할 정도로 그의 공백은 컸다. 브라질 연령별 대표를 두루 거쳤을 정도로 능력을 인정받았던 밥신은 2023년 대구를 통해 K리그에 입성했다. 잦은 부상이라는 우려를 딛고 화려한 부활에 성공했다. 창의적인 패스를 해줄 선수가 부족한 대전에서 밥신의 역할은 대단히 중요하다.

2025시즌 기록					WEEKLY BEST 11	강점	약점
3	0	1,189(14) MINUTES 출전시간(경기수)	1 GOALS 득점	0 ASSISTS 도움	2 WEEKLY BEST 11 주간베스트11	탁월한 볼배급 능력	아쉬운 스피드

김준범

1998년 1월 14일 | 28세 | 대한민국 | 176cm | 74kg
경력 | 경남(18~19) ▷ 인천(20~22) ▷ 김천(22~23) ▷ 대전(24~)
K리그 통산기록 | K리그1 – 145경기 13득점 9도움 | K리그2 – 14경기 1득점
대표팀 경력 | –

연세대 시절 알아주는 유망주였던 김준범은 프로에 입성했지만, 기대에 미치지 못했다. 경남, 인천을 거쳐 김천 전역 후 대전에 둥지를 튼 김준범은 2024년 황선홍 감독 부임 후 새로운 전기를 맞이했다. 황 감독은 주로 3선에서 활약하던 김준범을 최전방 공격수로 변신시켰다. 김준범은 엄청난 활동량을 바탕으로 압박, 역습의 선봉에서 대전 공격을 이끌었다. 필요할때마다 귀중한 골까지 넣었다. 재계약에 성공하며 팀의 핵심으로 자리매김 하는 듯 했지만, 지난 시즌 부상 등이 겹치며 제 몫을 하지 못했다. 올 시즌 또 한번의 반등을 꿈꾼다.

2025시즌 기록					WEEKLY BEST 11	강점	약점
2	0	1,253(24) MINUTES 출전시간(경기수)	3 GOALS 득점	1 ASSISTS 도움	2 WEEKLY BEST 11 주간베스트11	클러치 능력	떨어지는 체력

이순민

1994년 5월 22일 | 32세 | 대한민국 | 178cm | 73kg
경력 | 광주(17) ▷ 포천(18~20) ▷ 광주(20~23) ▷ 대전(24~)
K리그 통산기록 | K리그1 – 115경기 2득점 4도움 | K리그2 – 32경기 2득점
대표팀 경력 | 4경기 | 2023 아시안컵

지난 시즌 후반기 대전 부활의 주역이었다. 울산과의 2라운드에서 쇄골이 부러지는 중상을 당하며 쓰러진 이순민은 복귀 후 진공 청소기를 재가동하며, 대전의 중원을 지켰다. 터프한 수비력은 더욱 업그레이드된 모습이었다. 무명이었던 이순민은 광주에서 맹활약을 펼치며, A대표팀까지 승선한 '신데렐라'다. 울산, 전북 등의 러브콜을 뒤로 하고 거액에 대전 유니폼을 입었다. 대전 이적 후 잦은 부상에 시달리고 있지만, 나서는 경기마다 몸을 사리지 않는 열정적인 플레이를 보여주고 있다. 부캐는 래퍼. '위로'라는 이름으로 활동 중이다.

		2025시즌 기록				강점	약점
5	1	1,840(24) MINUTES 출전시간(경기수)	0 GOALS 득점	1 ASSISTS 도움	2 WEEKLY BEST 11 주간베스트11	김남일급 수비력	아쉬운 패싱력

루빅손　　　　　　　　　　　　　　　*Gustav Erik Ludwigson*

1993년 10월 20일 | 33세 | 스웨덴 | 181cm | 77kg
경력 | 뮐르뉘케(11~14) ▷ 세베달렌스(15~17) ▷ 외리뤼테(18~19) ▷ 함마르뷔(20~22)
▷ 울산(23~25) ▷ 대전(26~)
K리그 통산기록 | 85경기 18득점 11도움
대표팀 경력 | –

스웨덴 박지성. 스웨덴 7부리그에서 출발해 1부리그까지 뛴 입지전적인 커리어를 자랑하는 루빅손은 2023년 울산 유니폼을 입고 K리그에 입성했다. 뛰어난 오프더볼 움직임과 마무리 능력, 여기에 넓은 활동 반경을 선보이며 울산의 3연패에 일조했다. 특히 팀이 필요하면 윙백으로 뛰는 것도 마다하지 않는 헌신적인 플레이로 울산 팬들의 사랑을 듬뿍 받았다. 울산이 최악의 모습을 보인 지난 시즌에도, 계약이 만료되는 가운데, 제 몫을 해내며 팀을 잔류시켰다. 검증된 외인 공격수를 찾던 대전이 러브콜을 보내며 올 시즌에도 K리그에서 뛰게 됐다.

		2025시즌 기록				강점	약점
2	0	2,435(36) MINUTES 출전시간(경기수)	5 GOALS 득점	3 ASSISTS 도움	3 WEEKLY BEST 11 주간베스트11	양발, 침투 능력	단점 없는게 단점

주앙 빅토르　　　　　　　　　　　　　*João Victor Lima Ferreira*

1999년 2월 25일 | 27세 | 브라질 | 176cm | 75kg
경력 | 그레미우(19) ▷ 카우덴시(19~20) ▷ 나시오날(20~21) ▷ 폰치 프레타(21)
▷ 이투아누(21~22) ▷ 포르투게자(23) ▷ 과라니(23~25) ▷ 도쿠시마(25) ▷ 대전(25~)
K리그 통산기록 | K리그1 – 13경기 4득점 2도움
대표팀 경력 | –

사실 큰 기대를 하지 않았던 선수다. 당초 대전은 안데르손 영입을 원했지만, 불발되며 남은 자리에 갑작스럽게 임대로 대려왔다. 반 시즌 정도만 쓸 요량이었지만 주앙 빅토르는 혼자 힘으로 물줄기를 바꿨다. 출전하는 경기마다 강한 임팩트를 남겼다. 정교한 킥을 바탕으로 공격 포인트를 올렸다. 한국형 용병이라는 설명이 어울릴 정도로, 스피드와 체력, 몸싸움 능력, 성실한 수비 가담, 그리고 헌신적인 태도까지 갖췄다는 평가다. 고무된 대전은 곧바로 완전 영입에 나섰다. 주앙 빅토르는 주전으로 신분을 바꿔 올 시즌 나선다.

		2025시즌 기록				강점	약점
1	0	952(13) MINUTES 출전시간(경기수)	4 GOALS 득점	2 ASSISTS 도움	1 WEEKLY BEST 11 주간베스트11	빠른 스피드, 축구센스	체격

마사
Masatoshi Ishida

1995년 5월 6일 | 31세 | 일본 | 180cm | 74kg
경력 | 교토 상가(14~15)▷사가미하라(16)▷더스파쿠사츠(17)▷아술 클라로(18)▷안산(19)
▷수원FC(20)▷강원(21)▷대전(21~23)▷주빌로 이와타(24)▷대전(24~)
K리그 통산기록 | K리그1 – 73경기 18득점 10도움 | K리그2 – 96경기 38득점 10도움
대표팀 경력 | –

"승격, 그거 인생 걸고 합시다!" J리그에서 자리잡지 못한 마사는 마지막 승부수로 한국 무대를 택했다. 안산, 수원FC에서 좋은 모습을 보인 마사는 강원을 통해 K리그1에 입성했지만, 부상 등으로 제 몫을 하지 못했다. 새롭게 둥지를 튼 대전은 그의 새로운 고향이 됐다. 마사는 대전의 핵심 공격수로 맹활약을 펼치며 팀을 승격시켰다. J리그에 복귀했지만, 설 자리가 없던 마사가 다시 돌아온 곳은 대전이었다. 팀을 잔류시키며 다시 한번 팬들을 열광시킨 마사는 지난 시즌 후반기 '가을 마사' 다운 활약으로 팀의 준우승을 이끌었다.

2025시즌 기록						3 WEEKLY BEST 11 주간베스트11	강점	약점
3	0	1,552(24) MINUTES 출전시간(경기수)	6 GOALS 득점	4 ASSISTS 도움			뛰어난 공간 창출 능력	전술에 따라 좌우되는 경기력

디오고
Diogo de Oliveira Barbosa

1996년 12월 4일 | 30세 | 브라질 | 194cm | 79kg
경력 | 일로스포르트(17)▷바스쿠 다가마(18)▷인데펜덴치(18)▷프랑카나(19)
▷플라자 콜로니아(20~21)▷푸마스 UNAM(21~23)▷코리치바(23)
▷플라자 콜로니아(24~25)▷파이산두(25)▷대전(26~)
K리그 통산기록 | 2026시즌 K리그1 데뷔
대표팀 경력 | –

지난 시즌 막판 구텍과 계약을 해지한 대전은 곧바로 스트라이커 영입에 나섰다. 우승에 도전하는만큼 두 자릿수 득점을 책임져 줄 특급 공격수를 찾았다. 답은 빠르게 나왔다. 디오고였다. 일찌감치 K리그 바닥에 프로필이 돌았던 선수다. 기량 자체는 다들 엄지를 치켜올렸지만, 문제는 몸값이었다. 다른 팀들이 주저하는 사이 대전이 발빠르게 움직였다. 기본 스타일은 주민규와 비슷하지만, 스피드와 활동량이 더 좋다는 평가다. 디오고가 제 몫을 해줄 경우, 대전의 공격력은 더욱 막강해진다. 적응과 부상 이력이 변수다.

2025시즌 기록						- WEEKLY BEST 11 주간베스트11	강점	약점
6	0	2,602(33) MINUTES 출전시간(경기수)	11 GOALS 득점	0 ASSISTS 도움			수준급 스피드	부상 이력

■ 브라질 2부 리그 기록

정재희

1994년 4월 28일 | 32세 | 대한민국 | 174cm | 70kg
경력 | 안양(16~18)▷전남(19~20)▷김천(20~21)▷포항(22~24)▷대전(25~)
K리그 통산기록 | K리그1 – 113경기 22득점 8도움 | K리그2 – 158경기 21득점 20도움
대표팀 경력 | –

K리그 최고의 특급 조커, 하지만 지난 시즌에는 기대에 미치지 못했다. 안양을 통해 K리그에 입성한 정재희는 전남, 상주, 포항 등에서 후반 교체투입돼 폭발적인 스피드와 탁월한 마무리 능력으로 승부를 결정짓는 역할을 100% 소화해 냈다. 포항과 계약이 만료된 정재희는 빅클럽들의 러브콜을 뒤로하고 대전 유니폼을 입었다. 하지만 정재희는 기대만큼 경기에 나서지 못했고, 공격 포인트도 2골-2도움에 그쳤다. 올 겨울에도 많은 팀들의 관심을 받았지만, 일단 대전에 남게 됐다. 기량만큼은 확실한만큼, 분위기를 바꾸는게 우선이다.

2025시즌 기록						- WEEKLY BEST 11 주간베스트11	강점	약점
0	0	906(24) MINUTES 출전시간(경기수)	2 GOALS 득점	2 ASSISTS 도움			폭발적인 스피드	세밀한 컨트롤

전지적 작가 시점

박찬준이 주목하는 대전의 원픽!
디오고

지금 대전에 이 선수가 있다면!
남태희

대전의 장점은 스피드다. '육상부'라고 해도 손색이 없을 정도로, 리그 정상급의 스피드레이서들을 대거 보유하고 있다. 기존 정재희, 서진수, 주앙 빅토르만으로도 빨랐는데, 리그 최고의 주력을 자랑하는 엄원상, 루빅손까지 합류했다. 그 뒤에서 공격을 지원해줄 이명재, 김문환, 박규현, 강윤성 등도 빠르다. 황선홍 감독은 이들의 스피드를 극대화시킨, 빠른 트랜지션 축구를 전면에 내세웠다. 고민은 역시 최전방이다. 주민규는 느린 주력을 구력으로 커버했다. 워낙 결정력이 뛰어난 선수인만큼 득점은 기대만큼 해줬지만, 냉정히 황 감독 축구에 100% 맞는 자원은 아니었다. 그렇다고 '명 스트라이커' 출신인 황 감독이 정통 스트라이커를 포기할 수는 없었다. 그래서 택한 것이 브라질 공격수 디오고다. 디오고는 에이전트 사이에 프로필이 돌때부터 '발이 빠르고 많이 뛰는 주민규'라고 불렸다. 디오고은 K리그 슈퍼컵에서 가공할 점프력과 남다른 피지컬, 적극성으로 대전팬의 기대감을 드높였다. 기대대로 전방에서 활발히 움직여주고 많은 골까지 넣어준다면 대전은 더욱 큰 힘을 받을 수 있다. 과거 부상 이력이 걸리지만, 주민규가 있으매 출전 시간을 조절할 수 있다.

대전은 전 포지션에 걸쳐 더블 스쿼드 이상의 전력을 구축했다. 풀백 같은 경우에는 트리플 스쿼드도 가능하다. 풀백이 없어 고민하는 타 팀과 비교하면, 대전의 스쿼드는 양과 질에서 부러움의 대상이다. 딱 하나 아쉬운 점은 '10번'이다. 말 그대로 창의적인 드리블과 킬 패스로 밀집수비를 뚫어낼 수 있는 '마법사'가 없다. 이 자리에서 뛸 수 있는 선수가 마사, 김준범, 김현욱 정도인데, 결정력, 기동력, 킥력 등 다양한 장점이 있지만, '판타지스타' 유형은 아니다. 폭발적인 스피드의 윙어를 살려줄 수 있는 특급 공격형 미드필더 부재가 황선홍 감독의 유일한 고민이다. 황 감독의 픽은 제주의 베테랑 플레이메이커 남태희였다. 기술, 킥, 센스를 두루 갖춘 남태희는 유럽에서 성장해 중동에서 전성기를 누볐다. '중동 메시' '카타르 메시'라 불렸다. 제주 이적 후 과거 보여준 폭발적인 속도는 줄었지만, 대신 생각의 속도는 더욱 빨라졌다. K리그 적응도 끝마쳤다. 2025시즌 대전 선수 중 남태희(47개) 보다 키패스를 많이 한 선수는 없었다. 마사의 키패스는 남태희의 절반에 못 미치는 18개였다. 대전은 마지막까지 남태희 영입을 시도했지만, 그는 결국 잔류를 택했다. 끝내 이 자리를 채우지 못했기에 남태희 영입 실패는 두고두고 아쉬울 수밖에 없다.

백종범
이정택
변준수
이상헌
홍윤상
문현호
박민서
김태환
김민규
김현우
박세진
이수빈
박태준
정마호
김주찬
이건희
고재현
박철우
강주혁
정재민
노경호
박용희
박만호
김서진
안준수

김천상무

'유종의 미', 그리고 새로운 시작을 향한 여정

김천상무

어쩌면 끝, 혹은 새로운 시작의 경계선에 서 있다. 2026년, 김천 상무는 아주 특별한 한 해를 보낼 예정이다. 김천은 김천시─국군체육부대(상무)─한국프로축구연맹의 협약에 따라 2021년 K리그에 첫발을 내디뎠다. 당시 김천은 '4+1년' 계약을 했고, 지난해 1년 연장 계약을 하며 팬과 호흡했다. 하지만 어느덧 약속한 시간이 모두 흘렀다. 김천은 올 시즌을 끝으로 역사 속으로 사라진다. 끝이 보이는 이별. 그렇기에 김천은 더더욱 올 시즌 '유종의 미'를 거두겠단 각오다. 대대적 변화가 예고돼 있다. 사령탑부터 선수까지 싹 바뀌었다. 그동안 팀을 이끌었던 정정용 감독이 전북 현대로 자리를 옮기고, 주승진 감독이 새롭게 지휘봉을 잡았다. 선수들도 새 얼굴로 가득하다. 지난해, 김천을 K리그1 3위로 이끌었던 주축 선수들이 모두 전역했다. 여름엔 박승욱, 김대원, 서민우, 가을엔 이동경, 이동준, 김승섭 등이 원소속팀으로 돌아갔다. 김천은 이제 새 그림을 그린다. 12기 16명이 주승진 감독과 함께 김천 '데뷔'를 위해 구슬땀을 흘리고 있다. 확 달라진 김천은 강렬한 '마지막 인사'를 향해 달린다.

구단 소개

정식 명칭	김천상무 프로축구단
구단 창립	2020년 10월 22일
모기업	시민구단
상징하는 색	붉은색, 군청색, 금색
경기장(수용인원)	김천종합운동장 (25,000명)
마스코트	군슈웅
레전드	최용수, 이동국, 이동경 등
서포터즈	수사불패
커뮤니티	–

우승

K리그	2회 (2021, 2023 – K리그2)
코리아컵(FA컵)	–
AFC챔피언스리그(ACL)	–

최근 5시즌 성적

시즌	K리그	코리아컵(FA컵)	ACL
2025시즌	3위	16강	–
2024시즌	3위	16강	–
2023시즌	1위 (2부)	3라운드	–
2022시즌	11위	3라운드	–
2021시즌	1위 (2부)	8강	–

주승진

1975년 3월 12일 | 51세 | 대한민국

K리그 전적
8경기 2승 1무 5패

무려 16년을 기다렸다. 그는 현역 은퇴 뒤 2010년부터 수원 삼성 유스팀 감독, 1군 코치, 유스 총괄 디렉터, 스카우트, 수석코치, 감독대행 등을 거쳤다. 2023년엔 화성FC를 K3리그 정상으로 이끌었고, 2025년엔 대구FC 수석코치를 맡았다. 이번에 김천 상무의 지휘봉을 잡고 처음으로 K리그1 사령탑에 올랐다. 그는 '공격, 수비, 전환'의 자동화에 초점을 맞추고 있다. 축구는 공격, 수비, 전환이 연속적으로 이뤄지는 만큼 생각의 속도, 몸의 반응, 압박과 탈압박이 자연스럽게 이어지는 축구를 선보인다는 것이다. 주승진의 축구가 이제 곧 세상에 드러난다.

선수 경력

대전 시티즌	부산 아이파크

지도자 경력

매탄중고 감독	수원삼성 유스총괄디렉터	수원삼성 코치	수원삼성 수석 코치	화성 감독	대구 수석코치	김천 감독(26~)

주요 경력

2024년 K3 준우승	2025년 한국프로축구연맹 TSG 위원

선호 포메이션	4-2-3-1	3가지 특징	다양한 경험	오랜 기다림	'공격-수비-전환'의 자동화

STAFF

코치	GK코치	피지컬코치	물리치료사	전력분석관	팀매니저	국군체육부대 지원코치
김치우	박지훈	김주표	김영효 지성진	노연호	한재희	염경선

2 0 2 5 R E V I E W

아디다스 포인트로 보는 김천의 2025시즌 활약도

칭찬을 아무리 해도 부족하지 않다. 2025년 김천 상무는 그야말로 이동경의 시간이었다. 이동경은 공수 전반에서 그라운드를 지휘하며 김천을 이끌었다. 10월 제대 뒤 울산으로 돌아가서도 가장 역할을 톡톡히 해냈다. 그는 김천, 울산은 물론 K리그1 최고의 활약을 펼쳤다. 다이나믹 포인트 전체 1위, MVP가 자연스레 따라왔다. 잘하는 선수가 옆에 있으니, 다른 선수들도 자신의 실력을 120% 뽑아냈다. 김승섭, 박상혁 등이 뒤에서 힘을 보태며 김천의 상승세를 이끌었다. 팀 내 다이나믹포인트 20위 안에 골키퍼가 두 명이나 포함됐다는 것도 놀라운 사실.

2025시즌 아디다스 포인트 상위 20명 ■ 포인트 점수

포지션 평점

FW

MF

DF

GK

출전시간 TOP 3

1위	이동경	2,915분
2위	박찬용	2,826분
3위	김승섭	2,734분

득점 TOP 3

1위	이동경	13골
2위	박상혁	12골
3위	김승섭	8골

도움 TOP 3

1위	이동경	12도움
2위	이승원	6도움
3위	모재현	5도움

주목할 기록

25	이동경 공격포인트 전체 1위
38	김천 오픈플레이 득점 1위

성적 그래프

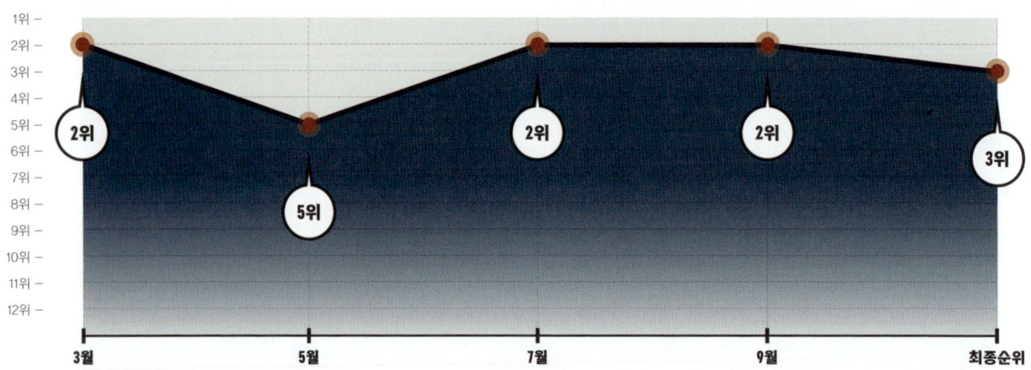

2026 시즌 스쿼드 운용 & 이적 시장 인앤아웃

IN

박만호_대구
김서진 홍윤상
_포항
홍시후_인천
박민서 윤재석
_울산
변준수_전북
정마호_충남아산
노경호 박용희
_수원FC
강주혁_서울
이상헌_강원
정재민_이랜드
안준수_수원FC
이강현_광주

OUT

이동경_울산
이동준 맹성웅
김승섭 이주현
_전북
이현식_대전
원기종_경남
김강산_대구
박찬용 김준호
_포항
박상혁 이승원
_강원
추상훈_전남
최예훈_충남아산
오인표_이랜드
김찬_부산
김태훈_안양
유선_성남
박대원_수원삼성
김경준_김포

FW
김주찬 · 이건희 · 전병관
고재현 · 김인균 · 홍윤상 · 강주혁
이상헌 · 강민규 · 박용희 · 정재민

MF
박세진 · 이수빈 · 김이석
박태준 · 임덕근 · 정마호
노경호 · 윤재석 · 이강현

DF
박철우 · 이정택 ⓒ · 김태환 · 이찬욱
김민규 · 김현우 · 민경현 · 박진성
김서진 · 홍시후 · 박민서 · 변준수

GK
백종범 · 문현호 · 박만호 · 안준수

ⓒ 주장

새로운 팀이다. 2025년에 김천에서 뛴 선수는 절반에 불과하다. 그나마도 주축으로 뛴 선수는 거의 없다. 올 시즌 김천은 2025년 4월 7일 입대한 10기 13명, 두 달 뒤 합류한 11기 7명, 그리고 이제 막 부대 배정을 받은 12기 16명으로 시작한다. 12기 16명은 총 네 차례에 걸쳐 팀에 합류했다. 가장 마지막에 들어온 변준수는 동계전지훈련도 소화하지 못했다. '원팀'이 되기엔 선수간 컨디션이 제각각이라는 게 고민거리다. K리그에서 검증된 선수가 최전방 공격수부터 센터백까지 포지션별로 고루 영입됐다. 주승진 감독 체제로 새롭게 출항한 김천은 새 얼굴이 얼마나 빠르게 녹아드느냐에 따라 순위가 갈릴 것으로 보인다.

주장의 각오

이정택

"올해도 팬 여러분께 좋은 모습을 보여드릴 수 있도록 모든 선수가 최선을 다해 동계전지훈련부터 준비하고 있다. 팬 여러분의 많은 응원 부탁드린다."

2 0 2 6   예 상   베 스 트   1 1

이적시장 평가

'군팀'에 이적시장은 없다. 그저 입대와 제대만 반복될 뿐이다. 다행인 점은 새 얼굴의 합류다. 16명의 든든한 지원군이 도착했다. 이로써 김천은 2026시즌 10~12기, 36명으로 시작할 수 있게 됐다. 하지만 시즌 중 이별도 예고돼 있다. 백종범 문현호 박철우 이정택 김태환 이찬욱 박세진 이수빈 김이석 김주찬 이건희 전병관 고재현 등 13명이 10월 6일 전역한다. 이제 막 팀에 합류한 신병 16명의 적응 기간, '말년병장'의 시간인 9~10월을 얼마나 지혜롭게 보내느냐가 포인트다.

저자 5인 순위 예측

· 윤 진 만 ·	· 박 찬 준 ·	· 김 가 을 ·	· 김 대 식 ·	· 이 현 석 ·
11위_우승을 하더라도 강등되는 팀의 선수들에게 동기부여를 강요할 순 없다. 시즌 초반엔 실력을 발휘할 수 있겠지만, 시즌 중엔 분명 멘털이 흔들리는 순간이 올 것 같다.	**11위_**지난 두 시즌간 3위에 오른 김천의 힘은 '정정용+스쿼드'였다. 정정용 감독은 떠났고, 스쿼드는 약해졌다. 무조건 강등이라는 현실은 동기부여를 떨어뜨린다.	**7위_**지난해와 비교해 스쿼드에서 힘이 떨어지는 것은 사실이다. 더욱이 올 시즌 성적과 상관없이 K리그2(2부) 자동강등이 예고돼 있다. 동기부여가 떨어진다. 하지만 '마지막'이란 단어의 힘은 강하다.	**9위_**전력은 상위권이지만 강등이 확정된 팀이다. 때때로 축구는 실력보다 정신력이 더 중요할 때가 있다. 위기의 순간에서 김천이 뭉칠 수 있는 원동력이 있을까. 정정용 감독도, 이동경도 없는 시즌.	**10위_**마지막 불꽃이 활활 타기에는 장작이 부족하다. 새 감독, 새 선수들에 대한 기대가 있지만, 증명해야 할 것들이 많다. 유종의 미는 언제나 쉽지 않은 과제다.

백종범

2001년 1월 21일 | 25세 | 대한민국 | 190cm | 82kg

경력

서울(19~25)
▷김천(25~)

K리그 통산기록

K리그1 - 48경기 58실점

대표팀 경력

-

오산중-오산고-FC서울 우선 지명. 백종범은 그야말로 서울의 '성골'이다. 어린 시절부터 두각을 나타냈고, 그 덕분에 14세 이하(U-14) 대표팀부터 엘리트 코스를 제대로 밟았다. 하지만 프로의 벽은 높았다. 2019년 프로에 첫발을 내디뎠지만, '대선배' 유상훈, 양한빈의 그늘이 너무 넓었다. 2022년이 돼서야 프로 데뷔전을 치렀을 정도. 그는 2023년 처음으로 제대로 된 경쟁을 펼쳤다. 오랜 기다림 끝에 잡은 기회를 놓치지 않았고, 서울과 재계약했다. 하지만 2024년 인천과의 경기에서 논란을 야기했고, 이후에는 새로 합류한 강현무에 주전 자리를 내줬다. 변화가 필요했다. 2025년 김천에 합류했다. 이주현과의 경쟁에서 밀려 2경기 출전에 그쳤다. 백종범에게 2025년은 '잃어버린 1년'이었다. 2026년은 프로 인생의 전환점이 될 중요한 시기다. 동기 문현호, 후임 박만호, 안준수와의 경쟁을 뚫고 주전으로 도약할 기회다. 일단 주승진 감독은 백종범에게 NO.1을 맡길 계획인데, 안정감을 보여주지 못하면 시즌 중 동기, 후임에게 주전 자리를 내줄 수 있다. 김천에서 최고의 모습을 보여야 원소속팀 서울로 돌아가서도 다시 경쟁을 펼칠 수 있다는 걸 백종범 본인이 누구보다 잘 알 거다.

2025시즌 기록

0	180(2) MINUTES 출전시간(경기수)	3 SAVE 선방	2 LOSS 실점	0	- WEEKLY BEST 11 주간베스트11

강점	풍부한 잠재력, 운동신경	**특징**	만년유망주 골키퍼
약점	부족한 경기력, 기복	**별명**	FC서울 성골 유스

이정택

1998년 5월 23일 | 28세 | 대한민국 | 183cm | 75kg

경력

충북청주(23)
▷ 대전(24~25)
▷ 김천(25~)

K리그 통산기록

K리그1 – 47경기
K리그2 – 33경기

대표팀 경력

–

‘김천의 캡틴’ 이정택은 희망의 아이콘이다. 대학을 졸업할 때까지 프로의 부름을 받지 못했다. 2021년 상지대학교를 졸업한 뒤 K3(3부) 소속 청주FC에 입단했다. 꿈을 포기하지 않았다. 2023년, 25세 나이에 충북청주와 프로 계약을 맺었다. 첫 시즌 K리그2 33경기에 나서며 프로 무대에 빠르게 안착했다. 활약을 인정받아 2024년 대전으로 이적하며 K리그1으로 초고속 진출했다. 대전에서 다양한 포지션을 소화하며 팀의 알토란 역할을 했다. 주 포지션은 센터백이지만 상황에 따라서는 풀백, 심지어 수비형 미드필더까지 커버했다. 2024년 29경기를 뛰었다. 2025년 김천에 합류한 이정택은 성실한 플레이로 신임을 받았다. 그는 선임들이 떠난 뒤 팀의 주장을 맡게됐고, 2026년에도 주장으로 팀을 이끌게 됐다. 그는 “주장에 선임돼 기쁘고 감사하다. 주장으로서 책임감 있는 모습으로 김천상무가 원하는 목표를 달성하도록 최선을 다하겠다”고 다짐했다. 김천에선 박승욱(시미즈 에스펄스)이 K3부터 시작해 국가대표까지 올라간 사례가 있다. 이정택 역시 누군가에겐 힘을 불어넣는 ‘희망의 아이콘’이 될 준비를 마쳤다.

2025시즌 기록

1	1,377(18) MINUTES 출전시간(경기수)	0 GOALS 득점	0 ASSISTS 도움	0	1 WEEKLY BEST 11 주간베스트11
강점	스피드, 공간 커버	**특징**			‘K3부터 K1까지’ 新 신데렐라
약점	피지컬	**별명**			제2의 조유민

변준수

2001년 11월 30일 | 25세 | 대한민국 | 190cm | 88kg

경력

대전(20~23)
▷ 광주(24~25)
▷ 김천(26~)

K리그 통산기록

K리그1 – 71경기 5득점
K리그2 – 20경기

대표팀 경력

1경기

변준수는 지난 두 시즌 동안 '광주몬스터'로 불렸다. '괴물수비수' 김민재(바이에른 뮌헨)를 연상케 하는 압도적 피지컬, 빌드업 능력 등에서 긍정 평가를 받은 것이다. 그는 광주에서 이정효 감독(현 수원 삼성)의 지도를 받으며 무럭무럭 성장했다. 연령별 대표팀을 뛰어넘어 A대표까지 올랐다. 2025년 여름 펼쳐진 동아시안컵에서 태극마크를 달았다. 2025년 코리아컵 결승에서 전북 공격진을 꽁꽁 묶은 변준수는 공교롭게 시즌 후 광주에서의 활약을 인정받아 '디펜딩 챔피언' 전북 현대의 부름을 받고 이적했다. 전북은 변준수의 입대 계획을 알고도 전격 영입했다. 미래를 위한 포석이다. 변준수는 전북 소속으로 선수 등록을 마친 뒤 김천에 입대했다. 그는 전북이 자신을 '점찍은' 이유를 다시 한번 입증해야 한다. 변준수에게 2026년은 도전의 해다. 이정효 감독의 품을 떠나서도 국가대표급 경기력을 선보여야 한다. 다만, 뒤늦은 입대로 동계전지훈련이 부족했다. 김천은 '입단'을 하더라도 훈련소에서 기초군사훈련을 받아야 하고, 자대 배치 이후에도 군대 적응 기간을 거쳐야 한다. 적응을 위한 물리적 시간이 짧은 것은 사실이다. 이 또한 변준수가 이겨내야 할 도전 과제다.

2025시즌 기록

7	2,786(33) MINUTES 출전시간(경기수)	2 GOALS 득점	2 ASSISTS 도움	0	8 WEEKLY BEST 11 주간베스트11

강점	괴물 피지컬, 빌드업	특징	세트피스 무기
약점	안정감, 카드 트러블	별명	넥스트 김민재

이상헌

1998년 2월 26일 | 28세 | 대한민국 | 178cm | 67kg

경력

울산(17~20)
▷ 전남(18)
▷ 부산(21~23)
▷ 강원(24~25)
▷ 김천(26~)

K리그 통산기록

K리그1 – 103경기 24득점
K리그2 – 69경기 10득점

대표팀 경력

–

이상헌의 이름 앞엔 언제나 '유망주'라는 수식어가 붙었다. 유스 시절부터 촉망받았다. 하지만 프로의 벽은 생각보다 높았다. 울산, 전남에선 2% 부족했다. 2021년 부산 아이파크로 이적한 뒤 재능을 발휘하는 듯했지만 연속성이 부족했다. 2024년 강원에 새 둥지를 튼 뒤 재능을 뽐냈다. 윤정환 감독 체제에서 공격의 핵심으로 팀을 이끌었다. 2024년엔 37경기에서 13골–6도움을 기록하며 '커리어 하이'를 달성했다. 특히, 2025시즌 전반기 이상헌은 리그 베스트11급 활약을 펼쳤다. 하프 스페이스에서 예측이 불가능한 무브먼트로 강원 공격에 차이를 만들었다. 양민혁과 호흡이 특히 돋보였다. 윤 감독이 떠난 2025년엔 아쉬운 활약으로 일관했다. 출전 시간도, 공격 포인트도 줄었다. 김천은 기회의 땅이다. 그동안 조규성(미트윌란) 오현규(베식타시) 등이 김천 소속으로 최전방에서 제 기량을 발휘하며 국대급으로 성장했다. 이동경(울산)은 K리그1 MVP까지 거머쥐었다. '군팀' 김천은 외국인 선수가 없는 만큼 공격수에겐 기회가 넘치고 넘친다. '유망주' 수식어를 떼고 '에이스'로 스텝업 할 절호의 기회다. 이상헌이 김천에서 'K–공격수' 계보를 이어갈 수 있을지 관심이 모아진다.

2025시즌 기록

4	1,961(30) MINUTES 출전시간(경기수)	4 GOALS 득점	2 ASSISTS 도움	0	2 WEEKLY BEST 11 주간베스트11

강점	축구 센스, 하프스페이스 공략	특징	프리롤 체질
약점	기복, 피지컬	별명	신데렐라

홍윤상

2002년 3월 19일 | 24세 | 대한민국 | 176cm | 72kg

경력

포항(21)
▶볼프스부르크(21~23)
▶장크트푈텐(21~22)
▶뉘른베르크(22~23)
▶포항(23~25)
▶김천(26~)

K리그 통산기록

K리그1 – 74경기 | 11득점

대표팀 경력

—

'별명부자' 홍윤상이 김천 상무에 합류했다. 홍윤상은 포항 유스 출신으로 일찌감치 재능을 반짝였다. 밸런스를 갖춘 드리블, 플레이메이킹, 마무리 능력까지 갖춰 한국 축구를 이끌 재목으로 뽑혔다. 실제로 어린 시절 유럽의 '콜'을 받았다. 독일 무대를 누비며 경험을 쌓았다. 2023년 포항으로 돌아온 뒤 핵심 자원으로 활약했다. 롤모델인 잭 그릴리시를 떠올리게 하는 헤어스타일, 플레이스타일로 조명을 받았다. 겉멋만 든 유망주가 아니었다. 22세룰을 때 고도 선발로 뛸 정도의 능력을 뽐냈다. 2024~2025년 잇달아 30경기 이상 소화하며 주축으로 뛰었다. 동료를 이용하는 시야가 좋고, 드리블 시 독특한 리듬감이 상대를 흔들기 용이하단 평가를 받았다. 또한, 경기 흐름을 읽는 능력도 빼어나단 칭찬이 쏟아졌다. 다만, 컨디션에 따른 경기력 기복은 반드시 극복해야 할 문제로 지적됐다. 홍윤상은 연령별 대표팀을 두루 거쳤지만, 아직 A대표팀에는 합류하지 못했다. 오직 축구만 할 수 있는 곳, 김천은 한 단계 업그레이드를 할 수 있는 아주 좋은 환경이다. 홍윤상이 '어린 선수', '유망주' 꼬리표를 떼고 '믿을맨'으로 거듭날 절호의 기회다. 홍윤상의 마음 한 켠엔 '유럽'과 '국대'가 있다.

2025시즌 기록

2	1,693(30) MINUTES 출전시간(경기수)	3 GOALS 득점	2 ASSISTS 도움	0	2 WEEKLY BEST 11 주간베스트11

강점	시야, 돌파력	특징	제주 태생, 포항 유스, 유럽파 출신
약점	기복, 마무리 스킬	별명	홍박사, K-그릴리쉬

문현호

2003년 5월 13일 | 23세 | 대한민국 | 193cm | 82kg
경력 | 충남아산(22~23) ▷ 울산(24~25) ▷ 김천(25~)
K리그 통산기록 | K리그1 – 2경기 4실점 | K리그2 – 17경기 2실점
대표팀 경력 | –

'전통 명가' 수원 삼성 유스 출신이다. 2022년 자유선발로 충남아산에 입단했고, 구단의 최연소 출전 신기록을 작성했다. 짧은 출전시간이었지만, 강한 임팩트를 남겼다. 2024년 '빅클럽' 울산에 조현우의 '젊은 백업'으로 이적했다. 울산의 새로운 방패가 될 것이란 기대가 모았다. 신장 193cm에 달하는 이상적인 피지컬도 조현우의 후계자로 삼기엔 제격이었다. 하지만 울산에서 경기에 나서기란 하늘이 별 따기였다. K리그1 데뷔없이 2025년 김천에 합류했다. 시즌 최종전인 대전전에 출전했으나 맥없이 3실점하며 아쉬움을 남겼다. 2026시즌엔 백종범에 도전하는 입장이다.

2025시즌 기록					- WEEKLY BEST 11 주간베스트11	강점	약점
0	0	**180(2)** MINUTES 출전시간(경기수)	**6** SAVE 선방	**3** LOSS 실점		공중볼 캐칭, 선방 능력	부족한 1부 경험

박민서

2000년 9월 25일 | 26세 | 대한민국 | 175cm | 68kg
경력 | 대구(20~21) ▷ 경남(22~23) ▷ 이랜드(24) ▷ 울산(25) ▷ 김천(26~)
K리그 통산기록 | K리그1 – 17경기 1득점 | K리그2 – 89경기 10득점
대표팀 경력 | –

한국의 앤디 로버트슨(리버풀)을 꿈꾼다. 주발인 왼발은 물론이고 오른발도 비교적 안정적으로 사용한다. 날카로운 킥도 장착했다. 수비수지만 공격에도 적극 가담하는 스타일이다. 더욱이 수비 시에는 몸을 아끼지 않는 플레이로 높은 평가를 받는다. 대구, 경남, 이랜드를 거치며 일찌감치 실력을 입증한 뒤 2025년 울산에 입단했다. 하지만 K리그1의 벽은 높았다. 2024시즌 K리그2에서 5골 7도움을 폭발한 이랜드의 박민서와 울산의 박민서(1골 1도움)는 다른 선수처럼 느껴졌다. 흔한 유망주 정도의 기량을 발휘하며 점점 주전 경쟁에서 밀렸다. 적지 않은 나이 스물여섯, 김천에서 반등을 꾀한다.

2025시즌 기록					- WEEKLY BEST 11 주간베스트11	강점	약점
4	0	**1,125(16)** MINUTES 출전시간(경기수)	**1** GOALS 득점	**1** ASSISTS 도움		윙어 뺨치는 공격성, 크로스	대인마크

김태환

2000년 3월 25일 | 26세 | 대한민국 | 179cm | 73kg
경력 | 수원삼성(19~23) ▷ 제주(24~25) ▷ 김천(25~)
K리그 통산기록 | K리그1 – 148경기 4득점
대표팀 경력 | –

김태환은 한때 정상빈(세인트루이스 시티), 강현묵(수원)과 함께 수원 삼성을 이끄는 '매탄소년단'의 핵심이었다. '밀레니엄 막내들'의 리더로 동생들을 이끌었다. 그의 가장 큰 장점은 '전천후 멀티 플레이어'라는 점이다. 주포지션인 오른쪽 측면 수비수(윙백, 풀백)뿐만 아니라 오른쪽 측면 공격수, 중앙 미드필더, 최전방 공격수까지 두루 소화할 수 있다. 독특하게 드리블과 크로스를 할 때 오른발을 활용하지만, 왼발슛이 오른발 슛보다 날카롭다. 이는 상대 수비진의 혼란을 야기하기도 한다. 정작 중요한 수비에서 흔들리는 모습을 보일 때가 있다. 김천은 올 시즌 김태환이 가장 잘할 수 있는 오른쪽 풀백으로 기용할 가능성이 농후하다.

2025시즌 기록					- WEEKLY BEST 11 주간베스트11	강점	약점
0	0	**446(7)** MINUTES 출전시간(경기수)	**0** GOALS 득점	**0** ASSISTS 도움		오버래핑, 적극성	2% 부족한 수비, 일관성

김민규

1998년 4월 1일 | 28세 | 대한민국 | 188cm | 77kg
경력 | 성남(17) ▷ 이랜드(20~25) ▷ 김천(25~)
K리그 통산기록 | K리그1 – 5경기 | K리그2 – 98경기
대표팀 경력 | –

성남FC 유스 출신으로 2017년 우선지명으로 1군 무대를 밟았다. 기대가 컸지만, 축구 인생은 수월하지 않았다. 2018년 K3(3부) 화성, 2019년 내셔널리그 김해시청에서 뛰었다. 버티고 버틴 끝에 기회가 찾아왔다. 2020년 서울 이랜드에 합류하며 프로 무대로 돌아왔다. 2023년 이랜드의 부주장을 맡는 등 존재감을 보이며 이랜드의 수비 중심으로 활약했다. 큰 키에 빠른 발을 가졌단 평가다. 활동량도 좋고 투지 넘치는 플레이로 팀에 안정감을 가져다준다. 김천 소속으로 K리그1 무대를 처음 누빈다는 점은 우려 포인트. 당당한 피지컬을 앞세워 당당한 플레이를 펼친다면 K리그1 공격수를 상대로도 충분히 통할 것이다.

		2025시즌 기록			- WEEKLY BEST 11 주간베스트11	강점	약점
0	0	352(5) MINUTES 출전시간(경기수)	0 GOALS 득점	0 ASSISTS 도움		피지컬, 스피드	안정감

김현우

1999년 3월 7일 | 27세 | 대한민국 | 183cm | 70kg
경력 | 디나모자그레브(18~21) ▷ 울산(22) ▷ 대전(23~25) ▷ 김천(25~)
K리그 통산기록 | K리그1 – 63경기 1득점
대표팀 경력 | –

울산 18세 이하(U-18)팀인 현대고에서 주장으로 팀을 이끌었다. 2017년 현대고의 5관왕 주역이었다. 울산의 우선 지명을 받은 뒤 디나모자그레브(크로아티아)로 임대 이적해 경험을 쌓았다. 그 사이 2019년 20세 이하(U-20) 월드컵에서 주전 수비수로 한국의 준우승을 이끌며 몸값을 높였다. 유럽에서 뛰던 김현우는 2022년 울산으로 돌아왔지만 제대로 자리 잡지 못한 채 2023년 대전으로 이적했다. 터닝포인트였다. 그는 대전에서 주전으로 도약하며 맹활약했다. 수비수치고 피지컬이 빼어난 편은 아니지만 영리한 플레이로 경기를 풀어낸다. 수비 커버 범위가 넓다는 것도 장점이다. 잦은 부상은 옥에 티.

		2025시즌 기록			1 WEEKLY BEST 11 주간베스트11	강점	약점
0	0	651(11) MINUTES 출전시간(경기수)	0 GOALS 득점	0 ASSISTS 도움		넓은 수비 범위 커버	잦은 부상

박세진

2004년 3월 19일 | 22세 | 대한민국 | 171cm | 67kg
경력 | 대구(23~25) ▷ 김천(25~)
K리그 통산기록 | K리그1 – 84경기 4득점
대표팀 경력 | –

어린 시절부터 빼어난 재능으로 관심을 받았다. 신장은 크지 않지만 단단한 체구로 그라운드를 휘젓는다. 드리블, 볼 키핑 능력이 좋다. 공격 재능이 빼어나지만 상황에 따라서는 수비형 미드필더로 팀의 윤활유 역할을 한다. 원소속인 대구FC 팬들은 그가 '레전드' 세징야처럼 해결사로 성장하길 바라는 마음을 담아 '세진야'라는 애칭을 붙이기도 했다. '많이 뛰는 3선 미드필더'라는 이미지가 생겼지만, 김천에선 그가 공격 재능을 더 발휘하도록 자리를 배치할 계획이다. 2025시즌 에이스 이동경의 실질적인 대체자 역할을 맡을 선수다. 이동경만큼 공격 포인트를 생산하지 못할 수 있지만, 적극적인 전방 압박과 같은 방식으로 팀에 기여할 수 있다.

		2025시즌 기록			1 WEEKLY BEST 11 주간베스트11	강점	약점
0	0	473(17) MINUTES 출전시간(경기수)	1 GOALS 득점	0 ASSISTS 도움		'10번'부터 '6번'까지 소화	부족한 공격력

이수빈

2000년 5월 7일 | 26세 | 대한민국 | 180cm | 70kg
경력 | 포항(19) ▷ 전북(20) ▷ 포항(21~22) ▷ 전북(23~24) ▷ 김천(25~)
K리그 통산기록 | K리그1 − 129경기 1득점
대표팀 경력 | −

이수빈은 포항에서 데뷔 직후 '미친 활동량'으로 주목을 받았다. 당시 김기동 감독은 "지쳐 보이는 얼굴로 90분 풀타임을 뛴다"라고 놀라움을 표했다. 2020년 전북으로 원치 않는 임대를 떠났다. 포항이 최영준을 영입하기 위해 전북에 제시한 선수가 이수빈이었다. 전북에서 전력외 선수로 지낸 이수빈은 포항으로 돌아왔다가 2023년 전북으로 완전이적했다. 이수빈은 전북에서 2023~2024년 부상 등의 이유로 주전을 확보하지 못했고, 2025년 김천에 합류했다. 김천에서도 설 자리는 많지 않았다. 입대 후 단 4경기 출전에 그쳤다. 2026시즌엔 좀 더 많은 출전시간을 보장받을 예정이다.

2025시즌 기록						- WEEKLY BEST 11 주간베스트11	강점	약점
0	0	**222(4)** MINUTES 출전시간(경기수)	**0** GOALS 득점	**0** ASSISTS 도움			활동량, 패스 전개	안정감, 공격성

박태준

1999년 1월 19일 | 27세 | 대한민국 | 176cm | 74kg
경력 | 성남(18~23) ▷ 안양(21) ▷ 이랜드(22) ▷ 광주(24~25) ▷ 김천(25~)
K리그 통산기록 | K리그1 − 85경기 6득점 | K리그2 − 72경기 2득점
대표팀 경력 | −

K리그1, 2 무대를 오가며 자리 잡기 바빴던 박태준은 이정효 감독(현 수원 삼성)을 만나 확실히 달라졌다. 그는 2024년 광주FC로 이적한 뒤 이 감독의 조련 속 중원 핵심으로 거듭났다. 2024년 K리그1 27경기를 뛰며 프로 데뷔 후 가장 많은 출전 기회를 잡았다. 특히, 광주가 아시아챔피언스리그에서 깜짝 8강에 오르는데 가장 큰 공헌을 했다. 어린 시절부터 공격수부터 수비수까지 다양한 포지션을 소화한 경험 덕분인지 전술 이해도가 높다는 평가를 받았다. 2025년 김천에 합류한 뒤에도 빠른 속도로 적응했다. 2026년에도 팀의 핵심 미드필더로, 이수빈과 함께 '더블 볼란치'로 김천의 중원을 책임질 예정이다.

2025시즌 기록						2 WEEKLY BEST 11 주간베스트11	강점	약점
7	0	**1,814(24)** MINUTES 출전시간(경기수)	**2** GOALS 득점	**3** ASSISTS 도움			공간 이해도, 날카로운 킥	잦은 부상 이력

정마호

2005년 1월 14일 | 21세 | 대한민국 | 190cm | 77kg
경력 | 충남아산(24~25) ▷ 김천(26~)
K리그 통산기록 | K리그2 − 37경기 5득점
대표팀 경력 | −

어린 시절 부상, 방출 등으로 어려운 시간을 보냈다. 하지만 고등학교 시절 잠재력을 폭발했고, 한국 축구 '최고 유망주' 수식어까지 거머쥐었다. 김남일, 기성용 등 국가대표급 '3선 자원'의 뒤를 이을 것이란 기대가 흘러나왔다. 그는 2024년 충남아산 소속으로 프로 데뷔전에서 데뷔골을 폭발하며 팬들의 눈도장을 찍기도 했다. 기쁨도 잠시, 정마호는 부상으로 한동안 재활에 몰두했다. 복귀 뒤에는 팀 사정상 수비 라인에서 뛰기도 했다. 2024년 반짝거린 정마호는 2025년 빠른 속도로 잊혀졌다. 정마호는 김천에서 생애 처음으로 K리그1 무대를 밟는다. 김천에서의 경쟁력이 '유망주' 수식어를 떼고 핵심으로 나아갈 수 있는 지름길이다.

2025시즌 기록						2 WEEKLY BEST 11 주간베스트11	강점	약점
3	0	**1,363(18)** MINUTES 출전시간(경기수)	**2** GOALS 득점	**0** ASSISTS 도움			날카로운 패스, 안정적인 경기 운영	잦은 부상

김주찬

2004년 3월 29일 | 22세 | 대한민국 | 177cm | 72kg
경력 | 수원삼성(23~25) ▷ 김천(25~)
K리그 통산기록 | K리그1 – 30경기 6득점 | K리그2 – 28경기 2득점
대표팀 경력 | –

한때 수원 삼성의 '소년가장'이었다. '전통 명가' 수원이 K리그1 최하위를 기록했던 2023년 '막내 에이스'로 팀을 이끌었다. 영플레이어상 최종 4인 후보에 오르기까지 했다. 수원 삼성에서 성장해 유럽에 진출한 정상빈, 오현규의 뒤를 이을 재목으로 여겨졌다. 2024년엔 팀의 부주장을 맡으며 핵심으로 완벽하게 자리잡은 듯했다. 그러나 왼쪽과 오른쪽을 오가는 포지션 변화 속 경기력이 떨어졌고, 체형 변화로 적응에 어려움을 겪기도 했다. 2026년엔 김천의 왼쪽 공격을 책임질 것으로 보인다. 수원 시절 스승과 제자의 연을 맺은 주승진 감독 아래에서 다시 에이스의 모습을 보여준다는 각오다.

2025시즌 기록					강점	약점
0	0	222(5) MINUTES 출전시간(경기수)	1 GOALS 득점	0 ASSISTS 도움	1 WEEKLY BEST 11 주간베스트11	돌파, 슈팅	스피드, 기복

이건희

1998년 2월 17일 | 28세 | 대한민국 | 186cm | 78kg
경력 | 아일랜드(20~21) ▷ 광주(22~24) ▷ 제주(25) ▷ 김천(25~)
K리그 통산기록 | K리그1 – 67경기 12득점 | K리그2 – 29경기 7득점
대표팀 경력 | –

최전방 공격수, 이른바 '정통 9번 스트라이커'다. 포스트플레이, 공중볼 경합, 전방 압박 등에 능하다. 최전방에서 상대를 압박하며 상대 수비수를 괴롭히는 스타일이다. 학창 시절부터 빼어난 득점력을 선보였다. 하지만 프로에선 기대만큼의 득점을 기록하지 못했다. 이정효 감독의 광주에선 전방 압박과 상대 수비수와의 경합에 에너지를 쏟는 역할을 수행해야 했다. 하지만 공격수는 결국 골로 말해야 한다. 올 시즌 김천에 부임한 주승진 감독은 4–2–3–1 포메이션의 '원톱'으로 이건희 기용을 고민하고 있다. 선수 구성상 이건희 외에 뚜렷한 주전감도 없다. 이건희가 단순히 연계 플레이만 잘해주는 것이 아니라 득점 해결사 역할도 해야 한다.

2025시즌 기록					강점	약점
2	0	651(11) MINUTES 출전시간(경기수)	2 GOALS 득점	3 ASSISTS 도움	– WEEKLY BEST 11 주간베스트11	연계 플레이, 압박	득점력

고재현

1999년 3월 5일 | 27세 | 대한민국 | 180cm | 74kg
경력 | 대구(18~20) ▷ 아일랜드(20~21) ▷ 대구(23~25) ▷ 김천(25~)
K리그 통산기록 | K리그1 – 135경기 23득점 | K리그2 – 44경기 4득점
대표팀 경력 | –

2019년 20세 이하(U–20) 월드컵 준우승 멤버로 큰 기대를 받고 프로에 입문했다. 하지만 대구 FC에선 자리가 없었고, 서울 이랜드로 임대 이적해 경험을 쌓았다. 측면 공격수지만 윙백까지 소화하며 폭 넓은 스펙트럼을 자랑했다. 2022년 대구로 복귀해 전성시대를 열었다. 세징야–에드가와 함께 공격을 이끌며 '고자기'(고재현+인자기)라는 수식어를 얻었다. 그러나 팀 사정으로 공격과 수비를 오가는 사이 경기력이 눈에 띄게 가라앉았다. 2023시즌 K리그 9골을 넣은 공격수는 2024시즌 1골에 그쳤다. 올 시즌은 도약의 해다. 그는 7번을 달고 뛴다. 과거 고승범, 김승섭 등이 달았던 에이스의 상징 번호다. 올해 부활하지 못하면 다음은 없다.

2025시즌 기록					강점	약점
1	0	646(17) MINUTES 출전시간(경기수)	0 GOALS 득점	0 ASSISTS 도움	– WEEKLY BEST 11 주간베스트11	위치 선정, 슈팅 능력	떨어진 폼, 애매한 주포지션

박철우

1997년 10월 21일 | 29세 | 대한민국 | 176cm | 72kg
경력 | 충남아산(22) ▷ 수원FC(23~25) ▷ 김천(25~)
K리그 통산기록 | K리그1 – 84경기 1득점 | K리그2 – 25경기 1득점
대표팀 경력 | –

K4(4부) 포천시민축구단부터 시작해 K리그1 무대에 올랐다. 2022년 충남아산에 입단해 2023년부터 2025년까지 수원FC에서 주전급 풀백으로 맹활약했다. 2024시즌엔 K리그1 36경기를 뛰며 경력 최고의 순간을 만끽했다. 박철우는 측면수비수지만 빠른 발, 드리블 능력을 앞세워 공격에도 적극적으로 가담한다. 그는 김천에서 '확실한 왼쪽 풀백' 자리를 노리고 있다. 특히 올 시즌도 부주장으로 그라운드 안팎에서의 역할이 중요한 상황. 박철우는 "팀에 도움이 될 수 있도록 맡은 바 책임을 다하겠다. 선수단 모두가 한마음이 돼 더 나은 시즌을 만들어 갈 수 있도록 함께 노력하겠다"고 다짐했다.

2025시즌 기록					- WEEKLY BEST 11 주간베스트11	강점	약점
0	0	**1,320(19)** MINUTES 출전시간(경기수)	**0** GOALS 득점	**0** ASSISTS 도움		수비수가 공격도 열심히 하면 좋지	안정감 부족

강주혁

2006년 8월 27일 | 27세 | 대한민국 | 184cm | 77kg
경력 | 서울(24~25) ▷ 김천(26~)
K리그 통산기록 | K리그1 – 13경기 1득점
대표팀 경력 | –

FC서울이 믿고 키운 미래다. 서울 18세 이하(U-18) 팀인 오산고 3학년 시절 준프로 계약을 맺고 1군에 콜업됐다. 만 17세 9개월 6일의 나이로 프로 데뷔하며 서울 역대 최연소 출전 기록도 세웠다. 연령별 대표팀에선 양민혁(코벤트리 시티), 윤도영(도르드레흐트)과 '2006년생 트리오'로 활약했다. 하지만 부상이 그의 발목을 잡았다. 2025년 아쉬움을 남겼다. 그는 일찌감치 군 복무를 택하며 김천에서 새 길을 모색한다. 빠른 발을 활용한 측면 공격, 상황에 따라서 최전방 공격수나 풀백까지 소화하는 다재다능한 선수인 만큼 김천에서 도약을 꿈꾼다. 아쉽게도 부상으로 시즌 초 참가하지 못한다.

2025시즌 기록					- WEEKLY BEST 11 주간베스트11	강점	약점
0	0	**81(3)** MINUTES 출전시간(경기수)	**0** GOALS 득점	**0** ASSISTS 도움		폭발적 스피드	고질적 부상

정재민

2001년 10월 9일 | 24세 | 대한민국 | 192cm | 85kg
경력 | 안산(23) ▷ 수원FC(24) ▷ 이랜드(24~25) ▷ 김천(26~)
K리그 통산기록 | K리그1 – 12경기 2득점 | K리그2 – 73경기 16득점
대표팀 경력 | –

스트라이커지만 센터백도 소화한 경험이 있다. 그만큼 축구 능력이 뛰어나고, 피지컬도 좋다. 그는 192cm, 압도적인 높이를 바탕으로 제공권을 장악한다. 발밑 기술도 좋고 스피드까지 두루 갖췄단 평가다. 안산, 서울이랜드 등 K리그2(2부) 무대에서 강력한 임팩트를 남겼다. 하지만 K리그1에서의 능력치는 검증이 더 필요하다. 수원FC 소속으로 K리그1 12경기를 치렀을 뿐이다. 올 시즌 김천 필드 플레이어 중 최장신인 정재민이 키만큼 높은 인지도를 남길 수 있을지 관심이 모아진다.

2025시즌 기록					4 WEEKLY BEST 11 주간베스트11	강점	약점
2	0	**1,316(28)** MINUTES 출전시간(경기수)	**8** GOALS 득점	**4** ASSISTS 도움		탄탄한 피지컬, 제공권	K리그1에선 다소 아쉬웠던 모습

전지적 작가 시점

김가을이 주목하는 김천의 원픽!
변준수

또 한 명의 국가대표가 김천 상무에 합류했다. '넥스트 김민재' 변준수다. 2001년생 변준수는 190cm, 86kg의 탄탄한 체격 조건을 바탕으로 제공권 장악은 물론이고 정확한 패스를 통한 후방 빌드업 능력을 갖췄다. 2021년 대전 유니폼을 입고 K리그에 데뷔한 변준수는 2024년 광주FC로 이적한 뒤 급격한 성장을 이뤘다. 광주의 주전 센터백으로 발돋움하며 공수에서 매서운 모습을 보였다. 2025년 K리그1 33경기에서 2골-2도움을 기록했다. 기복 없는 경기력을 선보였다. 소속팀에서의 활약을 바탕으로 국가대표 '꿈'까지 이뤘다. 2024년 아시아축구연맹(AFC) 23세 이하(U-23) 아시안컵에서 주전 수비수로 뛰었다. 2025년 EAFF E-1 챔피언십을 통해 A매치 데뷔전도 치렀다. 변준수는 이제 김천의 유니폼을 입고 그라운드를 누빈다. 변수는 있다. 그는 겨울 이적 시장을 통해 광주를 떠나 전북 현대에 합류했다. 이 과정에서 국군체육부대 입소가 늦어졌다. 변준수는 김천 12기 중 가장 늦은 2026년 1월 19일에야 입대했다. 그는 팀 동계전지훈련에 참가하지 못한 채 시즌을 맞이하게 됐다. 변준수가 얼마나 빨리 몸 상태와 경기력을 끌어올리느냐가 관건이다. 수비 리더가 돼야 할 변준수의 컨디션에 김천이 집중하는 이유다.

지금 김천에 이 선수가 있다면!
이동경

지금까지 이런 '에이스'는 없었다. 2024년 4월 입대한 이동경(울산HD)은 김천 상무 소속으로 제대 직전까지 뛰며 팀을 이끌었다. 2024시즌엔 리그 18경기에서 5골-1도움을 기록하며 김천의 3위 등극에 앞장섰다. 2025시즌엔 더욱 무서운 힘을 발휘했다. 리그 34경기에서 13골-11도움을 폭발했다. 프로 커리어 첫 '10(골)-10(도움) 클럽'에 가입했다. 김천과 상대하는 팀들은 '꼭 집어' 이동경을 경계했지만 그를 막긴 어려웠다. 김천은 이동경의 활약 속 3위를 수성했고, 이동경은 2025년 K리그1 '최고의 별(MVP)'에 올랐다. 이동경은 김천에서 공격형 미드필더로 나서 플레이 메이커 역할을 톡톡히 했다. 넓은 시야로 동료의 움직임을 살폈고, 결정적인 순간에 날카로운 '한 방'으로 팀에 승리를 안겼다. 그의 존재감은 단순히 그라운드에 국한되지 않았다. 이동경이 마지막까지 남아 팀을 보탠 덕분에 김천은 입대와 제대가 반복되는 이른바 '과도기'를 부드럽게 넘길 수 있었다. 신병이 군 생활은 물론이고 김천의 축구 시스템에 적응하도록 시간을 벌어준 것이다. 그라운드 안팎에서 제 역할을 해낸 이동경. 김천은 두고두고 '영원한 에이스' 이동경을 그리워하며 대체자 찾기에 힘을 쏟을 것이다.

기성용
박찬용
신광훈
전민광
이호재
강민준
어정원
김예성
니시야켄토
김인성
김승호
황인재
주닝요
조르지
완델손
트란지스카
한현서
안재준
홍성민
이창우
윤평국
권능
김범준
진시우
이수아

4
posco
FANTASTEEL
19
포항스틸러스

무너지지 않는 명가의 힘, 올해 한 걸음 더 전진한다

포항스틸러스

명문의 자격은 무엇일까. K리그 역사를 함께한 '명가' 포항스틸러스는 '무너지지 않는 힘'이라고 정의한다. 반세기 역사 속에서 포항은 꾸준히 강했다. 포항의 스타들이 리그를 수놓았던 시기를 넘어 2020년대에 접어들어서도 경쟁력을 유지했다. 2021년 아시아챔피언스리그(ACL) 준우승, 2023년 K리그1 2위, 2023~2024년 코리아컵 2연패까지, 명가의 자존심은 성적에서 비롯됐다. 2025년은 저력이 돋보였다. 2024년 코리아컵 우승으로 시즌을 축포와 함께 마무리했던 포항은 2025년 시작이 험난했다. 최하위까지 떨어졌던 성적, 부진은 있지만 몰락은 없었다. 상승세를 타며 결국 4위로 시즌을 마감했다. 아시아챔피언스리그 엘리트(ACLE)로 향하는 길목을 열었다. 2026년은 일보 전진을 외친다. 오베르단, 박승욱 등 핵심 선수들의 이탈은 있지만, 포항은 난자리가 잘 느껴지지 않는 팀이다. 오랜 시간 전력을 꾸준히 유지한 노하우가 있다. 성장세를 보인 유망주, 중심을 잡아주는 베테랑, 빈자리를 채울 신입생들의 삼박자가 기대된다. 포항은 2026년도 강하다.

구단 소개

정식 명칭	포항스틸러스축구단
구단 창립	1973년 4월 1일
모기업	포스코
상징하는 색	검은색, 빨간색
경기장(수용인원)	포항스틸야드 (15,521명)
마스코트	쇠돌이, 쇠순이
레전드	이회택, 이흥실, 박경훈, 박태하, 홍명보, 황선홍, 라데, 안익수, 김기동 등
서포터즈	강철전사
커뮤니티	강철전사

우승

K리그	5회 (1986, 1988, 1992, 2007, 2013)
코리아컵(FA컵)	6회 (1996, 2008, 2012, 2013, 2023, 2024)
AFC챔피언스리그(ACL)	3회 (1996-97, 1997-98, 2009)

최근 5시즌 성적

시즌	K리그	코리아컵(FA컵)	ACL
2025시즌	4위	16강	–
2024시즌	6위	우승	10위
2023시즌	2위	우승	16강
2022시즌	3위	8강	–
2021시즌	9위	8강	준우승

박태하

1968년 5월 29일 | 58세 | 대한민국

K리그 전적
76경기 30승 19무 27패

레전드의 위치가 감독직을 보장해주는 것은 아니다. 박태하 감독의 3년 재계약은 그런 의미에서 남다르다. '원클럽맨'이 아닌 감독으로서의 역량이 증명됐음을 의미한다. 첫해는 '태하드라마'로 팬들을 열광시켰다면, 두 번째 해는 역경을 딛고 포항이라는 이름의 저력을 선보였다. 한국프로축구연맹 기술위원장으로서 3년 동안 K리그를 지켜보며 쌓은 경험은 박 감독의 강력한 무기다. 시즌 내에도 변화무쌍한 전술로 위기에서 팀을 구했다. 부상 공백은 적절한 유망주 발굴로 완벽하게 채워냈다. K리그 3년 차, 박 감독은 포항의 모두가 성장하길 꿈꾼다. 어린 선수들이 뚜렷한 성장세를 보이고, 베테랑들이 가치를 인정받는 활약을 선보이는 것이 박 감독의 목표다. 성적도 놓칠 생각은 없다. 2025년보다 더 높은 순위를 팬들과 함께 바라본다. 아시아 챔피언스리그 엘리트(ACLE)로 향하는 길에서도 물러섬은 없다.

선수 경력

포항

지도자 경력

포항 코치	대표팀 코치	서울 수석코치	옌벤푸더 감독	중국 여자 대표팀 감독	포항 감독(24~)

주요 경력

2015년 중국 갑급리그 우승	한국프로축구연맹 기술위원장	2024년 코리아컵 감독상

선호 포메이션	4-4-2	3가지 특징	포항 원클럽맨	TSG 경험으로 쌓은 전술 역량	유망주 발굴

STAFF

수석코치	코치	GK코치	피지컬코치	전력분석관	선수 트레이너	통역	테크니컬 디렉터	스카우트
김성재	김치곤 김재성	김이섭	바우지니 하파엘	서현규 김송겸	이종규 변종근 강동훈	안현준	황재원	이창주 배슬기

2 0 2 5 　 R E V I E W

아디다스 포인트로 보는 포항의 2025시즌 활약도

시작은 아쉬웠지만, 이윽고 기세를 올렸다. 4위로 시즌을 마치며 아시아챔피언스리그(ACLE) 플레이오프로 향하는 문을 열었다. 득점왕 경쟁에 나섰던 이호재의 활약은 포항의 가장 큰 무기였다. 15골을 터트리며 커리어 하이를 기록한 이호재는 다이나믹포인트 40,723점을 쌓았다. 공격에서 이호재를 도운 조르지도 37,196점으로 측면을 지배했다. 중원은 오베르단이 30,584점으로 활약했다. 수비에선 전민광이 26,263점으로 리그 정상급 수비수의 기량을 선보였다. 박찬용, 어정원, 박승욱 등 수비수들이 높은 순위에 올랐다. 숨은 공신은 황인재였다. 31,869점을 기록한 포항의 주전 수문장은 팀 내 3위, 전체 21위에 올랐다.

2025시즌 아디다스 포인트 상위 20명　　■ 포인트 점수

포지션 평점

FW

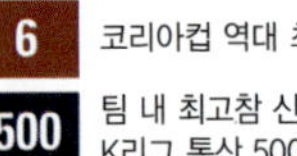

MF

DF

GK

출전시간 TOP 3

1위	전민광	3,630분
2위	황인재	3,309분
3위	어정원	3,034분

득점 TOP 3

1위	이호재	15골
2위	오베르단	6골
3위	조르지	5골

도움 TOP 3

1위	조르지	5도움
2위	강민준, 이태석, 기성용 등	2도움
3위	신광훈, 어정원, 이창우 등	1도움

주목할 기록

6	코리아컵 역대 최다 우승 팀
500	팀 내 최고참 신광훈 K리그 통산 500경기 달성

성적 그래프

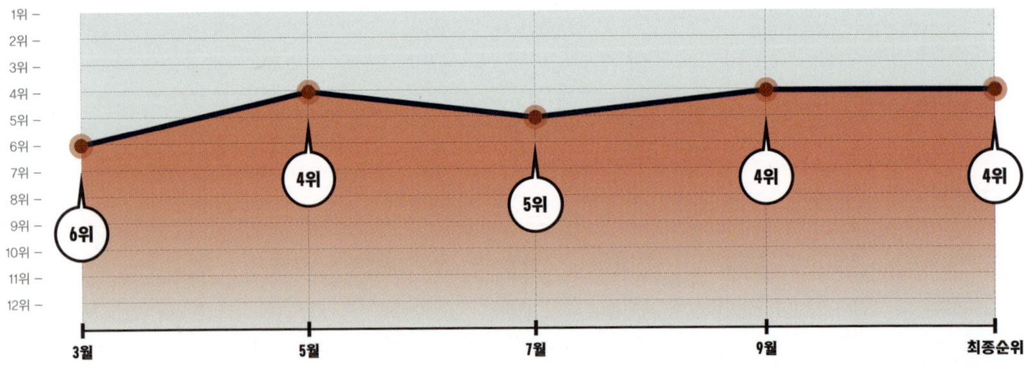

2026 시즌 스쿼드 운용 & 이적 시장 인앤아웃

IN

김승호 황재환
_충남아산
김예성_전남
니시야켄토
_사간도스
김용학_포르티모넨스
이승환_충북청주
조성욱_성남
손승범_서울
진시우_전북
트란지스카
_슈바인푸르트
김호진 김범준
조영준 윤대근
_신인

OUT

김동민 조재훈
_용인
박승욱_시미즈
오베르단_전북
이동희_야마기타
이동협_천안
박수빈_파주
강현제_이랜드
김종우_부천
백성동_아유타야
차준영_김해
홍지우 김범수
_전남
아스프로_계약종료

포메이션 보드

FW
김인성 · 조르지 · 주닝요 · 이규민
안재준 · 백승원 · 이헌재 · 조상혁
손승범 · 김용학 · 정한민 · 트란지스카 · 이호재

MF
기성용 · 황서웅 · 김동진 · 황재환
니시야 켄토 · 이수아 · 김승호 · 김범준

DF
어정원 · 전민광 © · 박찬용 · 박승욱 · 강민준
신광훈 · 한현서 · 조성욱 · 이창우 · 완델손
김예성 · 김호진 · 윤대근 · 조영준 · 진시우

GK
윤평국 · 황인재 · 홍성민 · 권 능 · 이승환

© 주장

유망주와 베테랑의 균형이 돋보이는 선수단은 포항의 꾸준함을 상징한다. 매년 새롭게 합류한 선수들의 활약과 신인들의 성장도 두드러졌다. 2026년도 크게 다르지 않다. 기성용이 포항에서 현역 생활을 1년 더 연장했고, 신광훈 또한 연장 옵션을 통해 포항 생활을 이어간다. 경험을 더해줄 베테랑은 충분하다. 공격진은 이호재가 팀에 남으며 여전히 날카롭다. 2025 시즌 후반기부터 폼이 올라온 주닝요도 기대요소다. 전민광, 박찬용이 주축이 된 수비 라인도 상위권 팀들에 밀리지 않는다. 핵심은 공백 대처. 2023년부터 3년 동안 포항의 중원을 책임졌던 오베르단이 떠났다. 기성용을 중심으로 니시야 켄토, 김동진, 김승호 등이 함께 빈자리를 채울 계획이다.

주장의 각오

전민광

"지난해 시즌 도중에 주장을 맡으며 부담감이 컸는데, 모든 선수들이 잘 따라와 주고 믿어줘서 큰 힘이 됐다. 올해도 선수들이 잘 따라올 거라 믿고 부담감보다는 책임감을 가지고 모범이 되어 선수단을 잘 이끌겠다."

2026 예상 베스트 11

이적시장 평가

빈자리가 작지 않지만, 그만큼 착실한 보강에 성공했다. 주요 이탈은 역시나 오베르단이다. 3년 연속 포항 중원의 핵심이었던 선수, 빈자리는 '하드워커' 니시야 켄토와 '유틸리티 자원' 김승호가 채웠다. 포항 이적 후 여전한 기량을 선보인 기성용을 한 시즌 더 유지한 점도 중원 경기력 유지에 주효한 키다. 공격에선 김용학과 트란지스카의 합류가 돋보인다. 연령별 대표팀에서 눈에 띄는 선수였던 김용학은 경기력만 올라온다면, 위협적인 무기를 갖춘 선수다. 트란지스카는 K리그 무대 적응이 관건이다. 수비진은 박승욱이 떠났지만, 광주 인증 마크가 찍힌 진시우가 합류했다. 단단한 포항 수비에 깊이를 더할 수 있다.

저자 5인 순위 예측

윤진만	박찬준	김가을	김대식	이현석
4위_오베르단이 떠난 여파가 커보이지만, 스쿼드는 균형잡힌 근육질 몸매를 유지하고 있다. 시행착오를 겪은 박태하 감독의 지도력이 폭발할 타이밍이다.	**4위**_포항은 언제나 강하다. 시작은 미약하지만 늘 끝은 미소였다. 오베르단, 박승욱이 떠났지만. 젊은 피들이 대거 가세했다. 박태하 체제도 굳건하다.	**2위**_늘 그랬다. 포항의 시작은 미약하나 끝은 해피엔딩이었다. 박태하 감독이 굳건히 버티고 있다. 기존 선수들도 탄탄한 조직력을 자랑한다. 여기에 신인 선수들도 '즉시 전력감'이란 평가다.	**6위**_지난 시즌보다 높은 곳은 어렵지 않을까. 오베르단과 박승욱이 빠졌는데 공백을 채우지 못한 느낌이다. 그래도 포항은 포항이다. 명가는 쉽게 무너지지 않는다. 파이널A에는 안착할 것이다.	**3위**_성장을 꿈꾸는 포항은 강하다. 중심을 잡아줄 선수도, 에너지를 뿜낼 선수도 충분하다. 오베르단의 공백만 최소화한다면, 여전히 상위권 한 자리는 따 놓은 당상이다.

기성용

1989년 1월 24일 | 37세 | 대한민국 | 186cm | 75kg

경력

서울(06~09)
▷셀틱(10~12)
▷스완지(12~13)
▷선덜랜드(13~14)
▷스완지(14~18)
▷뉴캐슬(18~20)
▷마요르카(20)
▷서울(20~25)
▷포항(25~)

K리그 통산기록

K리그1 – 234경기 15득점 25도움

대표팀 경력

110경기 10득점
2010 · 2014 · 2018 월드컵

지난해 여름을 뒤흔들었던 서울 남자 기성용은 이제 영일만이 어색하지 않다. K리그에서의 첫 이적임에도 불구하고 빠르게 포항에 녹아들었다. 18경기를 소화하며 녹슬지 않은 기량을 선보였다. 반 시즌 동안 꾸준히 자리를 지키며 포항 중원을 책임졌다. 박태하 감독은 베테랑 미드필더가 중원에 더할 수 있는 무게감을 적극적으로 활용했다. 장기인 패스와 경기 조율이 여전히 돋보였다. 나이를 뛰어넘는 투지를 경기장에 나설 때마다 보여줬다. 베테랑으로서의 무게도 마다하지 않았다. 포항의 어린 선수들을 이끌었고 멘토 역할까지 맡으며 성장을 도왔다. 포항 팬들의 사랑은 당연했다. 시즌 종료 후 기성용에게 한 시즌 더 계약을 연장하라는 목소리가 터져나왔다. 은퇴의 기로에서 고민했지만, 팬들을 외면하지 않았다. 포항과 계약 연장을 체결했다. 2026시즌은 책임감이 더 막중하다. 오베르단이 없는 미드필더진의 중심을 잡아줄 유일한 존재. 기성용은 재계약 후 "올해보다 내년에 더 발전된 모습으로 팬분들을 찾아뵙고 싶다"고 했다. 후회 없는 마무리, 기성용의 2026시즌 목표가 될 예정이다.

2025시즌 기록

1	1,607(24) MINUTES 출전시간(경기수)	0 GOALS 득점	2 ASSISTS 도움	0	- WEEKLY BEST 11 주간베스트11

강점	녹슬지 않는 패스, 탁월한 경기 조율	특징	올 시즌 포항 중원의 'KI'
약점	나이를 거스를 수 없는 체력	별명	기라드

박찬용

1996년 1월 27일 | 30세 | 대한민국 | 188cm | 80kg

경력

에히메(15~16)
▷야마구치(17)
▷사누키(18)
▷경주한수원(19)
▷전남(20~21)
▷포항(22~24)
▷김천(24~25)
▷포항(25~)

K리그 통산기록

K리그1 – 112경기 1득점 2도움
K리그2 – 56경기 2득점 2도움

대표팀 경력

–

일본 J2리그에서 처음 프로 무대를 밟았던 소년은 어느새 K리그1 정상급 수비수로 도약했다. 전남을 거쳐 2022년 포항 유니폼을 입었다. 박찬용은 강철전사 20번의 가치를 이어가고 있다. '한국 축구 레전드'인 홍명보와 이동국, 주장이었던 신형민 등이 사용하며 많은 사랑을 받았던 등번호를 달고 포항의 주전 수비수로서 활약했다. 2024년 김천상무 입대는 박찬용에게 중요한 발판을 마련해줬다. 축구에 집중하며 성장에 몰두했다. 박찬용은 2025시즌 김천의 확고한 주전으로 자리 잡았다. 뛰어난 피지컬을 바탕으로 선보인 수비에선 언제나 투지가 드러났다. 지난해 10월부터 포항으로 돌아왔지만, 쉴 시간은 없었다. 곧바로 선발에 포함되어 경기를 소화했다. 후방에서 안정적인 수비로 포항의 4위 사수에 공헌했다. 올 시즌은 책임감이 더 막중하다. 박승욱이 떠난 수비진에서 전민광과 함께 짝을 이뤄 '철벽'을 구축해야 한다. 30대에 들어선 박찬용의 완숙한 수비는 포항 뒷문에 안정감을 더한다. 팀의 리더 역할도 해내야 한다. 부주장으로 낙점됐다. "후배들을 잘 이끌어 지난해보다 더 좋은 성적 거둘 수 있도록 노력하겠다"고 각오를 실력으로 보여줄 준비를 마쳤다.

2025시즌 기록

1	2,827(34) MINUTES 출전시간(경기수)	0 GOALS 득점	1 ASSISTS 도움	0	1 WEEKLY BEST 11 주간베스트11

강점	투지 넘치는 수비, 안정적인 발밑	특징	어엿한 포항의 부주장
약점	가끔 나오는 실수	별명	명품 수비

신광훈

1987년 3월 18일 | 39세 | 대한민국 | 178cm | 73kg

경력

포항(06~07)
▷ 전북(08~10)
▷ 포항(11~15)
▷ 안산무궁화(15~16)
▷ 포항(16)
▷ 서울(17~18)
▷ 강원(19~20)
▷ 포항(21~)

K리그 통산기록

K리그1 – 433경기 7득점 28도움
K리그2 – 43경기 1득점 2도움

대표팀 경력

–

21번째 시즌이다. 베테랑의 시즌은 언제나 동료 선수들에게 동기부여다. '황소' 신광훈의 여정도 마찬가지다. 매 경기 출전할 때마다 쌓이는 기록은 포항뿐만 아니라, K리그 전체 선수들에게 목표를 심어준다. 베테랑이지만, 경쟁을 당연하게 생각하는 태도가 그의 경쟁력이다. 신광훈의 그라운드를 나가는 것은 오직 경쟁에서 이기는 방법밖에 없다는 각오를 매년 겨울 되새김질한다. 2025년은 다시 한번 경쟁력을 확인한 시즌이었다. 신광훈은 공식전 39경기에 출전해 포항에 다시 돌아온 이후 가장 많은 경기를 소화했다. 우측 풀백과 중앙 미드필더까지 다양한 자리에서 역할을 맡았다. 여전한 투지와 밸런스를 바탕으로 한 단단한 수비는 돋보였다. 뛰어난 전술 이해도를 바탕으로 중원에서도 활약할 수 있음을 또 한 번 보여줬다. 그럼에도 언제 꺾여도 이상하지 않은 나이라는 점은 포항 팬들의 걱정이다. 팀의 정신적 지주 역할도 빼놓을 수 없다. 지난 시즌 합류한 기성용과 특유의 케미로 선수단에 경험과 끈끈함을 불어넣었다. 지난 시즌 통산 500경기 금자탑을 쌓았다. 통산 6위, 필드플레이어 단 3명에게만 허락된 영역이다. 어쩌면 마지막이 될 수도 있는 신광훈의 여정은 2026년 모든 걸음이 기록으로 남을 예정이다.

2025시즌 기록

7	2,496(36) MINUTES 출전시간(경기수)	0 GOALS 득점	1 ASSISTS 도움	0	– WEEKLY BEST 11 주간베스트11

강점	노련함, 나이를 잊은 허슬 플레이	특징	두 경기만 더 뛰면 K리그 출전 단독 5위
약점	언제나 걱정되는 에이징 커브	별명	황소

전민광

1993년 1월 17일 | 33세 | 대한민국 | 187cm | 73kg

경력

이랜드(15~18)
▷포항(19~21)
▷포항(24~)

K리그 통산기록

K리그1 – 135경기 2득점 5도움
K리그2 – 103경기 2득점 3도움

대표팀 경력

—

이렇게 아쉬울 수 있을까. 군복무를 마치고 돌아온 2024년 기대 이상의 모습을 보여줬던 전민광은 2025년 커리어 하이를 갱신했다. 팀 내 출전 시간 1위, 수비진 내 활약 지분도 단연 압도적이었다. 리그 아디다스 포인트로 환산한 수비 지표도 대단했다. 쟁쟁한 K리그1 정상급 수비수들을 제치고 가장 높은 수치를 기록했다. 하지만 꿈에 그리던 개인 수상에 실패했다. 간절히 바라왔던 수상이 실패로 돌아가며 좌절할 수도 있었지만, 도리어 절치부심을 다짐했다. 2026년은 트로피와 개인 수상 모두 노린다는 마음가짐으로 시즌을 준비한다. 탄탄한 체격 조건을 바탕으로 한 제공권과 안정적인 대인 수비, 끈질긴 투쟁심은 리그 정상급이다. 올 시즌도 박찬용, 한현서, 조성욱 등이 자리한 포항 수비진에서 중심은 전민광이다. 경기력만이 전부가 아니다. 리더의 무게감도 더했다. 지난 시즌 리그 도중 완델손의 이탈로 완장을 물려받았던 전민광은 올해는 시작부터 주장직을 맡는다. 전민광보다 선배인 신광훈, 기성용, 김인성 등이 있지만, 완장을 차고 팀의 베테랑과 젊은 세대를 이을 가교로서 역할을 부여받았다. 포항의 리더로서 또 한 번 도약하는 시즌에 도전한다.

2025시즌 기록

4	3,630(37) **MINUTES** 출전시간(경기수)	0 **GOALS** 득점	0 **ASSISTS** 도움	0	7 **WEEKLY BEST 11** 주간베스트11

강점	제공권, 탁월한 대인 수비	특징	올해는 꼭 수상을 노린다
약점	2025시즌 팀 내 출전 시간 1위 여파	별명	잡초

이호재

2000년 10월 14일 | 26세 | 대한민국 | 191cm | 85kg

경력

포항(21~)

K리그 통산기록

K리그1 – 129경기 35득점 7도움

대표팀 경력

—

2025년 포항의 공격은 '이호재' 세 글자로 정리된다. 2024년의 아쉬움을 털었다. 당시 데뷔 이후 최고의 시즌을 보내던 이호재는 유망주를 벗어나 도약의 타이밍에서 아쉬운 부상으로 쓰러졌었다. 올해는 더 발전했다. 부상이 없는 이호재는 K리그1 정상급 공격수였다. 꾸준한 득점포로 포항의 공격을 이끌었다. '캐논슈터' 이기형의 슈팅 능력을 물려받은 득점력과 더불어 전방에서의 연계, 수비 시 성실한 압박까지 이호재는 매 경기 진화를 거듭했다. 시즌 개막 직후 두 자릿수 득점을 목표로 내세웠지만, 시즌 중반 이를 수정해야 했다. 8월까지 11골을 넣으며 득점왕 경쟁에 합류했다. 쟁쟁한 후보들 사이에서도 밀리지 않는 존재감이었다. 이후 9월과 10월 4골을 몰아치며 득점 2위까지 치고 올라갔다. 마지막이 아쉬웠다. 득점왕 경쟁을 이어가던 파이널 라운드에서 4경기 모두 침묵하며 아쉽게 득점 3위로 시즌을 마감했다. 뜨거운 활약 탓에 시즌 종료 후 열띤 구애를 받기도 했으나, 2026년도 이호재는 포항에서 뛴다. 이제는 득점왕 유력 후보로 꼽아도 어색하지 않다. 1993년 차상해 이후 33년 만에 포항 소속 득점왕이 나오는 것도 더 이상 꿈이 아니다.

2025시즌 기록

5	2,978(34) MINUTES 출전시간(경기수)	15 GOALS 득점	1 ASSISTS 도움	0	4 WEEKLY BEST 11 주간베스트11

강점	압도적 피지컬, 강력 슈팅, 깔끔한 연계	특징	이젠 득점왕에 가까워졌다
약점	지나치게 치중된 득점 비중	별명	엘링 '호'란드

강민준

2003년 4월 8일 | 23세 | 대한민국 | 172cm | 65kg
경력 | 포항(25~)
K리그 통산기록 | K리그1 – 27경기 2도움
대표팀 경력 | –

포항의 후반기를 책임진 최고의 유망주, 강민준은 박태하 감독의 대발견 중 하나다. 어린 나이에도 불구하고 측면에서 보여준 투지 넘치는 플레이와 간결한 연계, 뛰어난 활동량은 시선을 사로잡기에 충분했다. 측면 수비수로 기용되던 강민준은 자리를 한 칸 올려서도 존재감이 여전했다. 2026년도 강민준은 포항의 주목할 만한 유망주임은 분명하다. 2025년 영플레이어상 후보에도 들어가지 못했던 아쉬움을 올해는 털어낼 수 있다. 당면 과제도 있다. 지난 시즌 보여준 잠재력을 올해는 더 터트려야 한다.

2025시즌 기록						강점	약점
4	0	1,770(27) MINUTES 출전시간(경기수)	0 GOALS 득점	2 ASSISTS 도움	- WEEKLY BEST 11 주간베스트11	측면에서의 활동량, 투지	공격적인 움직임

어정원

1999년 7월 8일 | 27세 | 대한민국 | 175cm | 68kg
경력 | 부산(21~22) ▷ 김포(22) ▷ 부산(23) ▷ 포항(24~)
K리그 통산기록 | K리그1 – 62경기 2득점 3도움 | K리그2 – 60경기 4도움
대표팀 경력 | –

감독에게 꼭 필요한 선수가 있다. 박태하 감독에게는 어정원이 그런 존재다. 수비 적극성, 공격에서의 돌파 등 다양한 옵션을 갖췄다. 양쪽 풀백부터 윙어, 중앙 미드필더까지 가리지 않는다. 어느 자리에서든 1인분을 해낼 수 있고, 어떤 포지션에서든 감독이 요구한 바를 수행하는 선수다. 어정원 같은 선수가 몇 명 더 있으면 시즌이 훨씬 수월할 것이라는 말까지 나올 정도였다. 붙박이 포지션이 없다는 점이 선수 스스로에게는 아쉬울 수 있다. 그럼에도 어정원의 존재 자체가 포항에는 큰 힘이다. 올 시즌도 포항 전술과 로테이션의 핵심으로 활약할 것이다.

2025시즌 기록						강점	약점
4	0	3,034(34) MINUTES 출전시간(경기수)	1 GOALS 득점	1 ASSISTS 도움	1 WEEKLY BEST 11 주간베스트11	어느 자리에서든 1인분	포지션 고정은 어려울까

김예성

1996년 10월 21일 | 30세 | 대한민국 | 172cm | 69kg
경력 | 대전(18~19) ▷ 김포(20~21) ▷ 안산(21~22) ▷ 고양해피니스(23) ▷ 포천시민(23) ▷ 전남(24~25) ▷ 포항(26~)
K리그 통산기록 | K리그2 – 129경기 1득점 6도움
대표팀 경력 | –

K4부터 K리그2까지 천천히 밟아온 경력이 김예성의 저력을 말해준다. 탁월한 위치 선정과 뛰어난 판단력, 측면을 흔드는 엄청난 활동량을 갖춘 수비수로서 김예성은 꾸준히 자신만의 시간을 쌓아왔다. 생애 처음 찾아온 K리그1의 기회를 놓치지 않았다. 포항에 합류하며, 1부리그에서 경쟁력을 보여줄 예정이다. 포항은 지난 시즌 선수단 부상이 적지 않았다. 김예성처럼 다양한 포지션을 소화할 수 있는 유틸리티 자원의 합류는 언제나 반갑다.

2025시즌 기록						강점	약점
2	0	3,495(36) MINUTES 출전시간(경기수)	1 GOALS 득점	3 ASSISTS 도움	1 WEEKLY BEST 11 주간베스트11	좌우를 모두 소화 가능, 깔끔한 부상 이력	아쉬운 1대1 수비

니시야 켄토
Nishiya Kento

1999년 11월 7일 | 26세 | 일본 | 175cm | 68kg
경력 | FC오사카(22~23) ▷ 후지에다NYFC(23~24) ▷ 사간도스(24~25) ▷ 포항(26~)
K리그 통산기록 | 2026시즌 K리그1 데뷔
대표팀 경력 | –

K리그는 처음이지만, 시작부터 막중한 임무를 맡게 됐다. 하필 전임자가 K리그1 최고의 미드필더인 오베르단이었다. 그 공백을 채울 후보로 포항에 합류했다. 그간 일본 무대에서만 활약한 켄토는 스스로를 '하드워커 스타일'의 미드필더라고 밝혔다. 풍부한 활동량, 적극적인 수비 가담, 정확한 왼발 킥이 장점으로 꼽힌다. J리그와 K리그의 스타일 차이로 적응 기간은 필요하다. 포항의 상황을 고려하면 켄토의 연착륙 여부가 중원 운용의 관건이 될 수 있다. '메이드 인 재팬' 진공청소기의 위력을 보여줘야 한다.

2025시즌 기록					–	강점	약점
1	0	2,192(35) MINUTES 출전시간(경기수)	2 GOALS 득점	2 ASSISTS 도움	WEEKLY BEST 11 주간베스트11	하드워커, 정확한 왼발 킥	오베르단 공백 대체 가능할까

■ 일본 J2리그 기록

김인성

1989년 9월 9일 | 37세 | 대한민국 | 180cm | 77kg
경력 | CSKA모스크바(12) ▷ 성남(13) ▷ 전북(14) ▷ 인천(15) ▷ 울산(16~21)
▷ 서울이랜드(21~22) ▷ 포항(23~)
K리그 통산기록 | K리그1 – 327경기 39득점 23도움 | K리그2 – 49경기 11득점 4도움
대표팀 경력 | 3경기

스피드레이서에겐 낭만이 있다. 다시 한번 포항과의 동행을 택했다. 2025년 김인성은 포항의 조커로서 역할을 톡톡히 해냈다. 리그 33경기 중 선발 출전은 8회였다. 2024년에 절반 수준으로 떨어졌다. 하지만 리그 내 공격포인트는 2024년 2득점 1도움에서, 2025년 3득점 2도움으로 도리어 늘었다. 적재적소에서 활약을 펼치며, 여전한 속도와 위협적인 움직임을 자랑했다. 벤치에 있는 시간이 늘어도 김인성이 투입될 때면 언제나 상대팀들은 뒷공간 쳐다보며 긴장할 수밖에 없다. 2026년도 상황은 다르지 않다. 선발 기회가 많지 않겠지만, 포항의 확실한 공격 옵션임은 분명하다.

2025시즌 기록					–	강점	약점
2	0	1,400(33) MINUTES 출전시간(경기수)	3 GOALS 득점	2 ASSISTS 도움	WEEKLY BEST 11 주간베스트11	여전히 K리그 최고의 스피드레이서	속도의 적, 에이징 커브

김승호

1998년 10월 1일 | 28세 | 대한민국 | 173cm | 70kg
경력 | 레가네스(17~18) ▷ 대전코레일(21) ▷ 화성(22) ▷ 충남아산(23~25) ▷ 포항(26~)
K리그 통산기록 | K리그2 – 93경기 5득점 12도움
대표팀 경력 | –

유럽부터 K3, K리그2, 드디어 K리그1이다. 데뷔 이후 첫 1부 무대이지만, 김승호를 바라보는 시선은 우려보다는 기대감이 가득하다. 2023년부터 충남아산 중원의 핵심으로 활약했다. 2024년 33경기 1득점 8도움, 2025년 38경기 1득점 5도움을 기록했다. 날카로운 왼발에서 뻗어나오는 패스와 슈팅은 언제나 상대 수비에게 견제 대상이다. 높은 전술 이해도와 탈압박 능력을 갖췄기에 포항 중원에 확실한 플러스를 가져다줄 선수다. 포항은 최근 2부에서 선수를 영입해 성장시킨 사례가 적지 않다. 포항에서의 기회를 잡는 것은 이제 김승호의 몫이다.

2025시즌 기록					1	강점	약점
5	0	3,351(38) MINUTES 출전시간(경기수)	1 GOALS 득점	5 ASSISTS 도움	WEEKLY BEST 11 주간베스트11	높은 전술 이해도, 탈압박	K리그1에선 어떨까

황인재

1994년 4월 22일 | 32세 | 대한민국 | 187cm | 73kg
경력 | 광주(16) ▷ 안산(17) ▷ 성남(18) ▷ 포항(20) ▷ 상무(21~22) ▷ 포항(23~)
K리그 통산기록 | K리그1 – 119경기 133실점 | K리그2 – 25경기 29실점
대표팀 경력 | –

2024년은 황인재에게 어려움이 가득한 시간이었다. 여러 실수가 겹치며 주전에서 밀렸다. 데뷔 이후 가장 불안한 시즌을 보냈다. 2025년 장밋빛 미래를 그리기 쉽지 않았다. 하지만 황인재는 실력으로 다시 주전으로 도약했다. 포항의 골문을 시즌 내내 꾸준히 지켰다. 뛰어난 선방과 더불어 장기인 발밑도 여전했다. 33경기에서 12번의 클린시트를 기록했다. 약점으로 꼽혔던 실수도 거의 나오지 않으며 안정감 있는 골키퍼로 거듭났다. 2026년도 포항의 넘버원은 역시 황인재다.

2025시즌 기록						강점	약점
1	0	**3,309(33)** MINUTES 출전시간(경기수)	**88** SAVE 선방	**31** LOSS 실점	**1** WEEKLY BEST 11 주간베스트11	안정감을 되찾은 선방과 발밑	흔들렸던 멘탈, 잦은 실수

주닝요

Paulo Afonso Rocha Junior

1997년 11월 5일 | 29세 | 브라질 | 172cm | 64kg
경력 | 데펜소르스포르팅클루브(17) ▷ 몬테비데오원더러스(18) ▷ 카페탈레로스(18~19) ▷ 브라지우(20) ▷ 센트랄에스파뇰(20~21) ▷ 렌티스타스(21~23) ▷ 김포(23) ▷ 아산(24) ▷ 포항(25~)
K리그 통산기록 | K리그1 – 28경기 22득점 2도움 | K리그2 – 65경기 15득점 10도움
대표팀 경력 | –

포항의 외국인 공격수는 적응 기간은 길고 험난하다. 조르지에 이어 주닝요도 거의 1년에 가까운 적응 끝에 박태하 감독의 축구에 녹아들었다. 충남아산에서 38경기 14득점 9도움, K리그2 정상급 활약을 펼치고 포항으로 이적했다. 기대를 받은 주닝요의 시즌은 기대 이하였다. 기회는 꾸준히 받았지만, 10월이 되어서야 비로소 제 기량을 조금씩 선보이기 시작했다. 드리블과 날카로운 킥은 이미 여러 차례 증명이 된 선수다. 2024년의 주닝요가 포항에서 등장한다면, 특별한 영입 없이도 올해 포항의 공격은 확실한 업그레이드를 기대할 수 있다.

2025시즌 기록					강점	약점
4	1	**1,717(28)** MINUTES 출전시간(경기수)	**2** GOALS 득점	**2** ASSISTS 도움	**1** WEEKLY BEST 11 주간베스트11	날카로운 왼발 킥, 1대1 돌파	한 박자 느린 패스 타이밍

조르지

Jorge Luiz Barbosa Teixeira

1999년 6월 26일 | 27세 | 브라질 | 192cm | 90kg
경력 | UD올리베이렌스(20~21) ▷ CD페이렌스(21~23) ▷ 충북청주(23) ▷ 포항(24~)
K리그 통산기록 | K리그1 – 70경기 9득점 8도움 | K리그2 – 34경기 13득점 2도움
대표팀 경력 | –

혈이 뚫렸다. 2025년 조르지는 포항의 확실한 공격 옵션이었다. 개막부터 움직임이 달랐다. 영일만에서 불어온 바람에 조르지는 매 경기 돛을 단 듯 훨훨 날았다. 전방에서 위협적인 드리블 돌파, 수준급의 크로스와 더불어, 적극적인 수비 가담까지 선보였다. 39경기 5득점 5도움으로 팀 내 두 번째로 많은 공격포인트를 기록했다. 유일한 아쉬움은 결정력이었다. 문전까지 전진할 때는 위협적이지만, 슈팅을 때리는 순간 모든 힘이 빠진 모습이었다. 결정력까지 찾는다면 포항의 1옵션이 되기에도 전혀 손색이 없다.

2025시즌 기록					강점	약점
3	0	**2,898(36)** MINUTES 출전시간(경기수)	**5** GOALS 득점	**5** ASSISTS 도움	**4** WEEKLY BEST 11 주간베스트11	탄력 넘치는 드리블, 적극적인 수비 가담	골문 앞에 서면 작아지는 자신감

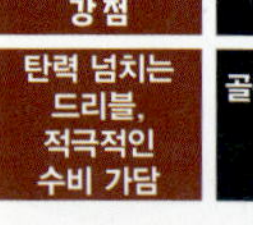

완델손

Carvalho Oliveira Wanderson

1989년 3월 31일 | 34세 | 브라질 | 167cm | 66kg
경력 | 바이아지페이라(11) ▶ 아메리카지나타우(12) ▶ 아메리카FC(13)
　▶ 아메리카지나타우(13) ▶ 톰벤시(14~16) ▶ 아메리카지나타우(14) ▶ 포르탈레자(15)
　▶ 대전(15~16) ▶ 제주(16) ▶ 아틀레치쿠고이아니엔시(17~18) ▶ 포항(17) ▶ 전남(18)
　▶ 포항(19) ▶ 알이티하드칼바SC(20~21) ▶ 포항(22~)
K리그 통산기록 | K리그1 – 206경기 38득점 28도움 | K리그2 – 18경기 5득점 2도움
대표팀 경력 | –

드디어 돌아왔다. 포항 팬들이 기다리던 '완지' 완델손이 2026년에는 다시 그라운드를 누빈다. 2024년 리그 내 최다 출전시간을 자랑했던 완델손은 2025년 혹독한 대가를 치렀다. 부상 문제가 터지며 팀을 떠나야 했다. 한동안 재활에만 몰두했고, 후반기가 한참 진행되고서야 팀 훈련에 조금씩 참여했다. 완델손의 복귀는 포항에 새로운 영입이나 다름없다. 수준급의 스피드와 킥력은 포항 공격에 '감칠맛'을 더하는 요소다. 풀백부터 윙어까지 소화할 수 있는 다재다능함도 갖췄다. 1년의 공백기를 극복하고자 하는 K리그 8년차의 노련함이 필요한 타이밍이다.

2025시즌 기록					- WEEKLY BEST 11 주간베스트11	강점	약점
0	0	**142(2)** MINUTES 출전시간(경기수)	**0** GOALS 득점	**0** ASSISTS 도움		빠른 스피드, 적극적인 압박	부상 여파 극복이 변수

트란지스카

Jakob Tranziska

2000년 4월 8일 | 25세 | 독일 | 189cm | 82kg
경력 | 아인트라흐트밤베르크(19~21) ▶ 마인츠2(22) ▶ 아드미라바커(22~23)
　▶ 체스케부데요비체(24) ▶ 슈바이푸르트(25) ▶ 포항(26~)
K리그 통산기록 | 2026시즌 K리그1 데뷔
대표팀 경력 | –

포항이 야심차게 영입한 독일산 폭격기다. 10번의 등번호가 트란지스카에게 품는 기대감을 증명한다. 탄탄한 피지컬을 갖췄으면서, 상대 수비와의 충돌도 두려워하지 않는 공격수다. 전방에서의 활동량과 연계도 준수하다는 평가다. 제카의 이적 이후 최전방에서 이호재를 제외하면 확고한 9번형 공격수가 부족했던 포항으로서는 트란지스카의 활약 여부가 공격진 뎁스에 중요한 영향을 미칠 수 있다. 2001년생의 어린 자원이기에 향후 성장까지도 기대해볼 수 있는 자원이다.

2025시즌 기록					- WEEKLY BEST 11 주간베스트11	강점	약점
4	0	**1,035(17)** MINUTES 출전시간(경기수)	**4** GOALS 득점	**1** ASSISTS 도움		몸싸움 자신감, 뛰어난 연계	증명되지 않은 득점력

■독일 3. 리가 기록

한현서

2004년 1월 2일 | 22세 | 대한민국 | 184cm | 75kg
경력 | 포항(25~)
K리그 통산기록 | K리그1 – 21경기 1도움
대표팀 경력 | –

2025시즌 포항의 전반기, 가장 큰 발견이 한현서였다. K리그1 데뷔 시즌 출전에 대한 큰 기대가 없었으나, 주전 선수들의 이탈로 갑작스럽게 기회를 받았다. 준비된 신인은 예상치 못한 상황에서 빛이 난다. 한현서는 장기인 스피드를 활용한 다이나믹한 수비와 왼발 센터백이라는 강점을 활용한 빌드업으로 눈도장을 받았다. 그럼에도 시련은 있었다. 정상급 수비수인 박승욱, 박찬용이 포항으로 돌아오며 출전 시간이 크게 줄었다. 리그 21경기, 1466분 출전으로 시즌을 마감했다. 한현서는 박태하 감독이 쓸 수밖에 없는 선수가 되기 위해 스스로를 갈고 닦았다. 포항의 '한더펜'이라는 별명은 쉽게 붙지 않았다. 올해는 더 크게 잠재력을 펼칠 시간이다.

2025시즌 기록					- WEEKLY BEST 11 주간베스트11	강점	약점
1	0	**1,647(21)** MINUTES 출전시간(경기수)	**0** GOALS 득점	**1** ASSISTS 도움		왼발 센터백, 준수한 발밑	아쉬운 제공권

안재준

2001년 4월 3일 | 25세 | 대한민국 | 185cm | 80kg
경력 | 믈라다볼레슬라프(20) ▷ 두클라프라하(20) ▷ 부천(21~24) ▷ 포항(24~)
K리그 통산기록 | K리그1 – 14경기 1득점 1도움 | K리그2 – 72경기 16득점 6도움
대표팀 경력 | –

부상 악령을 떨칠 시간이다. 2023년 부천에서 11골을 넣으며 생애 첫 두 자릿수 득점을 터트렸던 안재준의 포항 생활은 순탄치 못했다. 2024년 7월 포항 합류 후 1년 6개월가량을 보내며 25경기 출전에 그쳤다. 실력 문제라면 아쉬움이 덜 했을 것이다. 때마다 부상이 안재준의 발목을 잡았다. 2025년은 부상 없이 한 해를 보내고 싶다는 다짐도 무너졌다. 그럼에 포기하지 않았다. 천천히 몸을 끌어올린 안재준은 시즌 마지막 경기에서 첫 골을 넣으면서, 다시 한번 불꽃을 살렸다. 아프면 안 된다. 안재준의 2026년 최우선 과제는 건강이다.

2025시즌 기록						강점	약점
0	0	94(6) MINUTES 출전시간(경기수)	0 GOALS 득점	0 ASSISTS 도움	– WEEKLY BEST 11 주간베스트11	저돌적인 돌파	유리몸 주의보

홍성민

2006년 9월 29일 | 20세 | 대한민국 | 184cm | 84kg
경력 | 포항(25~)
K리그 통산기록 | K리그1 – 2경기 8실점
대표팀 경력 | –

2024시즌 준프로 계약을 통해 포항에 입단한 홍성민은 공들여 키운 유망주다. 연령별 대표팀에서부터 돋보였다. U-17, U-20, U-23 레벨에서 주전 골키퍼로 활약했다. 양발을 활용한 킥과 뛰어난 반사신경이 두각을 나타냈다. 2025년, 스틸야드에서 K리그 데뷔전을 치렀다. 팀은 전북에 아쉽게 패했지만, 홍성민의 잠재력은 빛났다. 두 번째 경기였던 수원FC전에서는 5골을 허용하며 프로 데뷔 후 첫 성장통도 겪었다. 프로 무대 2년 차는 성장이 필요하다. 많은 출전 시간을 얻기는 어렵지만, 찾아온 기회를 놓쳐서는 안 된다. 신장의 한계는 있지만, 성장의 한계는 없다.

2025시즌 기록						강점	약점
0	0	204(2) MINUTES 출전시간(경기수)	8 GOALS 득점	9 ASSISTS 도움	– WEEKLY BEST 11 주간베스트11	뛰어난 반사신경, 준수한 발밑	아직은 부족한 경험

이창우

2006년 3월 12일 | 20세 | 대한민국 | 177cm | 69kg
경력 | 포항(25~)
K리그 통산기록 | K리그1 – 200경기 14득점 11도움
대표팀 경력 | –

다재다능, 이창우의 잠재력을 정의하는 단어다. 보인고 시절에는 U-17 아시안컵 준우승의 주역이었던 이창우는 프로 데뷔 첫 시즌부터 측면 풀백과 중앙 미드필더를 오가며 기회를 잡았다. 많은 출전시간을 얻는 못했지만, 필요한 상황에 적재적소이 투입 가능한 선수임은 인정받았다. 첫 시즌 14경기 출전에 그쳤지만, 2006년생 유망주임을 고려하면 적지 않은 기회를 잡았다. 상대 압박을 풀어내는 길을 아는 선수다. 축구 지능은 가르치기 쉽지 않지만, 이창우는 이미 갖춘 모습이다. 2025년도 포항은 유망주의 활약이 화수분처럼 터졌다. 2026년은 이창우의 차례가 될 수 있다.

2025시즌 기록						강점	약점
1	0	491(11) MINUTES 출전시간(경기수)	0 GOALS 득점	1 ASSISTS 도움	– WEEKLY BEST 11 주간베스트11	유틸리티 자원, 뛰어난 축구 지능	확실하지 않은 포지션

전지적 작가 시점

이현석이 주목하는 포항의 원픽!

기성용

후회 없는 마무리를 위해 기성용은 '한 번 더'를 외쳤다. 지난해 여름 K리그를 뜨겁게 달군 이적 사가의 주인공에서, 이제는 포항 팬들의 큰 사랑을 받는 선수로 자리 잡았다. 축구에만 집중할 수 있는 포항은 기성용이 기량을 회복하기에 최적의 환경을 제공했다. 여전한 패스와 경기 조율 능력은 기본, 한 발 더 뛰는 열정은 그라운드를 환호성으로 채웠다. 공을 소유하고 전방위적으로 패스를 뿌려줄 기성용이 뛸 때 포항 선수들은 안정감을 느낀다. 올 시즌은 책임이 더 막중하다. 오베르단이 떠난 중원에서 균형을 잡아줄 선수는 역시 기성용이다. 일찍이 포항과 재계약을 체결한 기성용은 동계 전지훈련부터 구슬땀을 흘렸다. 박태하 감독도 기성용의 첫 풀시즌에 대한 기대감을 숨기지 않았다. 매 경기 풀타임을 소화하긴 어렵지만, 포항이 중원에서 상대에게 밀리지 않을 '확실한 70분'은 제공할 수 있다. 파트너도 준비됐다. 수비와 활동량에 강점이 있는 니시야 켄토, 에너지를 갖춘 '젊은피' 김동진. 전술 활용도가 높은 김승호 등이 짝을 이룰 준비 중이다. '절친' 신광훈과 나란히 출전할 수도 있다. 기성용의 시간은 아직 끝나지 않았다.

지금 포항에 이 선수가 있다면!

마테우스

2025시즌 포항의 가장 큰 아쉬움은 득점력이었다. 득점왕 경쟁에 나선 이호재는 15골을 넣으며, 2024년 부상의 아쉬움을 털어낸 활약을 선보였다. 하지만 추가적인 득점 지원이 부족했다. 팀 내 득점 2위가 6골을 넣은 미드필더 오베르단이었을 정도다. 조르지는 5골 5도움으로 두 자릿수 공격포인트를 기록하며 뛰어난 영향력을 선보였으나, 마무리가 기대에 못 미쳤다. 페널티 박스 안과 밖을 오가며 확실한 득점과 공격 조립을 해낼 자원이 추가된다면 포항은 매 경기 더 쉽게 경기를 풀어갈 실마리를 찾을 수 있다. 나아가 우승권 경쟁도 기대할 수 있다. K리그1에서도 기량을 입증한 브라질 출신 플레이메이커 마테우스가 합류한다면 팀이 업그레이드 될 수 있다. 마테우스는 2025년 FC안양과 함께 K리그1에 승격해 변함없는 활약을 선보였다. 날카로운 왼발 킥과 패스 센스, 침투 능력은 K리그1 정상급 수비수들을 상대로도 위협적이었다. 이호재 조르지 주닝요 등과 함께 호흡을 맞춘다면 위력이 배가 될 수 있다. 마테우스는 2025시즌 장신 공격수 모따와 엄청난 시너지 효과를 냈다.

고영준
모재현
신민하
김대원
서민우
박청효
김동현
이승원
김건희
이기혁
강투지
송준석
이유현
강준혁
홍철
박호영
박상혁
강윤구
아부달라
이지호
진준서
이은호
유병헌
조원우
최지남

강원 F C

주황빛 물드는 K리그, 빅클럽 기반 다지는 강원

강원FC

'조용히 강하다.' 2024시즌을 기점으로 확연히 달라진 강원이 주는 인상이다. 2009시즌부터 K리그에 참가한 강원은 주로 하위권에서 경쟁하는 팀이었다. K리그2 강등 아픔도 겪었다. 2017시즌 승격에 성공한 후 강원은 리그 중위권에 차분히 안착했다. 2021시즌과 2023시즌에 강등 위기를 겪었지만, 늘 6~8위권에서 경쟁했다. 2024시즌은 강원 역사의 커다란 변곡점이었다. 윤정환 감독 체제에서 리그 2위라는 구단 역대 최고 성적을 거두면서 믿기 힘든 시즌을 보냈다. 윤정환 감독 오른팔인 정경호 감독으로 새출발에 나선 2025시즌의 강원도 단단했다. 시즌 중반까지는 다소 흔들렸지만, 후반기 들어 안정화됐다. 성적을 서서히 끌어올린 강원은 5위로 2시즌 연속 파이널 A그룹 진출에 성공했다. AFC 챔피언스리그 병행까지 해냈기에 충분히 칭찬받을 성과였다. 세 시즌 연속 상위권에 도전하는 강원은 이제 빅클럽의 기반을 다지기 위해 나아간다.

구단 소개

정식 명칭	강원도민 프로축구단
구단 창립	2008년 7월 23일
모기업	도민구단
상징하는 색	주황색, 청록색
경기장(수용인원)	강릉종합운동장 (13,455석)
마스코트	웅심이, 옹심이
레전드	김오규, 정승용, 한국영, 김영빈 등
서포터즈	나르샤
커뮤니티	강원FC 서포터즈 나르샤

우승

K리그	–
코리아컵(FA컵)	–
AFC챔피언스리그(ACL)	–

최근 5시즌 성적

시즌	K리그	코리아컵(FA컵)	ACL
2025시즌	5위	4강	리그 스테이지
2024시즌	2위	16강	–
2023시즌	10위	8강	–
2022시즌	6위	16강	–
2021시즌	11위	4강	–

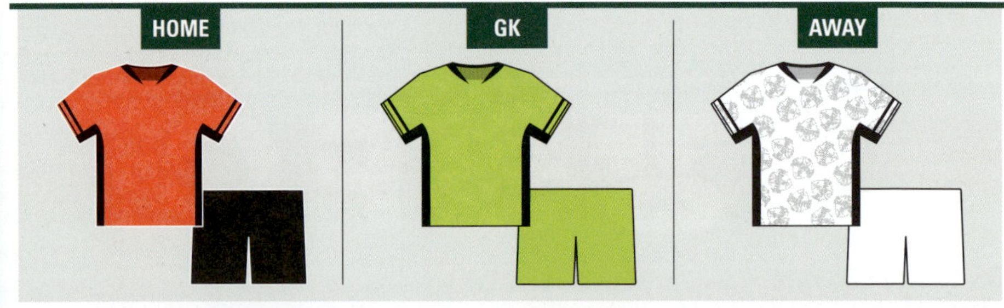

정경호

1980년 5월 22일 | 46세 | 대한민국

K리그 전적
38경기 13승 13무 12패

A매치 41경기를 뛴 국대 출신 지도자다. 2012년 선수로서 비교적 빠르게 은퇴한 후 지도자 커리어를 착실하게 준비했다. K리그 성남, 상주, 강원 코치로 오랜 기간 경험을 쌓으면서 감독이 되기 위한 자양분을 차곡히 쌓았다. 강원도 삼척 출신인 정경호 감독은 2025시즌 고향팀과 다름없는 강원의 정식 사령탑에 올랐다. 종종 수석코치 '본체설'의 주인공이 될 정도로 전술적으로 뛰어나다는 평판을 받았다. 감독으로서의 첫걸음을 성공적으로 마무리했다. 윤정환 감독과 함께 강원의 역사적인 시즌을 보냈던 만큼, 기반을 다지기 어렵지 않았다. 강원 2년 차, 상대팀들은 정경호의 축구를 철저히 분석했을 것이다. 강원이 꾸준히 상위권에 자리매김하기 위해선 정경호 감독의 톡톡 튀는 아이디어가 더 구현되어야 한다.

선수 경력

울산	상무	전북	강원	대전

지도자 경력

울산대 코치	성남 코치	상주 코치	성남 수석코치	강원 수석코치	강원 감독(25~)

주요 경력

2004년 아테네올림픽	2006년 독일월드컵

선호 포메이션	4-4-1-1	3가지 특징	톡톡 튀는 전술 아이디어	오랜 코치 경험 '준비된 지도자'	1980년대생 지도자 기수

STAFF

수석코치	코치	GK코치	피지컬코치	전력분석관	의무팀장	의무 트레이너	통역	장비관리사	스카우트
박용호	최효진 송창호	전상욱 김민식	장석민 선호	이창근 이상현	이강훈	손용관 김용하	김승현	장혜준	김성근 김상균 허범산

2 0 2 5　R E V I E W

아디다스 포인트로 보는 강원의 2025시즌 활약도

2024시즌의 기세를 어떻게 이어갈 것인지가 중요했다. 윤정환 감독에서 정경호 감독 체제로 넘어가는 과정에서 다소 부침은 있었다. 시즌 초반 득점이 터지지 않으면서 결과를 가져오지 못해 한때 11위까지 떨어졌다. 살아나기 시작한 포인트는 여름 이적시장이었다. '즉시전력감' 김건희, 모재현을 영입했다. '군팀' 덕도 톡톡히 누렸다. 박상혁, 김대원, 서민우, 이승원이 전역 후 가세하면서 팀으로서 업그레이드됐다. 다이나믹 포인트 1~3위(박상혁가 모두 전역생인 건 우연이 아니다. 수비진에선 젊은 센터백 신민하(전체 63위) 활약이 돋보였다. 공수가 안정된 강원은 리그 5위, 코리아컵 4강뿐 아니라 AFC 챔피언스리그에서 반짝 돌풍을 일으키며 성공적인 시즌을 보냈다.

2025시즌 아디다스 포인트 상위 20명　　■ 포인트 점수

포지션 평점

FW 🎆 🎆

MF 🎆 🎆 🎆

DF 🎆 🎆 🎆

GK 🎆 🎆

출전시간 TOP 3

1위	강투지	2,710분
2위	이유현	2,413분
3위	이기혁	2,398분

득점 TOP 3

1위	모재현, 김건희	5골
2위	이상헌, 이지호, 가브리엘	4골
3위	김대원, 박상혁, 조진혁	2골

도움 TOP 3

1위	모재현	5도움
2위	이지호, 김대원	3도움
3위	이상헌, 김동현	2도움

주목할 기록

24.6	'감독도 젊고 선수도 젊은 팀' 평균연령 최소 2위
39.0	K리그1 전체 기대득점(xG) 최하위

성적 그래프

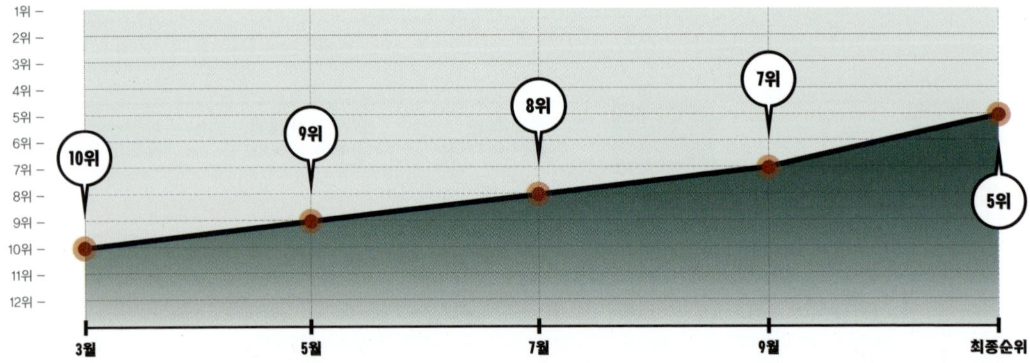

2026 시즌 스쿼드 운용 & 이적 시장 인앤아웃

IN

아부달라_딜라고리
고영준
_구르니크자브제
김정훈_수원FC
조원우 이용재
김어진 이정현
여준엽 이효빈
최지남 이은호
_신인

OUT

이광연_성남
김대우_대구
이동진_충북청주
김민준 가브리엘
_부천
김형진_당진시민
윤일록 조진혁
_경남
김신진_제주
브루노 정인증
최정훈 성기완
박수환_계약만료

FW

김대원	김건희	모재현	진준서
이은호	박상혁	유병현	조원우
이지호	최지남	아부달라	조진혁	최병찬

MF

서민우	김동현	이승원	강윤구
김태환	여준엽	원희도	이용재
황은총	이유현	고영준	김어진

DF

정승빈	이기혁	조현태	강투지
박호영	이효빈	김도현	홍 철
송준석	이정현	신민하	강준혁

GK

| 박청효 | 김정훈 | 홍진혁 | 김유성 | 조민규 |

ⓒ 주장

'유럽파' 고영준 영입을 제외하면 큰 움직임이 없었다. 지난 시즌 후반기에 강원의 상승세를 이끌던 전력이 거의 그대로 유지하는데 초점을 맞췄다. 조직력은 더 끌어올릴 수 있지만, 얼마나 더 높은 곳을 바라볼 수 있는지는 다른 차원의 문제다. 모재현, 김건희, 서민우, 김대원, 고영준 등이 건강하게 시즌을 소화한다면, 전력상으로 충분히 파이널 A 이상을 바라볼 수 있다. 하지만 2024시즌만큼의 모습을 보여줄 수 있을지는 물음표다. 선발과 백업의 간극이 상대적으로 큰 팀이라 전력 누수가 발생하면 문제가 될 수 있다. 그래서 정경호 감독이 그토록 영입하길 바랐던 '10번' 유형의 고영준의 발끝에 더더욱 시선이 쏠린다. 포항 시절 퍼포먼스를 재현하면 더 바랄 게 없다. 강투지를 제외하면 주전급 외국인 선수가 없었던 만큼 아부달라의 활약도 중요한 시즌이다.

주장의 각오

이유현

"올 시즌 팀이 더 높은 곳으로 나아갈 수 있도록 주장으로서 운동장 안팎에서 책임을 다하고 견고하고 끈적끈적한 팀을 만드는 데 헌신하겠다. 많은 팬 여러분께서 경기장을 찾아 응원해주신다면, 박진감 있는 경기력과 승리로 보답하겠다."

2 0 2 6 예 상 베 스 트 1 1

이적시장 평가

비교적 조용했다. 가브리엘을 비롯해 더 이상 팀에 필요하지 않은 1군 자원을 많이 정리했다. 방출 작업은 불가피했지만 그만큼 보강이 이뤄지지 않았다는 점은 다소 우려스럽다. 고영준, 아부달라, 김정훈이 영입됐지만 주전급 자원은 고영준뿐이다. 외국인 보강도 적극적이지 않았던 강원이다. 그만큼 지난 시즌 후반기 보여준 팀의 모습에 믿음이 있다는 뜻이기도 하다. 다만 시즌 도중에 변수는 반드시 발생하기 마련, 그 변수를 어떻게 대처하는지가 중요해졌다.

저자 5인 순위 예측

· 윤 진 만 ·	· 박 찬 준 ·	· 김 가 을 ·	· 김 대 식 ·	· 이 현 석 ·
8위_초보 감독 정경호는 1년차에 잠재력을 입증했다. 그것만으로 충분히 기대가 되는 '시즌2'다. 문제는 '시즌1'과 비교해 크게 달라진 게 없어 보인다는 것.	**5위**_정경호 감독은 늘 답을 찾는다. 스쿼드 뎁스가 다소 약하긴 하지만, 그래도 지난 시즌보다는 나아진 전력이다. 공격만 터진다면 ACL도 노려볼만 하다.	**5위**_정경호 감독과 아이들의 도전은 계속된다. 최대 변수는 전반기에도, 후반기에도 이어질 아시아챔피언스리그다. 빽빽한 경기 일정, 원정 부담은 최대 적이다.	**3위**_어떤 축구를 할 것인지가 명확하다. 하고자 하는 축구를 잘 갖췄다. 관건은 골 결정력. 고영준까지 가세한 공격진이 쉬운 찬스를 넣어주기만 한다면 2024시즌을 재현할 수 있다.	**9위**_기대 이상을 보여준 정경호 감독과 강원. 하지만 다시 그 자리에 오르기 위해선 다른 것들을 보여줘야 한다. 외국인 선수들의 경기력도 언제나 강원에게는 변수다.

고영준

2001년 7월 9일 | 25세 | 대한민국 | 168cm | 74kg

경력

포항(20~23)
▷파르티잔(24~25)
▷구르니크자브제(25)
▷강원(26~)

K리그 통산기록

K리그1 – 105경기 19득점 8도움

대표팀 경력

1경기

파울루 벤투 전 대한민국 축구대표팀 감독이 실력을 인정했던 국가대표 출신 공격형 미드필더다. K리그 팬들이라면 모를 수 없다. 포항에서 자라 포항에서 꽃을 피운 프랜차이즈 스타였다. 2021시즌부터 본격적으로 포항 주전으로 도약했다. 매 시즌 발전했다. 한 시즌에 공격 포인트 10개를 책임질 수 있는 핵심으로 성장했다. 테크닉과 축구 지능을 기반으로 영리한 플레이를 펼친다. 2022년 항저우아시안게임 금메달 멤버 중 하나다. 포항에서의 활약을 발판 삼아 2023년 유럽 진출의 꿈을 이뤘다. 지난 2년 동안 고영준은 유럽에서 마음고생이 심했다. 세르비아 파르티잔에서는 수뇌부의 알력 다툼으로 인해 뛰지 못했다. 폴란드 구르니크 자브제에선 자신을 영입한 감독이 곧바로 경질되며 경쟁에서 밀려났다. 유럽에 어떻게든 남고 싶었던 고영준이지만, 변화가 필요한 시점이었다. 고심 끝에 K리그 복귀를 결정했다. 다양한 팀이 손을 내밀었지만, 가장 적극적인 강원 손을 잡았다. 고영준이 가세하면서 강원 공격의 무게감 자체가 달라졌다. 주변 동료들도 살려줄 수 있는 선수라 고영준이 잘해야 강원이 산다.

■세르비아 1부 리그 기록

2025시즌 기록				
1	440(16) MINUTES 출전시간(경기수)	1 GOALS 득점	1 ASSISTS 도움	0

-
WEEKLY BEST 11
주간베스트11

강점	기동성과 창의성 동시 장착	특징	사투리 억양
약점	득점력, 유럽에서 부족한 출전 경험	별명	골든보이

모재현

1996년 9월 24일 | 30세 | 대한민국 | 184cm | 74kg

경력

수원FC(17~19)
▶안양(19)
▶수원FC(20)
▶안양(21)
▶경남(22~23)
▶김천(24~25)
▶강원(25~)

K리그 통산기록

K리그1 – 57경기 10득점 8도움
K리그2 – 158경기 25득점 18도움

대표팀 경력

2경기

K리그를 대표하는 대기만성형 윙어다. 2017년 수원FC에서 데뷔한 이후 줄곧 K리그2 무대를 누볐다. 스피드를 기반으로 측면을 돌파하는 스타일이다. 요즘 세대에 흔하지 않은 정발 윙어다. 2021시즌 안양으로 완전 이적하면서 한층 더 성장했다. 모재현의 잠재력이 제대로 터진 건 경남에서다. 두 시즌 연속 꾸준히 공격 포인트 10개 이상을 터트려주면서 리그를 대표하는 윙어로 떠올랐다. K리그2 베스트 일레븐에도 뽑혔다. 2024시즌 김천 상무로 입대하면서 처음으로 K리그1에 도전했다. 1부 리그에서도 모재현은 꾸준했다. 전역 후 여러 팀의 관심을 받았지만 강원을 선택했다. 강원에서 모재현은 기대치를 완벽히 충족했다. 리그 19경기에서 5골 5도움, 처음으로 K리그1에서 두 자릿수 공격 포인트를 기록하며 강원의 신흥 에이스로 떠올랐다. 리그에서 활약을 바탕으로 국가대표팀에 뽑혀 2025년 동아시안컵을 통해 A매치 데뷔전을 치렀다. 홍명보 감독은 '윙백 모재현'의 가능성도 살폈다. 모재현은 이번 시즌에도 강원의 오른쪽을 책임져야 한다. 2025시즌을 넘어서는 활약을 보여준다면 국가대표팀에도 다시 소집될 수 있다.

2025시즌 기록

1	2,480(32) MINUTES 출전시간(경기수)	6 GOALS 득점	5 ASSISTS 도움	0	4 WEEKLY BEST 11 주간베스트11

강점	스피드, 크로스	특징	흔하지 않은 정발 윙어
약점	섬세함	별명	돌격대장

신민하

2005년 9월 15일 | 21세 | 대한민국 | 187cm | 77kg

경력

강원(24~)

K리그 통산기록

K리그1 – 49경기 1득점 1도움

대표팀 경력

–

강원의 위대한 47번 계보를 물려받은 '골 넣는 수비수'다. 2024시즌 강원에 입단해서 곧바로 1군 자원이 됐다. 첫 시즌에는 백업으로 뛰면서 경험을 쌓았다. 2025시즌 강원은 양현준에서 양민혁으로 이어진 47번이란 상징적인 등번호를 신민하에게 맡겼다. 정경호 감독도 이에 발맞춰 신민하를 곧바로 주전으로 기용해 팀 수비의 중심을 이끌게 했다. '한국인 젊은 센터백' 신민하와 '외국인 베테랑' 강투지의 새로운 조합은 강원을 리그 최소 실점 2위로 만들었다. 지난해 4월 K리그 이달의 영플레이어상을 수상하는 등 한 시즌 만에 K리그 최고 유망주로 우뚝 섰다. 신민하는 현대 축구가 센터백에게 원하는 모든 능력을 갖췄다는 평가다. 수비력은 물론이며 스피드가 좋아 공간 커버도 잘하고, 세트피스 상황에서 위협적인 헤더로 득점할 줄 안다. 2025년 4월 울산전에서 헤더로 2–1 승리를 만드는 결승골을 넣었다. U–20 대표팀에서 4골(20경기), U–23 대표팀에서 2골(9경기)을 기록했다. 빌드업 능력도 우수하다. 벌써 유럽 구단들의 관심을 받는 가운데, 2026시즌 강원 수비를 다시 책임진다.

2025시즌 기록

3	2,625(29) MINUTES 출전시간(경기수)	1 GOALS 득점	1 ASSISTS 도움	0	– WEEKLY BEST 11 주간베스트11

강점	공중볼, 빌드업	특징	현대적인 육각형 센터백
약점	전진 타이밍, 경험	별명	차세대 김민재

김대원

1997년 2월 10일 | 29세 | 대한민국 | 171cm | 65kg

경력

대구(16~20)
▶ 강원(21~23)
▶ 김천(24~25)
▶ 강원(25~)

K리그 통산기록

K리그1 – 258경기 42득점 44도움
K리그2 – 6경기 1득점

대표팀 경력

–

김대원은 한때 K리그 최고의 윙포워드였다. 2016시즌 대구에서 데뷔한 후로 조금씩 출전 시간을 부여받으며 성장했다. 본격적으로 K리그에서 이름을 날리기 시작한 건 2018시즌부터다. 후반기부터 대구의 왼쪽을 책임지며 세징야와 함께 공격을 이끌었다. 코리아컵에서의 활약이 특히 눈부셨다. 대구의 첫 코리아컵 우승을 이끄는 결승전 결승골 주인공이었다. 2019시즌부터는 대구의 핵심으로 뛰면서 프랜차이즈 스타로 많은 사랑을 받았다. 2021시즌 강원으로 향했다. 강원에서 파괴력이 더 발전했다. 리그 9골 4도움을 기록하면서 커리어 하이 기록을 작성했다. 2022시즌은 인생 활약이었다. 막을 수가 없는 수준이었다. 골, 도움, 패스, 드리블 모든 면에서 완벽했다. 12골 13도움으로 리그 최다 공격 포인트를 기록, 시즌 베스트 일레븐까지 수상했다. 2024시즌 김천에서도 위력적인 모습을 선보였지만, 2025시즌 상승세가 한풀 꺾였다. 2025년 6월 수원FC전에서 결승골을 넣은 후 상의 탈의 세리머니로 누적경고 퇴장을 당하는 해프닝도 있었다. 이번 시즌에는 다시 주전으로 도약해 강원의 왼쪽을 책임져야 한다.

2025시즌 기록

4	2,006(29) MINUTES 출전시간(경기수)	2 GOALS 득점	3 ASSISTS 도움	1	- WEEKLY BEST 11 주간베스트11

강점	감아차기 슈팅, 발 기술	특징	애기 둘 아빠
약점	피지컬, 최근 기복	별명	공격대원

서민우

1998년 3월 12일 | 28세 | 대한민국 | 183cm | 75kg

경력

강원(20~23)
▷ 김천(24~25)
▷ 강원(25~)

K리그 통산기록

K리그1 – 157경기 7득점 3도움

대표팀 경력

4경기

어느덧 국가대표로 성장한 다재다능 미드필더, '공부하는 선수'다. 2020년 강원에 입단할 때만 해도 많은 주목을 받지 못했다. 데뷔 시즌에는 기회도 적었다. 2021시즌부터 더 많이 출전했지만 두각을 나타내지는 못했다. 2022시즌이 변곡점이었다. 최용수 감독은 서민우의 능력을 최대한 활용하기 시작했다. 모든 리그 경기에 출전하면서 강원의 핵심이 됐다. 센터백과 미드필더를 오가면서 강원의 사령관으로 성장했다. 윤정환 감독 밑에서도 서민우의 입지는 크게 변하지 않았다. 센터백부터 세컨드 스트라이커까지 볼 수 있는 축구 지능이 최대 장점이다. 어떤 역할에서도 모나지 않는 플레이를 펼친다. 강원이 흔들리는 시간에도 서민우는 버텼다. 김천으로 가서도 서민우의 꾸준함은 여전했다. 2025년 동아시안컵에서 국가대표팀도 데뷔했다. 합격점을 받아 최근에는 꾸준히 국가대표팀에도 부름을 받고 있다. 전역 후에도 강원의 핵심이다. 이번 시즌에는 부주장까지 맡아서 경기장 바깥에서의 역할도 늘어났다. 강원의 레전드로 향해가는 중이다. 생애 첫 월드컵 승선도 가능해 보인다.

2025시즌 기록

7	2,899(31) MINUTES 출전시간(경기수)	1 GOALS 득점	0 ASSISTS 도움	0	WEEKLY BEST 11 주간베스트11

강점	축구 지능, 활동량	특징	멀티 플레이어
약점	공격 포인트 생산력	별명	서교수

박청효

1990년 2월 13일 | 36세 | 대한민국 | 190cm | 78kg
경력 | 경남(13~14) ▷ 충주(14~15) ▷ 강릉시청(16) ▷ 수원FC(17) ▷ 포천시민(18~20)
▷ 양주시민(21) ▷ 부산교통공사(22) ▷ 김포(23) ▷ 강원(24~)
K리그 통산기록 | K리그1 – 38경기 59실점 | K리그2 – 49경기 45실점
대표팀 경력 | –

2013시즌 경남에서 데뷔한 베테랑 골키퍼. 커리어 내내 '저니맨'이었다. 충주, 강릉시청, 수원FC, 포천시민, 양주시민 등 여러 구단에 몸담았다. 프로 무대에서 주전으로 도약한 건 2023시즌 김포에서였다. 김포의 3위 돌풍을 뒷받침했다. 장점은 경험에서 나오는 뛰어난 선방력과 안정감이다. 리그 최소 실점 활약을 토대로 강원에 입단하며 K리그1로 돌아왔다. 첫 시즌에는 백업으로 뛰었지만, 2025시즌 정경호 감독 체제에서 이광연을 밀어냈다. 19경기에서 클린시트 8번 기록했다. 이광연이 팀을 떠난 2026시즌 주전을 '찜'했다. 바야흐로 박청효 세상이 도래했다.

2025시즌 기록						강점	약점
1	0	1,910(19) MINUTES 출전시간(경기수)	57 SAVE 선방	19 LOSS 실점	2 WEEKLY BEST 11 주간베스트11	연륜, 안정성	뛰어나지 않은 발밑

김동현

1997년 6월 11일 | 29세 | 대한민국 | 182cm | 75kg
경력 | 포항(18) ▷ 광주(18) ▷ 성남(19~20) ▷ 강원(21~23) ▷ 상무(23~24) ▷ 강원(24~)
K리그 통산기록 | K리그1 – 131경기 2득점 6도움 | K리그2 – 56경기 5득점 5도움
대표팀 경력 | 3경기

포항 출신으로 임대팀 광주에서 빼어난 퍼포먼스로 이름을 알렸다. 강원은 김동현에게 꼭 맞는 옷이었다. 2021시즌부터 단번에 주전으로 올라섰고, 만 24세에 강원 주장이 될 정도로 신뢰를 한 몸에 받았다. 파울루 벤투 전 축구대표팀 감독도 김동현을 호출했을 정도로 빼어난 패스와 경기 조율 능력을 선보였다. 김천 전역 후 강원으로 돌아와 핵심으로 기용될 예정이었지만, 2025시즌 안타까운 부상으로 풀 시즌을 소화하지 못하며 아쉬운 시간을 흘려보냈다. 이유현, 서민우가 중원의 핵심으로 자리매김한 상황에서 2026시즌 부활을 노래한다. 정경호 감독도 김동현이 갈라주는 패스에 대한 갈증을 느낄 수밖에 없다.

2025시즌 기록						강점	약점
1	0	1,543(22) MINUTES 출전시간(경기수)	1 GOALS 득점	2 ASSISTS 도움	1 WEEKLY BEST 11 주간베스트11	패스, 경기 조율	득점력, 들쭉날쭉해진 출전수

이승원

2003년 3월 6일 | 23세 | 대한민국 | 174cm | 73kg
경력 | 강원(23~24) ▷ 김천(24~25) ▷ 강원(25~)
K리그 통산기록 | K리그1 – 56경기 2득점 6도움
대표팀 경력 | 2경기

2023년 FIFA U-20 월드컵에서 대한민국을 4위로 이끈 주역. 세계적인 유망주를 따돌리고 브론즈볼을 수상했다. 첫 프로팀 강원에선 어린 선수의 껍질을 벗겨내지 못했지만, 2024시즌 김천으로 입대한 뒤 진정한 성인 선수로 급성장했다. 2선과 3선을 오가는 왕성한 활동량과 공격 전개가 뛰어나다는 평가를 받았다. 지난해 6월, 8월, 9월 K리그 이달의 영플레이어상은 이승원의 몫이었다. 대상 시상식에서 영플레이어상까지 수상했다. 동아시안컵에서 국가대표팀 데뷔전도 치르는 등 잊을 수 없는 1년을 보냈다. 2026시즌엔 플레이메이커 고영준을 중심으로 팀을 꾸릴 것으로 예상되지만, 살림꾼 이승원 없는 강원은 상상이 가질 않는다.

2025시즌 기록						강점	약점
6	0	2,303(35) MINUTES 출전시간(경기수)	1 GOALS 득점	6 ASSISTS 도움	5 WEEKLY BEST 11 주간베스트11	폭넓은 활동폭, 너른 시야	득점력

김건희

1995년 2월 22일 | 31세 | 대한민국 | 187cm | 79kg
경력 | 수원삼성(16~22) ▷ 상주(18~20) ▷ 홋카이도(22~25) ▷ 강원(25~)
K리그 통산기록 | K리그1 – 119경기 25득점 6도움
대표팀 경력 | 3경기

유망주 시절부터 엄청난 잠재력으로 유명했다. 수원에서 엄청난 기대를 받았지만, 대형 스트라이커로 성장하지 못했다. 2018시즌까지 잔부상으로 고생하다가 입대했다. 상주(김천)에서 잠시 반짝했지만 오래 가지 못했다. 수원으로 돌아와서도 마찬가지였다. 2022년 여름 일본 무대에서 재기를 노린 김건희는 아쉬움 속 일본 생활을 정리하고 2025시즌 도중에 강원 입단으로 K리그로 복귀했다. 경험이 쌓인 김건희는 강원에서 늦게나마 꽃을 피웠다. 본디 지녔던 축구 센스와 골 결정력을 십분 발휘하며 강원의 부족한 화력을 채웠다. 시간은 더 이상 김건희를 기다려주지 않는다. 2026년엔 잘하는 걸 넘어 미쳐야 한다.

2025시즌 기록					1 WEEKLY BEST 11 주간베스트11	강점	약점
2	0	1,317(20) MINUTES 출전시간(경기수)	5 GOALS 득점	0 ASSISTS 도움		만능 스트라이커	잔부상

이기혁

2000년 7월 7일 | 26세 | 대한민국 | 184cm | 72kg
경력 | 수원FC(21~22) ▷ 제주(23) ▷ 강원(24~)
K리그 통산기록 | K리그1 – 120경기 7도움
대표팀 경력 | 1경기

유망주 시절 파울루 벤투 축구대표팀 감독의 부름을 받은 '왼발잡이 중앙 미드필더'다. 수원FC와 제주에선 아쉽게 잠재력을 터트리지 못했으나, 강원에서 전성기를 맞이했다. 후방에서 전방위적으로 뿌려주는 패스는 리그 최고 수준이라는 평가를 받았다. 미드필더 출신다운 왕성한 활동량과 투쟁심으로 독특한 입지를 구축했다. 팀 사정에 따라 레프트백, 스리백의 왼쪽 수비수로도 중용됐다. 홍명보 A대표팀 감독 체제에서 다시 태극마크를 달았다. 2025시즌 이기혁은 강원의 부주장으로 임명됐지만, 퍼포먼스는 2024시즌에 미치지 못했다. '쩜오'를 벗어나 센터백이면 센터백, 풀백이면 풀백, 확고하게 자리를 잡아야 한층 더 성장할 수 있다.

2025시즌 기록					1 WEEKLY BEST 11 주간베스트11	강점	약점
6	0	2,562(31) MINUTES 출전시간(경기수)	0 GOALS 득점	1 ASSISTS 도움		패스, 멀티성	슈팅력

강투지　　　　　　　　　　　　　　　　Marko Tuci

1998년 12월 4일 | 28세 | 몬테네그로 | 190cm | 83kg
경력 | 부두치노스트(15~18) ▷ 예제로(18) ▷ 포드고리차(18~20) ▷ 데치치(19~23) ▷ 강원(23~)
K리그 통산기록 | K리그1 – 79경기 2득점 2도움
대표팀 경력 | 10경기 1득점

강원의 버질 반 다이크다. 2023년 입단해 지난 2년간 리그 최고 수준의 센터백으로 자리매김했다. 190cm의 탄탄한 피지컬, 몸싸움, 정교한 태클 등 다양한 장점을 지녔다. 반응 속도와 발이 빠르지 않은 단점이 있지만 영리한 상황 판단으로 상대 공격의 흐름을 끊는 데 일가견이 있다. 빌드업 능력도 매우 우수하다. 롱패스 정확도가 높은 편이며 때로는 직접 공을 몰고 공격을 전개할 때도 있다. 어느 파트너와 호흡을 맞추든 제 몫을 해준다. 신민하의 든든한 지원군이다. 처음 강투지라는 예명(본명 투치)이 어색했지만, 이젠 진짜 강씨 성을 지닌 토종 센터백인 것처럼 익숙해졌다.

2025시즌 기록					3 WEEKLY BEST 11 주간베스트11	강점	약점
5	0	3,039(31) MINUTES 출전시간(경기수)	0 GOALS 득점	0 ASSISTS 도움		육각형 센터백	민첩성

송준석

2001년 2월 6일 | 25세 | 대한민국 | 171cm | 67kg
경력 | 강원(21~22) ▷ 김포(23) ▷ 강원(24~)
K리그 통산기록 | K리그1 – 57경기 1득점 1도움 | K리그2 – 16경기
대표팀 경력 | –

2021년 강원 입단 후 주로 B팀에서 실력을 쌓았다. 2023시즌 김포로 임대를 떠나 한층 성숙해져서 돌아왔다. 2024시즌부터 본격적인 강원 레귤러로 뛰기 시작했다. 후반기부터는 주전으로 나와서 강원의 왼쪽을 책임졌다. 스피드와 투지가 좋고 돌파력도 장착했다. 문제는 거친 플레이. 2025시즌 리그 24경기에서 경고를 10장 받았다. 기세를 올릴라치면 경고 누적 징계로 빠졌다. 출전한 경기에선 '공격적인 풀백'의 정석을 보여줘 다행히 정경호 감독의 신뢰가 흔들리진 않았다. 산전수전 겪은 베테랑 홍철 옆에서 '영리함'과 '택배 스킬'을 익히면 한 단계 업그레이드 될 수 있다. '재능'은 충분하다.

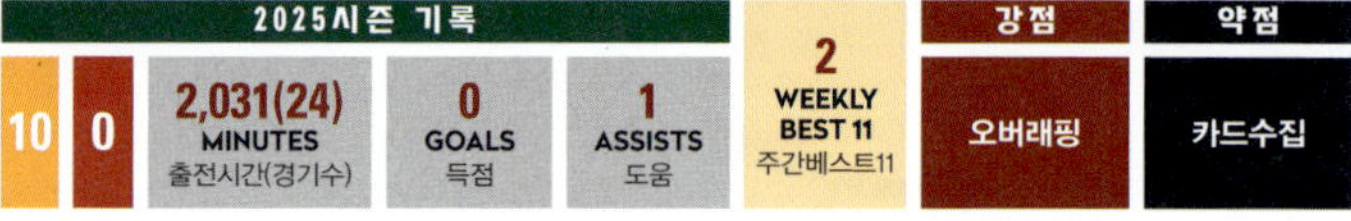

		2025시즌 기록			2	강점	약점
10	0	**2,031(24)** MINUTES 출전시간(경기수)	**0** GOALS 득점	**1** ASSISTS 도움	WEEKLY BEST 11 주간베스트11	오버래핑	카드수집

이유현

1997년 2월 8일 | 29세 | 대한민국 | 179cm | 74kg
경력 | 전남(17~20) ▷ 전북(21~24) ▷ 김천(23~24) ▷ 강원(24~)
K리그 통산기록 | K리그1 – 110경기 1득점 6도움 | K리그2 – 61경기 4득점 4도움
대표팀 경력 | –

2017시즌 전남에서 데뷔해 윙어와 풀백을 오가면서 출전해 안정적인 활약을 보였다. 잠재력을 인정받아 2021시즌 전북으로 이적했지만, 주전 경쟁에 어려움을 겪었다. 출전 시간에 목말라 있던 2024년 강원으로 임대를 떠난 게 '신의 한 수'였다. 당시 강원의 키워드는 '포지션 파괴'였다. 미드필더가 센터백, 풀백이 미드필더로 뛰었다. 활동량, 투지, 수비력을 두루 갖춘 이유현은 수비형 미드필더 임무를 맡았다. 새로운 옷을 입은 이유현은 중원 장악을 도왔다. 팀 사정에 따라 라이트백으로도 종종 나섰다. 이유현 출전 유무에 따라 팀 전체 에너지가 차이가 났다. 정경호 감독의 전폭적인 신뢰 속 2026시즌 정식 주장으로 선임됐다.

		2025시즌 기록			2	강점	약점
3	0	**2,663(29)** MINUTES 출전시간(경기수)	**1** GOALS 득점	**1** ASSISTS 도움	WEEKLY BEST 11 주간베스트11	활동량, 투쟁심	투박함

강준혁

1999년 10월 20일 | 27세 | 대한민국 | 177cm | 70kg
경력 | 고양(22) ▷ 충남아산(23~24) ▷ 강원(25~)
K리그 통산기록 | K리그1 – 22경기 1도움 | K리그2 – 49경기 3득점 7도움
대표팀 경력 | –

한때 프로 구단의 관심을 받지 못한 '미생'이 K리그1 구단의 주전 라이트백으로 거듭났다. K4리그 고양에서 잠재력을 인정받아 2023시즌 충남아산으로 이적하며 뒤늦게 K리그에 입문했다. 로테이션 멤버로 한 시즌을 보낸 후 2024시즌 잠재력이 만개했다. 김현석 감독의 지도 아래 강준혁은 K리그2 최고의 풀백으로 성장했다. 강준혁의 특징은 '공격성'이다. 2024시즌 3골 6도움, 윙어 수준의 공격 포인트를 생산하며 충남아산의 깜짝 준우승을 뒷받침했다. 2025시즌 강원으로 이적해서 부상으로 제 기량을 다 펼치지 못했다. 이번 시즌에는 기대치에 부응해야 한다. '건강한 강주혁'은 팀에 '공포'(공격포인트)를, 상대 수비진엔 공포를 안길 수 있다.

		2025시즌 기록			-	강점	약점
1	0	**1,790(22)** MINUTES 출전시간(경기수)	**0** GOALS 득점	**1** ASSISTS 도움	WEEKLY BEST 11 주간베스트11	공격력	크로스 정확도

홍철

1990년 9월 17일 | 36세 | 대한민국 | 176cm | 70kg
경력 | 성남(10~12) ▷ 수원삼성(13~17) ▷ 상주(17~18) ▷ 수원삼성(18~20) ▷ 울산(20~21)
▷ 대구(22~24) ▷ 강원(25~)
K리그 통산기록 | K리그1 – 405경기 15득점 51도움
대표팀 경력 | 47경기 1득점 | 2018 · 2022 월드컵, 2019 아시안컵

K리그를 대표하는 베테랑 풀백. 1990년생으로 점점 은퇴를 바라보는 시점이 다가오지만, 여전히 1부 리그에서 통한다. 성남, 수원, 울산, 대구를 거치면서 리그 최고의 레프트백으로 인정받았다. 2018년 러시아월드컵과 2022 카타르월드컵도 경험했다. 2025년 강원에 합류해 K리그 400경기 출장이라는 대기록을 세웠다. 전성기 때는 크고 작은 이슈를 일으켰지만, 베테랑이 된 이후로는 경기장 밖에서도 묵직한 존재감을 뿜어내고 있다. 2025시즌을 마치고 강원이 재계약을 제시한 이유다. 시간이 흐를수록 출전시간이 줄어드는 건 어쩔 수가 없다. 작년에 이어 올해도 송준석의 '든든한 백업'을 맡을 예정이다.

		2025시즌 기록			1 WEEKLY BEST 11 주간베스트11	강점	약점
3	0	1,029(21) MINUTES 출전시간(경기수)	1 GOALS 득점	0 ASSISTS 도움		부메랑 크로스, 두뇌 플레이	노쇠화

박호영

1999년 4월 7일 | 27세 | 대한민국 | 198cm | 90kg
경력 | 부산(18~23) ▷ 포천시민(24) ▷ 강원(25~)
K리그 통산기록 | K리그1 – 22경기 1도움 | K리그2 – 38경기
대표팀 경력 | –

2018시즌 부산에 입단해 출전 시간을 늘려가더니, 2021시즌 핵심 센터백으로 자리매김했다. 2022, 2023시즌에는 부상으로 큰 활약을 보여주지 못했다. 포천시민으로 임대를 다녀왔다. 2025년 강원에 입단해 시즌 중반까지는 전력 외 선수로 분류됐지만, 후반기 들어 서서히 중용받기 시작했다. 특히, 스리백 체제에선 빼놓을 수 없는 선수가 됐다. 압도적인 체구(198cm)에서 비롯된 공중볼 장악 능력이 팀에 새로운 옵션을 더했다. 선발과 벤치를 오가면서 20경기를 소화했다. 2026시즌에도 강투지의 백업 센터백. 스리백의 주전 수비수, 공격 상황에선 위협적인 무기로 '기능'할 예정이다. 박호영을 이용한 세트피스를 준비했다는 건 안 비밀.

		2025시즌 기록			- WEEKLY BEST 11 주간베스트11	강점	약점
4	0	1,031(20) MINUTES 출전시간(경기수)	0 GOALS 득점	1 ASSISTS 도움		압도적인 공중볼 능력	스피드

박상혁

2002년 6월 13일 | 24세 | 대한민국 | 187cm | 76kg
경력 | 강원(21~24) ▷ 김천(24~25) ▷ 강원(25~)
K리그 통산기록 | K리그1 – 98경기 20득점 2도움
대표팀 경력 | 10경기 1득점

2021시즌 강원에 입단한 프랜차이즈 스타. 프로 초창기엔 부상으로 인해 1군에서 충분한 기회를 잡지 못했다. 2023시즌 선발과 교체를 오가면서 4골을 넣었다. 박상혁은 '김천 상무에서 환골탈태한 스트라이커'의 계보를 이어갔다. 정정용 감독을 만나 포텐을 폭발했다. 2025시즌 초반 4경기에서 3골, 시즌 총 10골을 터뜨리며 리그 정상급 킬러의 면모를 과시했다. 박스 안 득점력뿐 아니라 투지를 앞세운 적극성과 경합 능력도 발휘했다. 플레이에 여유가 생겼다는 평가도 쏟아졌다. 스타일이 다른 김건희와 호흡을 맞추거나, 선의의 경쟁을 펼칠 예정이다. 정경호 감독 입장에선 확실한 공격 카드가 두 개 생긴 건 호재다.

		2025시즌 기록			5 WEEKLY BEST 11 주간베스트11	강점	약점
4	0	2,273(37) MINUTES 출전시간(경기수)	12 GOALS 득점	2 ASSISTS 도움		골 결정력, 노력파	연계플레이

강윤구

2002년 4월 8일 | 24세 | 대한민국 | 185cm | 73kg
경력 | 울산(21~24) ▷ 부산(22) ▷ 울산(23~24) ▷ 강원(25~)
K리그 통산기록 | K리그1 – 51경기 3득점 3도움 | K리그2 – 13경기 1득점 1도움
대표팀 경력 | –

고교 무대를 평정하고 2021시즌 울산에 입단했다. 천재성을 지닌 왼발잡이 플레이메이커에 대한 기대감은 상당했다. 울산과 임대팀 부산에서 잠재력을 터뜨리지 못했다. 어쩌다 한 번씩 반짝였을 뿐이다. 2025시즌을 앞두고 팀 동료 김민준과 손을 잡고 울산을 떠나 강원으로 이적하며 변화를 감행했다. 하지만 불의의 무릎 부상으로 전반기를 통째로 날렸다. 8월에야 데뷔전을 치렀다. 후반기는 팀이 상승세를 타던 시점이라 뛸 기회가 많지 않았다. 강윤구는 이를 악물고 2026시즌을 준비했다. 고영준의 가세로 주전 경쟁은 더 험난해졌지만, 어느 팀에나 천재를 위한 자리는 있다. 단, 다치면 말짱 도루묵이다.

		2025시즌 기록			- WEEKLY BEST 11 주간베스트11	강점	약점
0	0	160(5) MINUTES 출전시간(경기수)	0 GOALS 득점	1 ASSISTS 도움		천재성	부상 데미지

아부달라　　　Abdallah Khalaihal

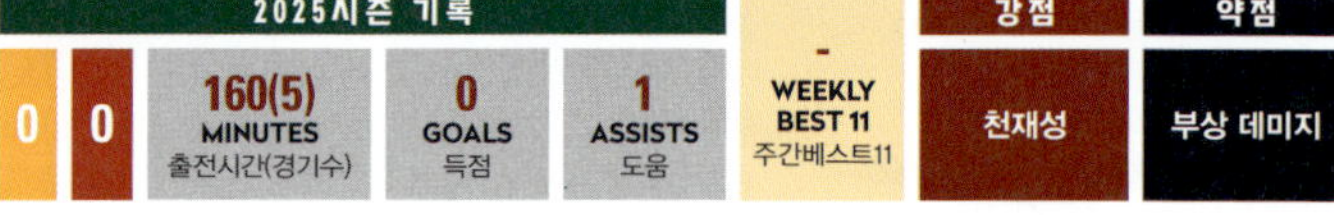

2001년 1월 11일 | 28세 | 이스라엘 | 179cm | 74kg
경력 | 하포엘(19~21) ▷ UAE알나스르(21~22) ▷ 하포엘(22) ▷ 카프르(22)
▷ 하포엘아슈도드(23) ▷ 사크니(24~25) ▷ 딜라고리(25) ▷ 강원(26~)
K리그 통산기록 | 2026시즌 K리그1 데뷔
대표팀 경력 | –

2026시즌 강원에 입단한 외국인 스트라이커다. 이스라엘 국적으로 연령별 대표팀에 뽑힌 적이 있다. 이스라엘 1부 리그에서 데뷔한 후로 주로 이스라엘 무대에서만 뛰었다. 2001년생으로 프로 커리어는 짧지만 여러 구단에 몸담았다. 지난 시즌 도중에 조지아 1부로 향해 15경기에서 5골 1도움을 터트렸다. '커리어 하이'다. 2026시즌을 앞두고 강원으로 합류를 결정했다. 힘이 좋은 스타일이라 최전방에서 싸워줄 수 있는 유형이다. 이번 시즌 김건희, 박상혁과 경쟁하면서 강원의 최전방을 책임질 것으로 예상된다. 아직 20대 중반이라 시즌을 치르면서 발전할 여지도 있다.

		2025시즌 기록			- WEEKLY BEST 11 주간베스트11	강점	약점
0	0	500(12) MINUTES 출전시간(경기수)	5 GOALS 득점	1 ASSISTS 도움		신체능력	증명되지 않은 득점력

■ 조지아 1부 리그 기록

이지호

2002년 4월 16일 | 24세 | 대한민국 | 183cm | 74kg
경력 | 강원(25~)
K리그 통산기록 | K리그1 – 27경기 4득점 3도움
대표팀 경력 | –

강원에서 미래를 기대하며 키우고 있는 윙어다. 입단하자마자 곧바로 주전으로 뛰기 시작했다. 데뷔하자마자 공격 포인트를 대거 쌓으면서 이달의 영플레이어상을 수상했다. 적극성, 스피드, 돌파력 등 장점을 많이 보여줬다. 다만 아직 성장해야 할 부분도 많이 보여준 시즌이다. 시즌 초반 활약 후 후반기에는 존재감이 옅었다. 시즌 전체로 봐도 기복이 있는 편이었고, 경기장 안에서도 그랬다. 마무리에서의 날카로움도 더 개선이 필요하다. 이번 시즌에는 김대원과 모재현의 백업으로 뛸 가능성이 높다. 국가대표급 선배들 밑에서 배우며 성장해야 한다. 밑에선 이은호라는 신예도 치고 올라온다.

		2025시즌 기록			3 WEEKLY BEST 11 주간베스트11	강점	약점
2	0	1,723(27) MINUTES 출전시간(경기수)	4 GOALS 득점	3 ASSISTS 도움		저돌성	기복

전지적 작가 시점

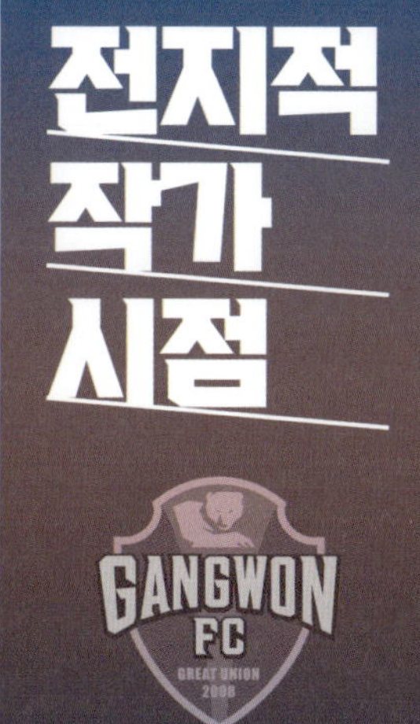

김대식이 주목하는 강원의 원픽!

고영준

김병지 강원 대표이사가 새벽 3시에 오피셜을 기습 라이브로 발표했을 정도로 깜짝 영입이었다. 고영준이 K리그로 돌아올 수도 있다는 루머는 있었지만 그 루머의 종착지가 강원이 될 것이라고는 예상하기 힘들었다. 울산, 대전, 서울 등 여러 빅클럽들도 고영준을 원했기 때문이다. 고영준을 영입하면서 강원은 공격에서의 무게감이 확실히 달라졌다. 공격에서 중심을 잡아줌과 동시에 창의성까지 맡아줄 수 있는 선수다. 움직임과 축구지능을 통해 정경호 감독이 추구하는 공격적인 색채를 잘 구현해줄 수 있는 능력을 지녔다. 무엇보다 고영준의 가세로 모재현, 김대원, 김건희의 능력도 끌어 올려줄 수 있다. 괜히 국가대표 출신 미드필더가 아니다. 이번 시즌 강원이 보다 안정적인 경기력 속에서 상위권을 노리기 위해서는, 고영준의 역할이 무엇보다 중요해 보인다. 단, 고영준이 얼마나 빠르게 포항 시절의 경기력을 재현할 수 있는지가 포인트다. 유럽 진출에 성공했지만 고영준의 2년은 '고생' 그 자체였다. 구단 내분에 휘말려 경기를 제대로 뛰지 못한 기간도 있었다. 고영준도 어느 때보다 강한 동기부여로 3년 만의 K리그 복귀를 준비했다. 고영준은 명실상부 강원의 시즌 성적을 책임질 '키'다.

지금 강원에 이 선수가 있다면!

이호재

강원의 베스트 일레븐에서의 아쉬운 점은 '묵직함'이다. 선발 라인업에서 묵직함은 주로 스트라이커에게서 나온다. 김건희, 박상혁, 아부달라가 있지만 무게감 자체가 다른 경쟁팀에 비해 떨어지는 게 사실이다. 김건희가 후반기에 합류해 5골을 터트렸지만, 한 시즌을 통째로 이끌 수 있을지는 여전히 물음표다. 수원 삼성, 일본 콘사도레 삿포로에서 뛸 때도 온전한 주전으로 뛴 적이 없다. 부상 빈도도 잦은 편이다. 아부달라가 기대 이상의 활약을 해줄지는 예측이 불가능하다. 전방에서의 고민하고 있는 강원에 이호재 카드는 어떨까. 현재 K리그 1에서 그런 묵직함을 줄 수 있는 선수라면 이호재부터 떠오른다. 캐논슈터 이기형 아들인 이호재는 '건강하게' 리그 15골 이상을 책임져줄 수 있는 스트라이커다. 제공권, 슈팅력, 움직임 어느 능력 하나 부족함이 없다. 지난 시즌 종종 강원의 공격이 답답할 때가 있었는데, 그런 순간 개인 능력으로 경기 결과를 바꿔버릴 수 있는 선수가 이호재다. 이번 시즌 강원의 핵심이 될 고영준과도 이미 호흡을 맞춰본 적이 있어서 시너지 효과도 기대된다. 이호재가 강원에 있다면 더 큰 꿈을 꿀 수 있을텐데….

야잔
김진수
후이즈
바베츠
송민규
구성윤
로스
박성훈
이한도
최준
함선우
박수일
문선민
손정범
안데르손
정승원
황도윤
조영욱
천성훈
클리말라
강현무
윤기욱
임준섭
이승모
안재민

FC서울

더 이상의 아쉬움은 없다, K리그 리딩클럽 'FC서울답게'

FC서울

FC서울은 자타공인 K리그 '리딩클럽'이다. K리그 역사에서 성적, 마케팅, 관중수 등 어느 하나 빠짐이 없다. 서울은 2025년에도 K리그 인기를 이끌었다. '하나은행 K리그1 2025' 한 경기 최다 관중 'TOP5' 경기에 세 차례나 이름을 올렸다. 2025년 한 경기 최다 관중도 FC서울의 몫이었다. 서울월드컵경기장에서 열린 전북현대와의 경기에 48,008명을 끌어모았다. 하지만 서울 팬들은 시즌 내내 아쉬움 섞인 한숨을 토해냈다. 기대에 미치지 못한 성적 때문이었다. 서울은 2025년 우승 후보로 꼽혔다. 하지만 이겨야 할 때 이기지 못했고, 비겨야 할 때는 패했다. 결국 최종 6위를 기록, 새 시즌 아시아챔피언스리그(ACL) 티켓도 챙기지 못했다. 더 이상의 눈물은 없다. 김기동 감독 체제 3년 차. 서울은 이제 '서울다운' 모습을 보여야 할 때다. 김 감독과 선수들은 새 시즌 명예 회복을 노리며 동계전지훈련에서 뜨거운 열정을 쏟았다. 서울의 성적이 오르면, 자연스레 팬들은 더욱 많이 경기장을 찾을 것이다. '서울의 봄'은 곧 K리그의 미소다.

구단 소개

정식 명칭	FC서울 프로축구단
구단 창립	1983년 12월 22일
모기업	GS그룹
상징하는 색	빨간색, 검은색, 금색
경기장(수용인원)	서울월드컵경기장 (66,700명)
마스코트	씨드, 서울이
레전드	윤상철, 이영진, 최용수, 박주영, 고요한 등
서포터즈	수호신
커뮤니티	서울라이트

우승

K리그	6회 (1985, 1990, 2000, 2010, 2012, 2016)
코리아컵(FA컵)	2회 (1998, 2015)
AFC챔피언스리그(ACL)	–

최근 5시즌 성적

시즌	K리그	코리아컵(FA컵)	ACL
2025시즌	6위	8강	–
2024시즌	4위	8강	–
2023시즌	7위	3라운드	–
2022시즌	9위	준우승	–
2021시즌	7위	3라운드	–

김기동

1971년 5월 26일 | 55세 | 대한민국

K리그 전적
247경기 101승 73무 73패

김기동 감독에겐 '매직'이란 수식어가 따라붙는다. 2019년 포항의 지휘봉을 잡고 지도자로 데뷔한 뒤 놀라운 순간을 연거푸 만들어냈다. 비결은 열정이었다. 그는 선수단 장단점 분석, 상대 분석 등을 위해 밤새 영상을 보고 또 봤다. 김 감독은 2024년 '서울의 봄'을 이끌어주리라는 기대감 속에 상암에 입성하며 새로운 도전에 나섰다. 특유의 입담과 밀당으로 서울에 새로운 바람을 불어넣었다. 그러나 김기동 축구가 표출되기엔 부족함이 있었다. 팬들은 김기동 감독을 향해 비판을 쏟아냈다. 처음 겪어보는 상황에 자존심이 상할대로 상했다. 2026년은 '명예회복의 해'다. 3년 계약의 마지막 해이기도 하다. '김기동 매직'이 다시 펼쳐질 시간, 펼쳐져야 하는 시간이다.

선수 경력

포항	부천SK	포항

지도자 경력

U-23 대표팀 코치	포항 수석코치	포항 감독	서울 감독(23~)

주요 경력

2020시즌 K리그1 감독상	2023년 FA컵 우승	2023년 대한축구협회 올해의 지도자상

선호 포메이션	4-2-3-1	3가지 특징	'밀당' 입담의 신	분석 또 분석	팬 사로잡는 리액션의 왕

STAFF

수석코치	코치	GK코치	피지컬코치	팀 닥터	트레이너	물리치료사	통역	전력분석관
김대건	이광재 오승범	최현	주닝요	조윤상	박성률 김하진	서성태 문지원	기지용 문대화	장상욱

2 0 2 5 R E V I E W

아디다스 포인트로 보는 서울의 2025시즌 활약도

다이나믹 포인트 결과만 놓고 보면 공격도, 수비도 나쁘지 않았다. 린가드, 안데르손, 야잔 등 중심축을 이루는 핵심 선수가 명확했다. TOP 10에 둘이나 배출했다. 하지만 에이스와 그 뒤를 받치는 선수의 갭이 생각보다 컸다. TOP 30에 달랑 4명이 포함됐다. 서울이 일관성있는 성과를 내지 못한 배경이다. 또한, 서울은 2025시즌 내내 골키퍼 문제로 어려움을 겪었다. 'NO.1' 강현무(전체 130위)가 흔들리면서 최후방 안정감이 떨어졌다. 2024시즌 대비 늘어난 10실점은 두 계단 순위 하락으로 이어졌다.

2025시즌 아디다스 포인트 상위 20명 ■ 포인트 점수

포지션 평점

FW

MF

DF

GK

출전시간 TOP 3

1위	김진수	3,323분
2위	야잔	3,060분
3위	강현무	2,741분

득점 TOP 3

1위	린가드	10골
2위	조영욱	7골
3위	문선민	6골

도움 TOP 3

1위	김진수	8도움
2위	정승원	5도움
3위	린가드, 황도윤	4도움

주목할 기록

| 307 | 2025시즌 K리그1 슛 시퀀스 전체 1위 |
| 60 | 강현무 선방율. K리그1 주전 골키퍼 중 12번째 |

성적 그래프

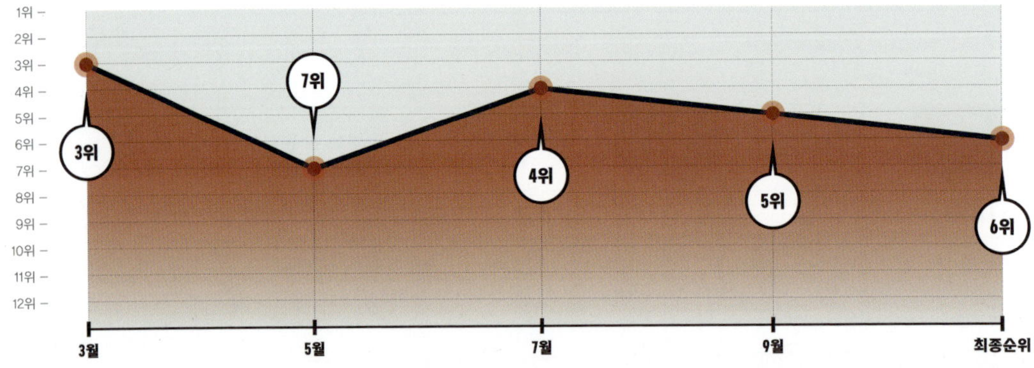

2026 시즌 스쿼드 운용 & 이적 시장 인앤아웃

IN

구성윤_이랜드
후이즈_성남
바베츠_오시예크
송민규_전북
로스_텐진
고필관 손정범
_신인

OUT

린가드 둑스
최철원_계약만료
강주혁_김천
조영광_전남
민지훈_충북청주
김현덕_김해
배현서_경남
정태욱_인천
류재문_대구
손승범 정한민
_포항
허동민_천안
최준영_김해

FW
조영욱　천성훈　클리말라　후이즈

MF
고필관　문선민　바 또
바베츠　박장한결　손정범　송민규
안데르손　이승모　정승원　황도윤

DF
야 잔　김지원　김진수 ⓒ
로 스　박성훈　박수일　안재민
이상민　이한도　최 준　함선우

GK
강현무　구성윤　윤기욱　임준섭

ⓒ 주장

키워드는 안정감이다. FC서울은 야잔, 김진수, 박성훈, 안데르손, 조영욱 등 기본 틀은 유지한 채 필요한 부분을 강화하는 '알찬 보강'에 나섰다. 전 포지션에 걸쳐 선수단을 알뜰하게 채워넣었다. 린가드가 빠져나간 자리엔 후이즈, 미드필드진에 송민규와 바베츠, 수비엔 로스를 영입해 스쿼드에 힘을 줬다. 골키퍼는 구성윤을 추가해 골문 불안을 해소했다. 아시아 무대가 처음인 로스를 제외하곤 모두가 K리그에서 검증을 마친 입증된 선수다. 여기에 올해 새로 합류한 '오산이'(오산고 유스)들도 수준급이란 후문이다. 서울 입성 3년 차를 맞이한 김기동 감독 입맛에 맞는 가장 강력한 스쿼드를 구축했다는데 의심의 여지가 없다. 객관적 전력상으론 2026년에도 명실상부 우승 후보다.

주장의 각오

김진수

"처음부터 팀으로 잘 싸워서 좋은 성적을 내고 싶다. 팀 성적이 우선이다. FC서울이 많은 승리를 통해 높은 위치에서 시즌을 마무리할 수 있도록 나부터 잘하는 모습을 보이겠다."

2 0 2 6 예 상 베 스 트 1 1

이적시장 평가

올 시즌 서울의 이적 시장은 명확한 목표를 가지고 움직이는 듯했다. 중심축은 그대로 두면서 부족한 부분만 채우는 행보였다. 최전방 후이즈, 수비형 미드필더 바베츠, 골키퍼 구성윤을 연달아 영입했다. 측면 공격수로 송민규도 품에 안았다. 기존 '에이스' 린가드가 팀을 떠났지만, 조영욱과 박성훈을 지키며 내부 단속도 비교적 성공했다. 개막 직전 야잔과의 극적인 재계약으로 '우승 스쿼드'에 방점을 찍었다.

저자 5인 순위 예측

윤진만	박찬준	김가을	김대식	이현석
3위_ 김기동 3년 차를 맞아 전력을 업그레이드했다. 특히, 최전방에 골을 넣을 수 있는 선수를 가미한 게 포인트다. 흐름을 타면 2파전을 3파전으로 바꿀 수 있을 듯.	**3위_** 스쿼드만 놓고보면 우승권이다. 후이즈, 구성윤으로 약점을 메웠고, 무엇보다 야잔의 잔류가 커 보인다. 김기동 감독의 우승이 경험없다는게 약점이다.	**6위_** 스쿼드만 보면 단단하다. 린가드는 없지만 역시나 화려하다. 그런데 전반적으로 3% 부족하다.	**4위_** 서울 팬들은 김기동 감독에 대한 '불호'가 커지고 있지만 김 감독은 최소한의 성적은 가져올 줄 아는 인물이다. 구성윤이 더 해졌고, 야잔도 잔류했기 때문에 공격만 개선하면 4위 이상 가능하다.	**3위_** 고질적인 문제였던 최전방에 K리그2 정상급 공격수를 추가했다. 후이즈가 모따의 신화를 이어간다면 아시아 무대 복귀도 꿈이 아니다.

김진수

1992년 6월 13일 | 34세 | 대한민국 | 177cm | 70kg

경력

알비렉스니가타(12~14)
▷ 호펜하임(14~16)
▷ 전북(17~20)
▷ 알나스르(20)
▷ 전북(21~24)
▷ 서울(25~)

K리그 통산기록

K리그1 – 197경기 11득점 26도움

대표팀 경력

74경기 2득점
2022 월드컵

김진수의 실력엔 의문의 여지가 없다. 그는 일찌감치 재능을 꽃피워 유럽 무대를 경험했다. 연령별 대표팀을 두루 거쳐 A대표팀에도 합류했다. 날카로운 왼발킥, 저돌적인 움직임으로 그라운드를 누볐다. 명실상부 '이영표 후계자' 였다. 전북 왕조의 일원으로 K리그 우승도 경험했다. 3% 아쉬움은 있었다. 바로 몸상태. 중요한 순간마다 부상으로 눈물을 흘렸다. 매 경기 경기장 위에 영혼까지 갈아넣은 탓에 몸이 성할 날이 없었다. 그러는 사이 시간이 훌쩍 지나 어느덧 30대 중반을 바라보는 나이가 됐다. 하지만 열정은 여전하다. 김진수는 그 누구보다 간절하게 새 시즌을 준비했다. 그는 "첫 번째 목표는 부상 없이 시즌 잘 마무리하는 것이다. 올해도 트레이너님들께 잘 부탁드려 다치지 않고 지난해보다 더 잘하고 싶은 마음"이라고 각오를 다졌다. 김진수에게 2026년은 더욱 특별하다. 전임주장이자 절친인 린가드가 떠난 뒤 FC서울의 캡틴 완장을 물려받았다. 맏형이기도 하다. 이제 자기 몫만 하던 시기는 지났다. 후배들도 이끌어줘야 한다. 서울이 레프트백을 따로 영입하지 않았다는 건 김진수를 '풀타임 풀시즌'용으로 활용하겠다는 선언이나 다름없다. 준비는 되어있다. 욕심도 있다. 올해도 서울의 '왼쪽'은 김진수다.

2025시즌 기록

5	3,323(37) MINUTES 출전시간(경기수)	2 GOALS 득점	8 ASSISTS 도움	0	4 WEEKLY BEST 11 주간베스트11

강점	날카로운 왼발킥, 안정적 수비력	특징	2026년 FC서울 캡틴
약점	부상 위험, 실수	별명	프리킥의 마법사

후이즈

Leonardo Acevedo Ruiz 1996년 4월 18일 | 30세 | 콜롬비아/포르투갈 | 188cm | 77kg

경력

아틀레티코나시오날(15~17)
▷스포르팅(17~21)
▷이스토릴프라이아(21~22)
▷히우아브(22~24)
▷성남(24~25)
▷서울(26~)

K리그 통산기록

K리그2 – 71경기 29득점 4도움

대표팀 경력

—

K리그2 무대에서 검증을 마쳤다. 2024시즌과 2025시즌 K리그2에서 각각 12골과 17골을 넣었다. 지난해 성남FC의 기적같은 플레이오프 진출을 이끌었다. 서울이 겨울 이적시장이 열리자마자 후이즈를 가장 먼저 영입한덴 이유가 있다. 서울은 지난해 '골 가뭄'에 시달렸다. 서울의 90분당 평균 기대득점(xG)은 1.23, 실제득점은 0.53에 그쳤다. 많은 기회를 잡고도 방점을 찍질 못해 고전했다. 후이즈는 수비진을 끌고 다니고, 수비진 사이 공간을 파고들 줄 안다. 높은 타점을 이용한 헤더 역시 장착했다. 기존 서울 공격수들과는 다른 특징이다. 서울 공격에 부족한 2%를 채울 수 있다. 서울은 후이즈를 영입하며 옛 기억을 떠올린다. 서울은 성남에서 뛰던 콜롬비아 출신 공격수 몰리나를 영입해 2012년 K리그1, 2025년 코리아컵 우승을 차지한 바 있다. 공교롭게 후이즈 역시 콜롬비아 출신이다. 서울 유니폼을 입고 새 도전에 나선 후이즈는 "서울이란 큰 팀에서 뛰게 돼 영광이다. K리그1 무대는 처음이지만 열심히 하겠다"며 자신감을 드러냈다. 서울은 클리말라, 안데르손, 조영욱, 천성훈 등도 보유했지만, 올 시즌 성패를 가를 공격수를 한 명 꼽자면 그건 후이즈다.

■K리그2 리그 기록

2025시즌 기록				
7	**3,391(38)** MINUTES 출전시간(경기수)	**17** GOALS 득점	**2** ASSISTS 도움	0

	7 WEEKLY BEST 11 주간베스트11

강점	공간 침투, 헤더 능력	특징	사랑꾼 골 세리머니
약점	K리그1는 처음이라	별명	몰리나 후계자 (몰리나 이후 두 번째 콜롬비아 국적 선수)

바베츠　Hrvoje Babec

1999년 7월 28일 | 26세 | 크로아티아 | 187cm | 77kg

경력

메스2(17~18)
▷엘리사바츠(18~19)
▷고리차(19~22)
▷리가(22~25)
▷오시예크(25)
▷서울(26~)

K리그 통산기록

2026시즌 K리그1 데뷔

대표팀 경력

—

김기동 감독은 2024년 서울에 부임한 뒤 줄곧 수비형 미드필더의 중요성을 강조했다. 다양한 조합으로 테스트를 진행했다. 하지만 딱 맞는 짝을 찾지 못했다. 김 감독 3년 차, 서울은 드디어 새 주인을 찾았다. '믿고 쓰는 크로아티아산 미드필더' 바베츠다. 바베츠는 압박, 탈압박, 패스, 중거리슛, 공중볼 장악, 위치 선정 등 수비형 미드필더가 갖춰야 할 능력을 두루 갖췄다. 프랑스 클럽 메스 유스, 크로아티아 연령별 대표 출신으로 크로아티아 명문 디나모 자그레브와 협상을 벌였을 정도로 전도유망한 유망주로 평가받았다. 커리어 대부분을 크로아티아, 라트비아 리그에서 뛴 바베츠는 새로운 변화를 모색하던 중 서울과 인연이 닿았다. 일찌감치 서울의 동계전지훈련에 합류해 발맞추기에 돌입했다. 아시아 무대는 처음인 만큼 빠른 적응이 필요하지만, 서울은 그가 '레전드' 오스마르(현 서울이랜드)만큼 활약해 주길 내심 바라고 있다. 서울은 오스마르가 중심을 든든하게 지키던 2016년 K리그1 정상에 올랐다. 바베츠는 "오스마르에 대한 얘기를 전해 듣고 영상을 봤다. 여러가지로 나와 많이 비슷한 것 같다. 오스마르처럼 되기 위해 최선을 다할 것이고, 그보다 더 잘하고 싶다"고 각오를 다졌다.

■크로아티아 1부 기록

2025시즌 기록				WEEKLY BEST 11
2	1,514(18) MINUTES 출전시간(경기수)	2 GOALS 득점	2 ASSISTS 도움	0
				- 주간베스트11

강점	포지셔닝, 패스 전개	특징	비교 대상이 오스마르
약점	스피드, 아시아 경험	별명	중원사령관

송민규

1999년 9월 12일 | 27세 | 대한민국 | 180cm | 72kg

경력

포항(18~21)
▷ 전북(21~25)
▷ 서울(26~)

K리그 통산기록

K리그1 – 205경기 43득점 26도움

대표팀 경력

14경기 1득점
2022 월드컵

'송스타' 송민규가 새 도전에 나섰다. 겨울 이적 시장을 통해 자유계약(FA)으로 FC서울에 합류했다. 이로써 송민규는 김기동 감독과 5년 만에 재회하게 됐다. 두 사람은 2020년 포항 스틸러스에서 호흡을 맞췄다. 당시 송민규는 K리그1 27경기에서 10골-6도움을 기록하며 '영플레이어상'을 거머쥐었다. 다만, 송민규가 2021시즌 도중 포항을 떠나 전북 현대로 떠나면서 한동안 '적'으로 만났다. 송민규는 전북에서 2021년, 2025년 K리그1 우승을 경험했다. 2022년과 2025년 코리아컵(구 FA컵) 정상에 올랐다. 특히 2025년엔 전북의 '더블'에 기여하며 K리그 베스트11 공격수 부문에 이름을 올렸다. 송민규는 주 포지션인 측면 공격뿐 아니라 다양한 공격 포지션을 소화할 수 있다. 김 감독은 그 누구보다 '송민규 사용법'을 잘 아는 만큼 둘의 케미에 기대가 모아진다. 송민규는 "김 감독님과의 재회가 무척 기대가 된다. 감독님이 연락했을 때 나도 꼭 다시 함께하고 싶다는 생각이 들었다. 이번 시즌 감독님과 좋은 폼을 보여줬던 그때보다 더 좋은 모습과 결과를 만들 수 있도록 최선을 다하겠다"라고 다짐했다.

2025시즌 기록

3	2,299(35) MINUTES 출전시간(경기수)	5 GOALS 득점	2 ASSISTS 도움	0	3 WEEKLY BEST 11 주간베스트11

강점	번뜩이는 움직임, 문전 침투	특징	김기동 감독 애제자
약점	스피드	별명	송스타

야잔
Yazan
Mousa Mahmoud Alarab

1996년 1월 31일 | 30세 | 요르단 | 187cm | 86kg

경력
알자지라(15~19)
▷ 알웨흐다트(19~21)
▷ 셀랑고르(22~23)
▷ 알쇼르타(23~24)
▷ 무아이다르(24)
▷ 서울(24~)

K리그 통산기록
K리그1 – 46경기 1득점

대표팀 경력
70경기 3득점
2023 아시안컵

야잔이 FC서울과의 동행을 이어간다. 2024년 여름 서울 유니폼을 입은 야잔은 팀의 '수비 리더'로 뒷문을 든든하게 지켰다. 2025년에만 K리그1 34경기에 나서 서울의 파이널A 진출에 힘을 보탰다. 그는 2025년 K리그1 베스트11 수비수 부문에도 이름을 올리며 K리그 최고 수비수로 인정 받았다. 그는 소속팀은 물론, 요르단 국가대표팀에서도 주장을 맡아 맹활약했다. 요르단을 2026년 북중미월드컵 본선 무대로 이끌었다. 요르단이 월드컵 본선 무대에 오른 것은 처음이다. 야잔은 맹활약 속 전 세계의 러브콜을 받았다. K리그는 물론이고 스페인 리그의 관심을 받는 것으로 알려졌다. 서울은 야잔 잡기에 총력을 기울였다. 쉽지 않은 협상을 뚫고 재계약에 성공했다. 야잔은 "서울은 나의 집 이며, 이곳에서 더 성장하겠다"고 다짐했다. 그는 뒤늦게 합류한 만큼 경기 체력을 끌어올리는 것은 물론이고 새 동료들과의 호흡도 빠르게 맞춰야 한다. 더욱이 서울은 스페인 출신 센터백 로스를 영입했다. 생존경쟁은 절대 피할 수 없다.

2025시즌 기록

2	3,060(34) MINUTES 출전시간(경기수)	1 GOALS 득점	1 ASSISTS 도움	0	3 WEEKLY BEST 11 주간베스트11

강점	K리그 적응까지 마친 수비 리더	특징	귀하디 귀한 왼발 센터백
약점	뒤늦은 합류, 경기 체력 및 감각은 괜찮나?	별명	요르단 김민재

구성윤

1994년 6월 27일 | 31세 | 대한민국 | 197cm | 95kg
경력 | 세레소오사카(13~14) ▷ 삿포로(14~20) ▷ 대구(20) ▷ 김천(21~22) ▷ 삿포로(23)
▷ 교토상가(24~25) ▷ 이랜드(25) ▷ 서울(26~)
K리그 통산기록 | K리그1 – 32경기 47실점 | K리그2 – 38경기 23실점
대표팀 경력 | 4경기 6실점 | 2016 올림픽

FC서울이 골문 불안을 해소할 방법으로 국가대표 출신 골키퍼 구성윤을 영입했다. 서울은 2025년 골문 불안에 시달렸다. 서울의 선택은 경험이 풍부한 '베테랑' 구성윤이었다. 그는 일본 세레소 오사카 유스 출신으로 J리그 무대에서 주로 활약했다. 군 문제 해결을 위해 대구FC, 김천 상무에서 뛴 경험은 있지만 주로 일본에서 활동했다. 그러다 지난해 중반 서울 이랜드(2부)에 합류해 날카로운 선방 능력을 선보였다. 구성윤은 이제 목동을 떠나 상암을 지키게 됐다. 구성윤이 김 감독의 손을 잡고 돌아온 K리그1 무대에서도 안정적인 경기력을 선보일 수 있을지 관심이 모아진다.

2025시즌 기록					3 WEEKLY BEST 11 주간베스트11	강점	약점
1	0	1,710(19) MINUTES 출전시간(경기수)	20 SAVE 선방	11 LOSS 실점		압도적 피지컬, 후방 빌드업	K리그1 무대는 오랜만이지?

로스
Juan Antonio Ros

1996년 3월 15일 | 30세 | 스페인 | 187cm | 78kg
경력 | FC바르셀로나B(15~16) ▷ 셀타비고(16~20) ▷ 비야레알B(20~21) ▷ 루고(21~22)
▷ 알바세테(22~25) ▷ 톈진(25) ▷ 서울(26~)
K리그 통산기록 | –
대표팀 경력 | –

FC서울의 '새 수비 리더'가 왔다. '스페인 명문' FC바르셀로나 유스팀인 라 마시아에서 활약했던 수비수 로스다. 그는 2015년 FC바르셀로나 B팀에서 프로에 데뷔했다. 당시 소속팀 동료가 백승호였다. 이후 바르셀로나를 떠나 셀타비고 B팀, 비야레알 B팀, 알바세테 등에서 뛰었다. 지난해엔 중국 슈퍼리그 톈진 진먼후 소속으로 29경기에 출전하며 핵심 수비 자원으로 뛰었다. 로스는 양발잡이로 빌드업시 안전하게 공을 전달해 줄 수 있는 유형으로, 지능적인 수비도 강점이다. 상황에 따라선 수비형 미드필더로 뛸 수 있어 팀의 전술 유연성에도 힘을 보탤 것으로 기대된다. 스페인 시절 실점으로 직결된 실수를 수차례 범하긴 했다.

2025시즌 기록					- WEEKLY BEST 11 주간베스트11	강점	약점
7	0	2,610(29) MINUTES 출전시간(경기수)	1 GOALS 득점	1 ASSISTS 도움		지능적 수비, 양발 활용	안정감

■ 중국 슈퍼리그 기록

박성훈

2003년 1월 27일 | 25세 | 대한민국 | 186cm | 76kg
경력 | 서울(22~)
K리그 통산기록 | K리그1 – 29경기 2득점
대표팀 경력 | –

FC서울 유스인 박성훈은 '육각형 센터백'으로 평가받는다. 빌드업을 통한 전진 능력, 나이에 비해 안정적인 경기력을 선보인다. 신장 186cm의 신체조건도 이상적이다. 상대의 수비 뒷공간 침투를 커버할 스피드도 장착했다는 평가다. 2025시즌 중반 일본으로 떠난 김주성의 뒤를 이어 야잔과 함께 서울의 후방을 지켰다. 다만 정상급 외인 공격수와의 일대일 대결에서 자주 밀리는 모습을 보였다. 그는 "서울 유스로 처음 함께했던 13세 때부터 10년간 이 팀의 유니폼을 입으면서 성장해 왔다. 앞으로도 제가 가장 잘 어울리는 옷을 입고 오랫동안 사랑받으면서 서울 선수로 함께 할 수 있도록 최선을 다해 뛰겠다"고 다짐했다.

2025시즌 기록					- WEEKLY BEST 11 주간베스트11	강점	약점
3	0	1,040(15) MINUTES 출전시간(경기수)	1 GOALS 득점	0 ASSISTS 도움		동나이대 최고 수준의 수비력	대인마크, 경험

이한도

1994년 3월 16일 | 32세 | 대한민국 | 186cm | 80kg
경력 | 전북(16) ▷ 광주(17~21) ▷ 수원FC(22) ▷ 부산(22~24) ▷ 서울(25~)
K리그 통산기록 | K리그1 – 88경기 2득점 | K리그2 – 138경기 7득점
대표팀 경력 | –

이한도는 광주, 부산 등에서 주전으로 뛰며 차곡차곡 경험을 쌓았다. 적극적인 수비력, 리더십에서 특히 높은 점수를 받았다. 몸을 아끼지 않는 수비로 '헌신의 아이콘'으로도 불린다. 경기 후 그의 유니폼은 늘 흙과 땀을 뒤범벅되어 있다. 이한도는 2025년 서울에 입성하며 기대감을 키웠다. 하지만 3년 만에 돌아온 K리그1 무대에서 제 기량을 발휘하지 못했다. 부상으로 한동안 재활에 몰두했다. 올해는 달라야 한다. 그는 올 시즌 서울의 부주장이다. 또한, 결혼으로 가정도 꾸렸다. 이한도는 "서울이 좋은 방향으로 더 높은 위치에 갈 수 있도록 최선을 다하겠다"고 굳은 각오를 다졌다.

		2025시즌 기록			1 WEEKLY BEST 11 주간베스트11	강점	약점
1	0	**536(7)** MINUTES 출전시간(경기수)	**0** GOALS 득점	**0** ASSISTS 도움		리더십	투박한 플레이 스타일

최준

1999년 4월 17일 | 27세 | 대한민국 | 177cm | 72kg
경력 | 울산(20) ▷ 경남(20) ▷ 부산(21~23) ▷ 서울(24~)
K리그 통산기록 | K리그1 – 68경기 2득점 | K리그2 – 114경기 7득점
대표팀 경력 | 1경기

최준은 2019년 20세 이하 월드컵 준우승, 2023년 열린 항저우아시안게임 금메달 등 연령별 대회에서 한국의 굵직한 성과에 힘을 보탰다. 2024년 FC서울의 유니폼을 입고 K리그1 무대에 도전했다. 성공적이었다. '미드필더 최준'의 가능성도 입증했다. 하지만 2025년엔 천당과 지옥을 오갔다. 준수한 경기력을 보이는 것 같으면서도 기복 있는 플레이로 고개를 숙였다. 올해는 한 단계 더 올라갈 시간이다. 그는 부주장으로 서울의 리더십 그룹에 합류했다. "다른 목표보다는 눈앞에 있는 첫 경기부터 승리하고 차근차근 많은 승점을 쌓을 수 있도록 잘 준비하겠다."

		2025시즌 기록			1 WEEKLY BEST 11 주간베스트11	강점	약점
7	1	**2,633(32)** MINUTES 출전시간(경기수)	**1** GOALS 득점	**1** ASSISTS 도움		활동량, 뒷공간 커버	빌드업, 크로스

함선우

2005년 1월 28일 | 21세 | 대한민국 | 191cm | 88kg
경력 | 화성(25) ▷ 서울(26~)
K리그 통산기록 | K리그2 – 24경기 1득점
대표팀 경력 | –

어린 시절부터 '대형 센터백'으로 기대를 모았다. 2024년 FC서울에 입단한 뒤 한 경기도 나서지 못했지만, 2025년 화성으로 임대 이적하며 재능을 뽐냈다. 그는 차두리 화성 감독 밑에서 꽤 많은 기회를 받으며 착실히 성장했다. 그는 지난해 K리그2 24경기를 소화했다. 하지만 그는 그라운드에서 감정 컨트롤에 실패하며 다소 아쉬움을 남겼다. 심판을 모욕하는 손동작으로 중징계를 받기도 했다. 2026년은 그에게 도전의 시즌이다. 서울, 그리고 K리그1 무대에서 자신의 가치를 입증해야 한다. 그는 한때 잉글랜드 챔피언십(2부)의 관심을 받는다는 얘기도 있었다. 우선은 K리그1에서 이름을 알려야 한다.

		2025시즌 기록			1 WEEKLY BEST 11 주간베스트11	강점	약점
3	1	**1,872(24)** MINUTES 출전시간(경기수)	**1** GOALS 득점	**2** ASSISTS 도움		무궁무진한 잠재력	부족한 감정 컨트롤

박수일

1996년 2월 22일 | 30세 | 대한민국 | 178cm | 68kg

경력 | 김해시청(17) ▷ 대전(18~19) ▷ 성남(20~22) ▷ 서울(23) ▷ 김천(24~25) ▷ 서울(25~)
K리그 통산기록 | K리그1 – 163경기 11득점 | K리그2 – 64경기 1득점
대표팀 경력 | –

성실하고 묵묵히 걸어왔다. 박수일은 대학 졸업 뒤 프로 진출에 실패했다. 내셔널리그에서 포기하지 않고 노력한 덕분에 프로에 입문할 수 있었다. 박수일은 양발을 자유롭게 사용해 좌우 풀백 모두 소화할 수 있다. 최대 강점은 역시나 날카로운 킥이다. 거리를 가리지 않고 시원시원한 중거리 슈팅으로 상대 골문을 위협한다. 측면 부메랑 크로스도 장착했다. 공을 잡았을 때 기대감을 모으는 선수다. 다소 늦은 나이에 입대. 김천에서 복무를 마치고 서울로 돌아왔다. 경쟁은 불가피했다. 2025년 선발과 교체로 오가며 '선방'했다. 이제 다시 시작이다. 박수일은 올 시즌 풀백 경쟁을 이겨내고 강점을 극대화해야 '리딩 클럽' 서울에서 살아남을 수 있다.

		2025시즌 기록			1 WEEKLY BEST 11 주간베스트11	강점	약점
3	0	2,572(32) MINUTES 출전시간(경기수)	2 GOALS 득점	2 ASSISTS 도움		날카로운 킥, 에너지	압박, 볼 컨트롤

문선민

1992년 6월 9일 | 34세 | 대한민국 | 171cm | 66kg

경력 | 외스테르순드(12~15) ▷ 유르고덴스(15~16) ▷ 인천(17~18) ▷ 전북(19~20) ▷ 상무(20~21) ▷ 전북(21~24) ▷ 서울(25~)
K리그 통산기록 | K리그1 – 261경기 56득점 | K리그2 – 1경기
대표팀 경력 | 21경기 2득점 | 2018 월드컵

문선민의 전매특허 '관제탑 댄스'는 FC서울에서도 계속됐다. 문선민은 2025년을 앞두고 서울의 유니폼을 입었다. 2025시즌 출전 시간은 1611분에 그쳤지만, 짧은 시간 뛰면서도 임팩트는 엄청났다. 6득점-3도움을 기록했다. 빠른 발, 번뜩이는 돌파로 서울의 돌격대장 역할을 톡톡히 했다. 2선까지 내려와 공을 받는 역할에 치중하는 린가드, 안데르손과는 다른 방식으로 팀에 기여했다. 신나는 세리머니는 '덤'이었다. 하지만 숱한 일대일 찬스를 날려 아쉬움을 남기기도 했다. 골문 앞에만 가면 작아지는 약점을 고스란히 노출했다. 문선민은 올 시즌 김진수와 함께 1992년생 '맏형 라인'을 형성하게 됐다. 그라운드 밖에서의 리더십도 중요한 시즌이다.

		2025시즌 기록			6 WEEKLY BEST 11 주간베스트11	강점	약점
1	0	1,611(35) MINUTES 출전시간(경기수)	6 GOALS 득점	3 ASSISTS 도움		분위기를 바꾸는 번뜩임	결정력

손정범

2007년 9월 28일 | 19세 | 대한민국 | 184cm | 65kg

경력 | 서울(26~)
K리그 통산기록 | –
대표팀 경력 | –

FC서울이 또 한 번 '유스 대박'을 칠 분위기다. 산하 유스팀 오산중-오산고 출신 손정범이 팬들의 눈길을 확실히 사로잡았다. 포항으로 떠난 손승범의 동생이다. 그는 서울의 2026년 첫 공식전이던 비셀 고베와의 아시아챔피언스리그 엘리트 대결에서 선발로 깜짝 출전했다. 바베츠와 더블 볼란치로 나서 안정적인 연계, 수비 적극 가담 등을 선보였다. 오산고 시절부터 높은 평가를 받던 바로 그 실력을 유감없이 뽐냈다. 3선 고민이 깊었던 '김기동호'엔 더더욱 반가운 얼굴이다. 팬들 사이에선 '한국의 주드 벨링엄이 되길 기대한다'는 바람이 나온다. 손정범은 잉글랜드 진출 가능성도 엿봤지만, 일단 서울에서 프로 첫 테이프를 끊기로 했다.

		2025시즌 기록			- WEEKLY BEST 11 주간베스트11	강점	약점
-	-	-(-) MINUTES 출전시간(경기수)	- GOALS 득점	- ASSISTS 도움		공수 검장, 창의적인 플레이	몸싸움, 경험

안데르손

1998년 7월 16일 | 28세 | 브라질 | 171cm | 70kg
경력 | 론드리나(18~19) ▷ 포르티모넨시(19~23) ▷ 고이야스(23~24) ▷ 수원FC(24~25)
▷ 서울(25~)
K리그 통산기록 | K리그1 – 75경기 13득점
대표팀 경력 | –

안데르손은 2024년 K리그에 데뷔하자마자 존재감을 선보였다. K리그 38경기에서 7득점–13도움을 기록하며 단박에 K리그1 최고 공격수로 자리잡았다. 2025년에도 전반기 20경기에서 5득점–6도움을 배달하며 매서운 발끝을 자랑했다. 그는 '빅 클럽' FC서울의 러브콜을 받고 이적했다. 하지만 안데르손은 제시 린가드와의 공존에서 어려움을 겪었다. 서울 유니폼을 입고 17경기에서 1득점–3도움에 그쳤다. 올 시즌은 다르다. 린가드가 빠진 서울 공격진, 안데르손이 핵심이 될 가능성이 농후하다. 그는 공격형 미드필더지만 상황에 따라선 투톱, 혹은 처진 스트라이커로 뛸 수 있다. 안데르손이 다시 한번 존재감을 빛내야 할 때다.

2025시즌 기록						강점	약점
4	0	3,069(37) MINUTES 출전시간(경기수)	6 GOALS 득점	8 ASSISTS 도움	3 WEEKLY BEST 11 주간베스트11	남다른 테크닉, 압박	FC서울 적응은 마쳤나요?

정승원

1997년 2월 27일 | 22세 | 대한민국 | 176cm | 73kg
경력 | 대구(17~21) ▷ 수원삼성(22~23) ▷ 수원FC(24) ▷ 서울(25~)
K리그 통산기록 | K리그1 – 238경기 21득점
대표팀 경력 | 2경기 | 2020 올림픽

'축구 아이돌'로 유명한 정승원은 보이는 것과는 다르게 터프한 플레이를 구사한다. 왕성한 활동량, 폭 넓은 커버력을 자랑한다. 멀티 재능이라는 점도 큰 무기다. 공격형 미드필더와 수비형 미드필더를 두루 오가는 것은 물론이고 윙어, 심지어 풀백까지 다양한 포지션을 소화할 수 있다. 2025시즌 3선 미드필더로 영입된 정승원은 주로 측면 미드필더로 나섰다. 활약은 2% 부족했다. 어깨를 다친 뒤 특유의 에너지가 줄어들었다. 정승원, 김진수 등의 에너지가 꼭 필요한 서울엔 큰 타격이었다. 하지만 공격 성향이 강한 선수들이 즐비한 상황에서 정승원의 전투적이면서도 다재다능한 모습은 서울이 정상을 향해 가는 데 큰 힘이 될 수 있다.

2025시즌 기록						강점	약점
3	0	2,456(33) MINUTES 출전시간(경기수)	2 GOALS 득점	5 ASSISTS 도움	2 WEEKLY BEST 11 주간베스트11	넘치는 에너지, 유틸리티	가끔 너무 과도한 열정

황도윤

2003년 4월 9일 | 23세 | 대한민국 | 176cm | 77kg
경력 | 서울(23~)
K리그 통산기록 | K리그1 – 44경기 1득점
대표팀 경력 | –

FC서울의 새로운 엔진이다. 프로 첫 시즌 1경기 출전에 그쳤지만 김기동 감독을 만난 뒤 잠재력을 폭발했다. 2024년 선배들의 부상 공백을 훌륭하게 채우며 눈도장을 찍었고, 2025년엔 확실한 주전으로 자리잡았다. 그는 중원에서 엄청난 활동량을 앞세워 공수 윤활유 역할을 톡톡히 하고 있다. 허를 찌르는 전진패스, 공간패스가 일품이다. 그만큼 시야가 넓다는 뜻이다. 다만, 아쉬움은 있다. 프로에 온 뒤 잦은 부상에 시달렸다. 지난해 처음으로 풀타임 소화하고 연령별 대표로도 뛰면서 후반기엔 폼이 떨어졌다. K리그1 확실한 주전을 위해선 그에 걸맞은 컨디션도 필수적이다.

2025시즌 기록						강점	약점
2	0	2,199(34) MINUTES 출전시간(경기수)	1 GOALS 득점	4 ASSISTS 도움	2 WEEKLY BEST 11 주간베스트11	강력한 에너지, 전진패스	체력, 섬세함

조영욱

1999년 2월 5일 | 27세 | 대한민국 | 178cm | 73kg
경력 | 서울(18~22) ▷ 김천(23) ▷ 서울(24~)
K리그 통산기록 | K리그1 – 206경기 34득점 | K리그2 – 28경기 13득점
대표팀 경력 | 4경기 1득점

FC서울의 '전설'을 향해 걸어가고 있다. 조영욱은 2018년 특급 유망주로 평가받으며 서울에 입단한 이후 통산 229경기를 소화했다. 1983년 창단한 서울의 역사에서 최다 출전 14위에 랭크돼 있다. 조영욱은 이제 이 대기록을 이어가고자 한다. 그는 올 시즌을 앞두고 서울과 재계약했다. 그렇다고 주전이 보장된 건 아니다. 후이즈, 클리말라뿐 아니라 정승원과의 경쟁도 이겨내야 한다. '슈팅몬스터'가 부활하지 않으면 입지를 잃는 건 순식간이다. 특유의 슈팅 능력과 침투 능력을 뽐내야 한다. 활용 가치는 충분하다. 조영욱은 "서울 엠블럼을 가슴에 달고 최선을 다하겠다"라고 말했다.

2025시즌 기록					2 WEEKLY BEST 11 주간베스트11	강점	약점
1	0	2,134(34) MINUTES 출전시간(경기수)	7 GOALS 득점	2 ASSISTS 도움		공격 전 포지션 소화, 슈팅	공격수는 골로 보여줘야 한다

천성훈

2000년 9월 21일 | 25세 | 대한민국 | 191cm | 84kg
경력 | 아우크스부르크(19~21) ▷ 홈부르크(21~22) ▷ 인천(23~24) ▷ 대전(24~25) ▷ 서울(25~)
K리그 통산기록 | K리그1 – 49경기 9득점
대표팀 경력 | –

천성훈은 파란만장한 2025년을 보냈다. 그는 지난해 6월 성범죄 혐의로 경찰 수사를 받았다. 경찰이 불송치(혐의없음) 하면서 혐의를 벗었다. 그에게 내려졌던 K리그 활동 정지 조치도 해제됐다. 하지만 불운은 여기서 끝이 아니었다. 그는 발목 부상으로 수술대에 오르기도 했다. 이제 다시 시작이다. 천성훈은 지난 시즌 여름 이적 시장에 서울 유니폼을 입었지만, 올해가 첫 시즌이나 마찬가지다. 그는 큰 키를 바탕으로 한 제공권에 강점이 있다. 상대 수비 경합에서 볼을 지키는 능력이 뛰어나다. K리그에서 검증된 '뚝배기'는 천성훈이 유일하다. 특급 조커로 활약할 것으로 기대된다.

2025시즌 기록					- WEEKLY BEST 11 주간베스트11	강점	약점
0	0	62(9) MINUTES 출전시간(경기수)	1 GOALS 득점	0 ASSISTS 도움		포스트플레이, 공중볼 장악	잦은 부상, 경기 감각

클리말라　　　　　　　　　　　Patryk Klimala

1998년 8월 5일 | 28세 | 폴란드 | 183cm | 79kg
경력 | 야기엘로니아비아우이스토크(16~20) ▷ 셀틱(20~21) ▷ 뉴욕레드불스(21~22) ▷ 하포엘베르셰바(23) ▷ 실롱스크브로츠와프(23~25) ▷ 서울(25~)
K리그 통산기록 | K리그1 – 4경기 1득점
대표팀 경력 | –

FC서울 역사상 첫 폴란드 선수로 큰 관심을 모았다. 커리어도 화려했다. 셀틱(스코틀랜드), 뉴욕레드불스(미국), 하포엘베르셰바(이스라엘), 시드니(호주) 등에서 뛰며 경험을 쌓았다. 빠른 발, 넓은 활동 반경 등에서 강점을 보인다. 아시아챔피언스리그에서 폭발적인 활약으로 김기동 감독의 눈도장을 찍었다. 문제는 그의 장점을 보여줄 시간이 없었다는 것이다. 클리말라는 부상으로 K리그 4경기 출전에 그쳤다. 그는 올 시즌 서울의 첫 공식 경기였던 비셀 고베와의 아시아챔피언스리그 엘리트에서 교체 투입되며 기대감을 높였다. 그의 득점이 서울을 더 높은 곳으로 이끌 수 있다.

2025시즌 기록					- WEEKLY BEST 11 주간베스트11	강점	약점
0	0	158(4) MINUTES 출전시간(경기수)	1 GOALS 득점	1 ASSISTS 도움		반박자 빠른 슈팅	부상 여파

전지적 작가 시점

김가을이 주목하는 서울의 원픽!
바베츠

FC서울 '중원의 엔진'이 합류했다. 크로아티아 연령별 대표팀 출신 바베츠를 품에 안았다. '서울 3선'은 김기동 감독이 아직 풀지 못한 숙제다. 김 감독은 2024년 부임 뒤 다양한 선수 조합을 통해 중원 사령탑을 테스트했다. 하지만 만족할 결과를 얻지 못했다. 중원에서의 잦은 실수, 상대에 밀리는 속도 등으로 어려움을 겪었다. 린가드를 앞세운 리그 최고 레벨의 공격진을 구성하고도 기대만큼의 승점을 쌓지 못한 이유다. 새로 합류한 바베츠는 수비형 미드필더지만 박스 투 박스 미드필더, 센터백까지 볼 수 있는 다재다능한 자원이다. 루카 모드리치, 이반 라키티치, 마르셀로 브로조비치 등 수많은 '월클 미들'을 배출한 크로아티아 출신이라는 점에서부터 기대감이 높아진다. 서울은 스페인 출신 오스마르(현 서울 이랜드)가 허리를 든든하게 지켜주던 2016년 마지막으로 K리그1 우승을 거머쥐었다. 바베츠는 서울의 '10년 무관 한'을 풀 키 플레이어다. 바베츠는 서울의 유니폼을 입은 뒤 "최고의 팀에 온 만큼 그에 걸맞은 목표를 세워야 할 것 같다"며 "팬들이 (나를) 오스마르와 비슷하다고 얘기해주시는 것에 감사하다. 오스마르처럼 되기 위해 최선을 다하겠다. 어쩌면 그보다 더 잘하고 싶다"고 다짐했다.

지금 서울에 이 선수가 있다면!
린가드

'잉글랜드 특급' 린가드의 존재감은 매우 컸다. 등장부터 화려했다. 공항에서부터 팬들의 엄청난 응원을 받으며 입국했다. 예능 프로그램에서도 관심을 보였고, 그가 골을 넣고 피리라도 불 때면 '상암벌'은 들썩였다. 린가드를 향한 환호 속에서도 의심의 눈빛은 있었다. '한국에 세일즈하러 온 것 아니냐'는 부정적 시선이었다. 처음엔 그의 플레이에 물음표가 붙었던 것도 사실이다. 하지만 이는 단지 K리그에 적응하는 시간, 몸을 끌어올리는 시간이 필요했던 것뿐이었다. 린가드는 그라운드 안팎에서 제 몫을 톡톡히 해냈다. 2024년 K리그1 26경기에서 6득점 3도움을 기록했고, 2025년엔 34경기에서 10득점 4도움을 남겼다. 그는 어수선한 팀 상황 속에서도 주장으로서 중심을 지켰다. 서울은 린가드와 함께 두 시즌 연속 파이널A에 안착했다. 축구를 향한 진심. 린가드의 열정은 서울에 큰 힘이었다. 김기동 감독은 안데르손에게 린가드의 대체자, 즉 '10번' 역할을 맡길 계획이지만, 시즌을 치르면서 린가드의 남다른 워크에식과 공간을 활용하는 천부적 재능, 차이를 만드는 오른발이 때때로 그리울 수 있다. 린가드가 소속팀을 찾지 못해 다시 상암으로 돌아온다면 10년만의 우승 도전에 더욱 탄력을 받을 것이다.

신창무
프리드욘슨
안영규
주세종
최경록
김경민
이민기
하승운
박정인
유제호
권성윤
민상기
안혁주
노희동
공배현
김윤호
박원재
정지훈
문민서
김진호
오하종
강희수
정규민
홍용준
곽성훈

광주FC

광 주 光 州 는　위 기 에　빛 光 난 다

광주FC

광주는 K리그의 태풍 같은 구단으로 비상하고 있다. 2010년 창단한 광주의 역사는 승격과 강등의 반복이었다. 그랬던 광주는 이정효 감독을 만나 세간의 주목을 받는 팀이 되어 '노란 돌풍'을 일으켰다. 2022시즌 압도적인 전력으로 K리그2 우승, 1부 승격을 이뤄낸 후 2023시즌 구단 역대 최고 성적인 K리그1 3위, 2024시즌 AFC 챔피언스리그엘리트 8강 진출, 2025시즌 코리아컵 첫 결승 진출(준우승)과 같은 위업을 세웠다. 암면(暗面)도 있었다. 아사니의 연대기여금 미지급 논란, K리그 재정건전화 제도 1호 위반이 잇달아 발생해 구단 이미지를 깎아먹었다. 선수들이 축구를 배우러 오고 싶지만, 규정 위반으로 선수를 영입하지 못하는 팀, 광주의 두 얼굴이다. 2025년 겨울은 차가웠다. 이정효 감독이 새로운 도전을 선언하며 광주를 떠나 수원삼성으로 향했다. 덩그러니 남겨진 광주는 남기일, 박진섭, 이정효처럼 젊은 사령탑을 선임하는 기조대로 '이정효 오른팔' 이정규 감독을 파격 선임하며 '이정효 DNA'를 유지했다. 광주는 본디 '위기 탈출 DNA'도 장착했다. 작금의 시련도 이겨낼 거란 자신감이 있다. 시계를 2022년으로 되돌려보자. 광주가 '초보 감독' 이정효를 선임했을 때 다들 두 팔 벌려 환영했었던가?

구단 소개

정식 명칭	광주시민프로축구단
구단 창립	2010년 12월 16일
모기업	시민구단
상징하는 색	노란색, 적갈색
경기장(수용인원)	광주축구전용구장 (10,007명)
마스코트	보니, 화니
레전드	정조국, 나상호, 이종민, 여름, 이으뜸 등
서포터즈	빛고을
커뮤니티	옐로우 블러드

우승

K리그	2회 (2019, 2022 – K리그2)
코리아컵(FA컵)	–
AFC챔피언스리그(ACL)	–

최근 5시즌 성적

시즌	K리그	코리아컵(FA컵)	ACL
2025시즌	7위	준우승	8강
2024시즌	9위	4강	–
2023시즌	3위	8강	–
2022시즌	1위 (2부)	16강	–
2021시즌	12위	3라운드	–

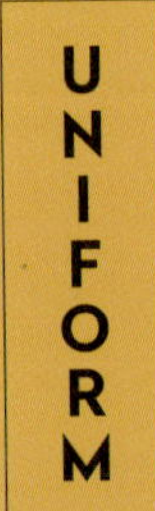

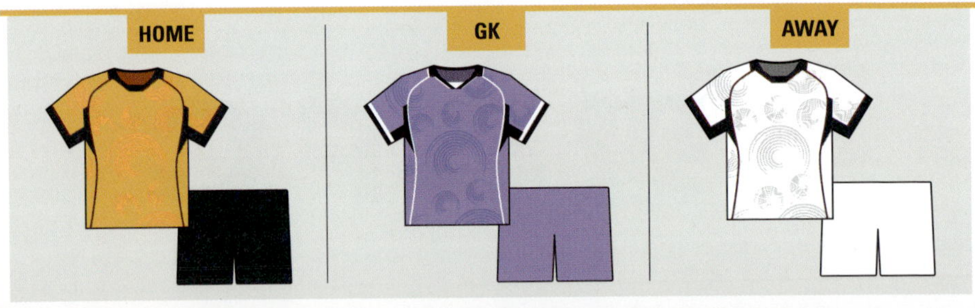

이정규

1982년 7월 10일 | 44세 | 대한민국

K리그 전적
2026시즌 K리그1 감독 데뷔

이정규 감독은 떠오르는 '제2의 이정효'다. 프로 선수로 이름을 알린 이정효 감독은 '무명 흙수저' 이정규 감독 앞에선 '은수저'다. 일찍 선수를 그만둔 후 바닥부터 지도자 커리어를 쌓았다. 고등학교, 대학 무대 코치를 거쳐서 프로에 입성했다. K리그2, 중국 리그까지 경험하면서 지도자로서 폭을 넓혔다. 2022시즌 이정효 감독의 수석코치로 광주와 연을 맺고, 광주의 황금기를 함께 열어젖혔다. 2025시즌에는 서울이랜드 수석코치로 뛰었다. 친정 광주로 돌아와 사령탑으로서의 첫걸음을 시작한다. 2026시즌 K리그1 최연소 감독이다. 창의적인 전술 아이디어와 전술 분석은 이미 축구계에 유명하다. 그 아이디어를 경기장에서 구현하기 위해 부단히 노력 중이다. 다만 광주의 상황은 초보 감독에게는 가혹할 정도로 어려운 상태. 그럼에도 이정규 감독은 불평하지 않고 2026시즌 돌풍을 준비했다.

선수 경력

고양 KB국민은행

지도자 경력

우석대 수석코치	동의대 수석코치	리장 코치	부경고 수석코치	아산무궁화 코치	충남아산 코치	광주 수석코치	서울이랜드 수석코치	광주 감독(26~)

주요 경력

광주 K리그2 우승	광주 AFC 챔피언스리그엘리트 8강

선호 포메이션	4-4-2	3가지 특징	공격적인 현대축구	전술적 아이디어	젊은 리더십

STAFF

코치	GK코치	피지컬코치	분석코치	선수 트레이너	전력분석관	통역
이상용 김광석	김병곤	박근영	김기현	김광태 박순호 이인성	김정훈	유재학

2 0 2 5　R E V I E W

아디다스 포인트로 보는 광주의 2025시즌 활약도

2025시즌 광주는 여러 의미로 쉬운 팀이 아니었다. 상대를 쉽게 이기지도 못했지만 쉽게 무릎을 꿇지도 않았다. 어려운 사정 속 AFC 챔피언스리그엘리트(ACLE)와 코리아컵 일정을 병행했다. 15라운드부터 10경기 동안 1승밖에 거두지 못했고, 이는 파이널 라운드B로 향하는 제일 큰 이유가 됐다. 그 와중에 헤이스는 최전방에서 두 자릿수 득점(10골), 훌륭한 1차 저지선 역할을 해내며 팀 내 최고 다이나믹 포인트를 기록했다. 최소 실점 2위를 뒷받침한 수비수 변준수(전체 38위), 조성권(전체 66위), 골키퍼 김경민(전체 56위)이 높은 포인트를 얻었다. 단단한 수비는 광주가 리그에서 안정적인 7위 성적으로 잔류하고, 사상 첫 코리아컵 결승에 오르는 원동력이 됐다.

2025시즌 아디다스 포인트 상위 20명　　■ 포인트 점수

포지션 평점

FW 🍍

MF 🍍 🍍

DF 🍍 🍍 🍍

GK 🍍 🍍 🍍

출전시간 TOP 3

1위	헤이스	3,281분
2위	김경민	2,936분
3위	조성권	2,848분

득점 TOP 3

1위	헤이스	10골
2위	아사니	8골
3위	오후성, 박인혁	4골

도움 TOP 3

1위	최경록	4도움
2위	오후성, 신창무	3도움
3위	헤이스, 아사니, 변준수	2도움

주목할 기록

116.8	2025시즌 광주 활동량 전체 1위
10	헤이스, 2020년 이후 5년 만에 광주 두 자릿수 득점자

성적 그래프

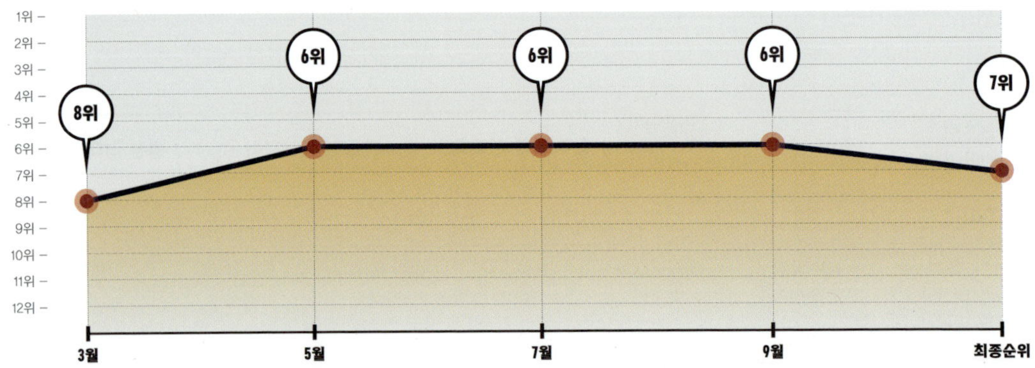

2026 시즌 스쿼드 운용 & 이적 시장 인앤아웃

IN

이윤성_사간도스
박원재_경남
공배현 김용혁
정규민 오하종
_신인

OUT

조성권_대전
변준수_전북
진시우_포항
이강현_입대
헤이스_수원삼성
박인혁_대구
김한길_용인
김태준_화성
오후성_인천
심상민_울산

FW

하승운	박정인	정지훈	안혁주
권성윤	김윤호	오하종	프리드욘슨

MF

주세종	최경록	유제호	신창무
강희수	정규민	문민서	홍용준

DF

이민기	안영규 ⓒ	곽성훈	김용혁
공배현	김진호	박원재	민상기

GK

김경민	노희동	김동화	이윤성

ⓒ 주장

기대보단 우려가 크다. 광주에서는 이정효 감독만 떠난 게 아니다. 핵심 전력 헤이스, 변준수, 조성권, 오후성 등이 떠났다. 주축의 반이 사라졌다고 해도 과언이 아니다. 광주는 재정건전화 규정 위반 징계로 인해서 '난 자리'를 채울 수 없다. 박원재, 이윤성을 영입했지만 선수 등록이 가능한 6월부터 뛸 수 있다. 필드 플레이어 인원이 모자라 전지훈련도 힘겹게 진행했다. 체력 훈련에 더 집중한 이유다. 시즌 중엔 부상 변수 관리가 중요하다. 여름 이적시장이 열리기 전까지는 기존 자원의 재발견이나 새 유망주들의 성장에 기댈 수밖에 없다. 이정규 감독이 기대를 거는 김용혁, 공배현, 김윤호 같은 신인이 빠르게 녹아들길 바라야 한다. 미드필더 주세종은 팀 사정상 좀 더 공격적인 롤을 맡을 것으로 예상된다. 코리아컵 결승에서 광장한 존재감을 보인 최장신 스트라이커 프리드욘슨의 책임감이 막중하다. 전반기에 잘 버티면 후반기엔 새로운 선수가 영입돼 스쿼드가 힘을 받을 수 있다.

주장의 각오

안영규

"다시 주장을 맡게 돼 약간의 부담감도 있지만, 믿고 맡겨준 만큼 선수단이 하나로 뭉칠 수 있도록 역할을 잘 해내겠다."

2 0 2 6   예 상   베 스 트   1 1

이적시장 평가

광주가 강등권 전력으로 평가받는 이유는 이적시장에서 플러스보다 마이너스가 눈에 띄게 많아서다. 선수 등록을 하지 못하는 초유의 사태에 직면해 기존 선수 붙잡기에 총력을 다했다. 광주의 '오피셜'은 대부분 '재계약'이었다. 여름에 대비해 일찌감치 J리그 출신 골키퍼 이윤성과 만능 풀백 박원재를 영입해둔 건 소득이라면 소득이다. 광주는 이정효 감독 시대에도 그랬듯 신인들의 성장이 너무 중요해졌다. 공배현이라는 원석을 전지훈련에 발견해 작은 수확이 있다.

저자 5인 순위 예측

· 윤 진 만 ·	· 박 찬 준 ·	· 김 가 을 ·	· 김 대 식 ·	· 이 현 석 ·
12위_선수를 등록할 수 없어 선수 숫자 자체가 부족하다. 초보감독 이정규 감독의 눈높이는 높지만, 그의 전술을 이행할 자원이 많지 않다는 게 걸린다.	**12위**_'본체' 이정효가 떠났다. 이것만으로도 50% 이상의 손실인데, 선수 등록도 하지 못한다. 차포에 상마까지 뗐는데 살아남는건 기적에 가까운 일이다.	**12위**_지난 몇 년 동안 광주의 중심을 잡았던 이정효 감독이 떠났다. 새 선수 영입 길도 막혔다. 객관적 전력만 놓고 봤을 때 반짝이는 돌파구가 없다.	**11위**_언제나 강등권이라는 평가를 받았지만 틀렸다는 걸 증명했다. 이정효 감독이 있었을 때의 이야기지만 이정규 감독도 광주의 힘을 확인했다. 누가 봐도 어려운 팀에는 악바리 정신도 있다.	**12위**_이정효 없는 광주, 영입 금지라는 악재까지 겹쳤다. 각오만으로는 극복하기 어려운 것들이 있다. 2026년은 광주에게 냉혹한 해가 될 예정이다.

신창무

1992년 9월 17일 | 34세 | 대한민국 | 170cm | 70kg

40
MF

신창무

WEEKLY　BEST 11

경력

대구(14~17)
▷상주(18~19)
▷대구(19~20)
▷강원(21~23)
▷광주(24~)

K리그 통산기록

K리그1 – 154경기 10득점 7도움
K리그2 – 52경기 1득점 1도움

대표팀 경력

–

1992년생 베테랑이지만 2025시즌 광주의 '새로운 발견'이라고 해도 이상하지 않다. 대구 유스 출신으로 '대팍'에서 1군 데뷔도 했다. 2014, 2015시즌을 거친 뒤 2016시즌부터 본격적으로 주전으로 뛰었다. 중앙 미드필더로서 잠재력을 보여주며 미래를 기대하게 했다. 그러나 신창무는 다시 주전에서 밀렸고, 상주에서 보낸 군 복무 시절에도 많은 경기에 뛰지 못했다. 2021년 대구 생활을 마무리하고 강원으로 이적했다. 강원에서도 선발과 교체를 오가며 두 시즌을 보냈다. 2023년 광주로 합류한 후 기대치를 충족하지 못했다. 2024시즌에도 교체용 선수였다. 2025년 6월부터 신창무의 커리어가 달라졌다. 에이스 아사니가 떠난 후 이정효 감독은 신창무에게 공격적인 역할을 맡겼고, 신창무는 새 역할에서 빛나기 시작했다. 탈압박의 진가를 보여주면서 광주 공격의 연결고리 역할을 완벽히 수행했다. 신창무는 광주 팬들의 기대 이상의 퍼포먼스로 에이스로 등극했다. 광주 서포터즈가 선정한 시즌 MVP로 뽑힌 이유가 있다. 이정규 감독 체제에서는 역할이 더 커진다. 부주장까지 맡아서 리더십까지 발휘해야 한다. 신창무가 부상 없이 시즌을 소화해야 광주가 목표하는 성적에 도달할 수 있다.

2025시즌 기록

3	1,366(23) MINUTES 출전시간(경기수)	2 GOALS 득점	3 ASSISTS 도움	0	2 WEEKLY BEST 11 주간베스트11

강점	탈압박, 기술력	특징	패션리더
약점	크로스	별명	무드리치

프리드욘슨

Hólmbert Aron Briem Friðjónsson

1993년 4월 19일 | 32세 | 아이슬란드 | 196cm | 85kg

경력

HK(10~11)
▷프람(11~14)
▷셀틱(14~15)
▷브뢴비(14~15)
▷KR레이캬비크(15~17)
▷스탸르난(16~18)
▷올레순(18~20)
▷브레시아(20~21)
▷홀슈타인킬(21~22)
▷릴레스트룀(22)
▷홀슈타인킬(23~24)
▷프로이센뮌스터(24~25)
▷광주(25~)

K리그 통산기록

K리그1 – 9경기 2득점

대표팀 경력

6경기 2득점

K리그 최초 아이슬란드 선수로, 커리어에서 알 수 있듯 '저니맨'이다. 2010년 아이슬란드 2부 리그에서 데뷔한 이후로 무려 소속팀이 10번이나 달라졌다. 이렇게 저니맨일 수 있었던 이유는 가는 곳마다 어느 정도 역할을 해줬기 때문이다. 2019시즌 노르웨이 2부 리그에서 28경기 18골 5도움으로 맹활약한 적도 있다. 끝내 정착하지는 못했지만 이탈리아와 독일 2부 리그에서도 뛴 경험도 있다. 광주에 합류한 건 2025년 8월. 아사니가 떠난 후 공격에서 해결사가 부족했던 광주는 프리드욘슨을 과감하게 영입했다. 추운 나라에서 온 프리드욘슨은 한국의 무더운 날씨를 힘들어해 적응이 느렸지만 추워지자 귀신같이 살아났다. 시즌 후반기에 3골을 터트리면서 2026시즌을 기대하게 만들었다. 코리아컵 결승전에선 연장전까지 전북 수비진을 괴롭혔다. 196cm로 제공권은 압도적이다. '등딱' 플레이에서 나오는 연계 능력도 우수하다. 이정규 감독의 현대적인 시스템에서 만들어진 공격 찬스를 프리드욘슨이 마무리해줘야 광주가 나아갈 수 있다. 6월까지는 선수 등록도 불가능한 광주라 유일한 외국인인 프리드욘슨에 거는 기대가 크다.

2025시즌 기록

	MINUTES 출전시간(경기수)	GOALS 득점	ASSISTS 도움	WEEKLY BEST 11 주간베스트11
0	325(9)	2	0	2
			0	

강점	공중볼, 연계플레이	특징	K리그 최초 아이슬란드인
약점	더위	별명	겨울욘슨

안영규

1989년 12월 4일 | 37세 | 대한민국 | 185cm | 79kg

경력

수원삼성(12~13)
▷기라반츠기타큐슈(13)
▷대전(14)
▷광주(15)
▷경찰축구단(16~17)
▷광주(17~18)
▷성남(19~21)
▷광주(22~　)

K리그 통산기록

K리그1 – 171경기 4득점 4도움
K리그2 – 133경기 3득점 4도움

대표팀 경력

–

광주 구단 역대 최다 출장자로서 '살아있는 전설'이다. 광주의 역사에서는 언제나 안영규가 있었다. 2015년 처음 광주에 합류한 안영규는 팀을 잔류로 이끌었다. 2019년 성남으로 떠났다가 2022년 다시 광주 유니폼을 입었다. 이정효 감독의 신뢰를 받으면서 광주의 최전성기를 함께 했다. 2022시즌 팀의 1부 승격과 함께 K리그2 MVP를 수상하며 경력 최고의 순간을 만끽했다. 전성기에선 조금 내려왔지만 여전히 광주의 최후방을 믿고 맡길 수 있는 베테랑이다. 경험과 연륜에서 나오는 안정적인 리더십이 장점이다. 사실 지난시즌 재계약 문제 등의 이유로 팀내 입지가 축소됐다. 이정효 감독의 신뢰는 차갑게 식었다. 시즌 막바지엔 부상까지 당해 코리아컵 결승에 나서지 못했다. 안영규 그늘 밑에서 성장했던 후배들이 이적한 지금, 또 핵심적인 역할을 수행해야 한다. 이정규 감독도 팀에서 제일 믿음직한 안영규에게 다시 주장을 맡겼다. 이정규 감독은 광주의 2023시즌 축구를 다시 펼쳐보일 계획을 세웠다. 2023년은 안영규가 경력을 통틀어 K리그1에서 가장 많은 경기를 소화한 시즌이다. 부상으로 동계 전지훈련을 제대로 소화하지 못한 만큼 시즌 중반부터 본격적으로 활약할 가능성이 있다.

2025시즌 기록

1	962(16) MINUTES 출전시간(경기수)	0 GOALS 득점	1 ASSISTS 도움	0	- WEEKLY BEST 11 주간베스트11

강점	수비리딩, 경험	특징	2012년 수원 드래프트 1순위
약점	노쇠화	별명	레전드 주장

주세종

1990년 10월 30일 | 35세 | 대한민국 | 178cm | 74kg

경력

부산(12~15)
▷ 서울(16~17)
▷ 아산(18~19)
▷ 서울(19~20)
▷ 감바오사카(21~22)
▷ 대전(22~24)
▷ 광주(25~)

K리그 통산기록

K리그1 – 221경기 12득점 20도움
K리그2 – 57경기 3득점 10도움

대표팀 경력

29경기 1득점
2018 월드컵, 2019 아시안컵

A매치 출전 29경기에 빛나는 국가대표 출신 미드필더다. 2018년 러시아 월드컵 독일전(aka.'카잔의 기적')에서 보여준 초장거리 패스는 주세종을 상징하는 장면 중 하나다. 부산에서 데뷔한 주세종은 2016시즌 서울로 이적했다. 서울에 합류하자마자 후반기에 맹활약하면서 팀의 리그 우승을 이끌었다. 아산 무궁화를 거친 후 감바 오사카로 떠나며 J리그 무대에도 도전장을 내밀었다. 2022시즌 대전으로 향하며 K리그 돌아온 주세종은 한결같았다. 국가대표 미드필더의 품격을 선보이며 중원사령관 역할을 수행했다. 대전의 염원인 1부 승격을 진두지휘했다. 대전의 정신적 지주 역할을 해낸 주세종은 2024시즌이 끝난 후 미래를 고민했다. 이정효 감독의 부름을 받은 뒤 과감히 광주로 향했다. 2025시즌에는 로테이션 멤버로 뛰면서 팀에 기여했다. 2028년까지 광주와 재계약한 후 이번 시즌에는 어깨가 더 무겁다. 광주 주축들이 많이 떠나면서 주세종은 베테랑 이상의 역할을 해내야 한다. 아산 무궁화 시절 주세종을 가르친 적이 있는 이정규 감독은 주세종에게 공격적인 역할까지 맡기는 새로운 변화를 시도 중이다. 전성기 기량은 아니겠지만, 더 많은 공격적인 패스, 킬 패스, 더 많은 중거리 슈팅을 기대해도 좋다.

2025시즌 기록

2	939(21) MINUTES 출전시간(경기수)	0 GOALS 득점	0 ASSISTS 도움	0	– WEEKLY BEST 11 주간베스트11

강점	장거리 패스, 경기 조율	특징	카잔의 기적 주연
약점	속도, 수비 커버	별명	세종대왕

최경록

1995년 3월 15일 | 31세 | 대한민국 | 176cm | 71kg

경력

장크트파울리2(14~15)
▷장크트파울리(15~18)
▷카를스루어(18~23)
▷광주(24~)

K리그 통산기록

K리그1 – 66경기 4득점 6도움

대표팀 경력

–

최경록은 어린 시절 독일에 과감하게 진출해 독일 분데스리가2에서 약 10년 동안 활약했다. 빅리그 입성의 꿈은 이뤄지지 않았지만, 유럽에서 쌓은 경험은 절대로 무시할 수 없다. 최경록은 2024년, 아주대 스승인 이정효 감독의 연락을 받고 K리그 이적을 결심했다. 이정효 감독은 기술적이고 영리한 최경록이 광주 축구의 중심이 될 플레이메이커라고 판단했다. 이정효 감독의 판단은 틀리지 않았다. 최경록은 중앙 미드필더, 세컨드 스트라이커, 공격수 등 다양한 포지션에서 자신의 몫을 해내면서 팀에 녹아들었다. 침착한 경기 운영과 센스는 광주를 더 빛냈다. 광주와 재계약을 체결한 2025시즌에도 꾸준했다. 이전 시즌과 비교해 중앙에서 공을 소유하는 역할을 맡아 축구 도사와 같은 면모를 선보였다. 이정규 감독 체제에는 역할이 바뀔수도 있다. 이정규 감독은 2선 자원인 최경록에게 주세종과 함께 더 공격적인 역할을 부여할 생각이다. 아스널 주장 마르틴 외데고르를 떠올리면 이해가 쉽다. 최경록이 앞선에서 어떤 마법을 부리는지에 따라 광주 축구의 완성도가 더 높아질 것이다. 따라서 이번 시즌에는 공격 포인트 생산력도 높여야 한다.

2025시즌 기록

2	2,512(32) MINUTES 출전시간(경기수)	1 GOALS 득점	4 ASSISTS 도움	0	- WEEKLY BEST 11 주간베스트11

강점	멀티 플레이어, 기술력	특징	독일 10년 경험
약점	결정력, 적극성	별명	패스마스터

김경민

1991년 11월 1일 | 35세 | 대한민국 | 190cm | 81kg
경력 | 제주(14~16) ▷ 부산(17) ▷ 제주(18) ▷ 포천시민(19~20) ▷ 제주(20) ▷ 이랜드(21)
▷ 광주(22~)
K리그 통산기록 | K리그 – 116경기 133실점 | K리그2 – 83경기 73실점
대표팀 경력 | –

서른 살 이후 빛을 본 대기만성형이다. 2021년 이랜드에서 주전을 꿰차며 이름을 알린 김경민은 2022년 광주로 이적해 팀의 1부 승격을 뒷받침했다. 이정효의 시스템에서 현대축구가 요구하는 '현대적인' 골키퍼 역할을 착실하게 수행했다. 선방 능력과 빌드업 능력을 두루 장착한 골키퍼로 성장했고, 2024년 홍명보 감독의 부름을 받아 국가대표팀 발탁 꿈도 이뤘다. 어느덧 K리그를 대표하는 수문장으로 성장한 김경민은 2025시즌 11회 클린시트(전체 3위)로 팀의 최소실점 2위를 뒷받침했다. 주전 절반이 떠난 2026시즌에도 광주에 남으며 의리를 지켰다.

2025시즌 기록					3 WEEKLY BEST 11 주간베스트11	강점	약점
3	0	3,312(33) MINUTES 출전시간(경기수)	85 SAVE 선방	34 LOSS 실점		선방 능력 빌드업 겸비한 현대적 GK	실수

이민기

1993년 5월 19일 | 32세 | 대한민국 | 175cm | 71kg
경력 | 광주(16~18) ▷ 상주(18~19) ▷ 광주(20~)
K리그 통산기록 | K리그1 – 153경기 3득점 6도움 | K리그2 – 37경기 1득점 1도움
대표팀 경력 | –

11년차 광주 원클럽맨이다. 군 복무 시절을 제외하면 광주에서만 뛰었다. 이민기는 입단 2년차인 2017시즌부터 2023시즌까지 광주의 왼쪽 측면을 책임졌다. 이정효 시대 이전에 광주가 어려운 시기를 보냈을 때도 항상 팀에 남아 충성심을 보여줬다. 광주의 흥망성쇠를 모두 경험했다. 선수 등록 불가 고비를 맞은 2026시즌에도 이민기의 경험은 꼭 필요하다. 영리한 움직임을 보이는 양발잡이다. '육각형 풀백'이라는 말이 잘 어울린다. 하지만 두 시즌 연속 부상으로 인해서 주전에서 밀려났다. 이번 시즌에도 주전은 아닐 가능성은 높지만, '건강한 이민기'는 광주의 믿을맨이다.

2025시즌 기록					1 WEEKLY BEST 11 주간베스트11	강점	약점
2	0	545(10) MINUTES 출전시간(경기수)	0 GOALS 득점	0 ASSISTS 도움		양발잡이, 수비력	잦아진 부상

하승운

1998년 5월 4일 | 28세 | 대한민국 | 177cm | 74kg
경력 | 포항(19) ▷ 전남(20) ▷ 안양(21) ▷ 광주(22~)
K리그 통산기록 | K리그1 – 142경기 3득점 6도움 | K리그2 – 37경기 1득점 1도움
대표팀 경력 | –

대학 시절부터 알아주는 공격 기대주였다. 2019년 포항에 입단해 전남과 안양에서 임대 신분으로 뛰었다. 2022시즌 이정효 감독의 부름을 받아 광주로 이적했지만, 긴 시간 '눈물 젖은 빵'을 먹었다. 2024시즌 리그에서 겨우 4경기밖에 뛰지 못했다. 2025시즌을 앞두고는 전지훈련 멤버에도 포함되지 못하는 시련을 겪었다. 하지만 하승운은 입술을 깨물고 버텼다. 2025시즌 후반기에 기다리던 기회가 찾아왔다. 공격수가 아닌 풀백이어도 경기에만 뛸 수 있다면 'OK'였다. 2026시즌에는 청소년 대표 시절 등번호인 9번으로 바꿔 달았다. '공격수 하승운'의 역량을 뽐내겠다는 각오다.

2025시즌 기록					- WEEKLY BEST 11 주간베스트11	강점	약점
3	0	1,066(19) MINUTES 출전시간(경기수)	1 GOALS 득점	1 ASSISTS 도움		저돌성, 팀 플레이	득점력

박정인

2000년 10월 7일 | 26세 | 대한민국 | 178cm | 70kg
경력 | 울산(19~20) ▷ 부산(21~23) ▷ 이랜드(23~24) ▷ 대전(24) ▷ 광주(25~)
K리그 통산기록 | K리그1 – 25경기 1득점 1도움 | K리그2 – 94경기 18득점 4도움
대표팀 경력 | –

어린 시절부터 큰 기대를 받았던 유망주다. U-23 대표팀에서 득점력을 선보였지만, 기대만큼 폭발적인 성장세를 보여주지는 못했다. 19살에 울산에서 데뷔해 2021시즌 부산에서 리그 8골을 넣었을 때까지만 해도 미래가 창창해 보였다. 하지만 이랜드와 대전 임대 생활은 모두 성공적이지 못했다. 축구인들은 '한국 선수답지 않은 기량을 뒷받침할 멘털을 보유하지 못했다'라고 했다. 2025시즌 이정효 감독 밑에서 'N번째' 부활을 시도했다. 시즌 초반에 조금 기회를 받았지만 후반기에는 뛰지 못했다. 박정인은 희망의 끈을 놓을 생각이 없다. 2026시즌 동계 전지훈련지에서 누구보다 열심히 시즌을 준비했다는 후문이다.

2025시즌 기록				– WEEKLY BEST 11 주간베스트11	강점	약점
0	0	**220(6)** MINUTES 출전시간(경기수)	**0** GOALS 득점	**0** ASSISTS 도움		잠재성, 영리함	멘털, 하락세

유제호

2000년 8월 15일 | 26세 | 대한민국 | 178cm | 68kg
경력 | 수원삼성(22~24) ▷ 전북(24) ▷ 광주(25~)
K리그 통산기록 | K리그1 – 48경기 1득점 | K리그2 – 17경기
대표팀 경력 | –

동국대학교 시절부터 대학 최고의 테크니션으로 이름을 날렸다. 2022시즌 수원 삼성에 입단. 2023시즌부터 본격적으로 1군에서 뛰었다. 수원의 어려운 사정 속에 많은 기회를 받지 못했다. 강등 후 수원의 주전으로 뛰었던 유제호는 시즌 도중 전진우와 함께 전북으로 이적했다. 강등권으로 추락한 전북은 베테랑 위주의 선수단을 꾸렸고, 급기야 경쟁에서 밀리고 말았다. 결국 지난 시즌 광주로 이적을 결정했다. 시즌 초 불의의 무릎 부상으로 7월에야 리그 데뷔전을 치렀다. 복귀 후엔 선발과 교체를 오가며 존재감을 과시했다. 이정규 감독 체제에서 날개를 더 펼칠 것으로 기대된다.

2025시즌 기록				– WEEKLY BEST 11 주간베스트11	강점	약점
2	0	**905(15)** MINUTES 출전시간(경기수)	**0** GOALS 득점	**0** ASSISTS 도움		경기 조율, 압박	공격 포인트

권성윤

2001년 3월 30일 | 25세 | 대한민국 | 174cm | 65kg
경력 | 서울(20~23) ▷ 대전코레일(23) ▷ 부산(24) ▷ 광주(25~)
K리그 통산기록 | K리그1 – 26경기 | K리그2 – 22경기 1득점 4도움
대표팀 경력 | –

서울 유스, 서울 프로팀 시절 알아주는 2선 자원이었다. 하지만 수준급 공격수가 많은 서울에선 기회를 받기 어려웠다. 대전 코레일 임대를 마치고 와 부산으로 이적했다. 프로에서 살아남기 위해 풀백으로 포지션을 변경했다. 상대 공격수 마크에 집중하기보단 윙어다운 오버래핑 능력을 가미했다. 2024시즌 K리그2에서 커리어 하이인 4개 도움 성과를 냈다. 2025시즌을 앞두고 광주로 이적했지만, 부상 여파로 K리그에선 단 2경기 출전에 그쳤다. 코리아컵 결승전 연장전에서 공 경합 중 이승우와 충돌해 병원에 실려갔다. 시즌 엔딩도 슬펐다. 2026년엔 더 행복해지고 싶은 권성윤이다.

2025시즌 기록				– WEEKLY BEST 11 주간베스트11	강점	약점
0	0	**90(2)** MINUTES 출전시간(경기수)	**0** GOALS 득점	**0** ASSISTS 도움		오버래핑	부상 이력

민상기

1991년 8월 27일 | 35세 | 대한민국 | 185cm | 79kg
경력 | 수원삼성(10~17) ▷ 경찰(17~19) ▷ 수원삼성(19~23) ▷ 부산(23~24) ▷ 포항(24)
▷ 광주(25~)
K리그 통산기록 | K리그1 – 195경기 3득점 1도움 | K리그2 – 47경기 1득점
대표팀 경력 | –

산전수전을 다 경험한 베테랑 수비수. 수원 유스 출신으로 수원 캡틴이 되어 '매통령'(매탄고+대통령)으로 불리었다. 군 복무 시절과 2023년 여름 부산 임대 시절을 제외하면 항상 수원을 후방을 든든하게 지켰다. 하지만 이 세상에 영원한 것은 없었다. 2024시즌 도중 수원과 '슬픈 작별'을 했다. 포항으로 이적해 많은 경기에 나서지 못했다. 2025시즌 광주에 입단해 주전으로 출발해 준주전급으로 리그 16경기를 뛰었다. 변준수-진시우를 뒷받침하는 백업 역할을 수행했다. 단일시즌 20경기 이상을 뛴 건 2022시즌이 마지막이다. 더 늦기 전에 더 많은 걸 보여줘야 한다.

2025시즌 기록					– WEEKLY BEST 11 주간베스트11	강점	약점
0	0	**1,137(16)** MINUTES 출전시간(경기수)	**0** GOALS 득점	**0** ASSISTS 도움		몸싸움, 수비 리딩	기복

안혁주

2004년 9월 3일 | 22세 | 대한민국 | 176cm | 70kg
경력 | 광주(24~)
K리그 통산기록 | K리그1 – 19경기 1도움
대표팀 경력 | –

광주가 공들여 키운 '우리 새끼'다. 고등학교 시절 뛰어난 잠재력을 증명한 후 고려대에 입학했다. 1년만에 광주로 콜업됐다. 첫 시즌 이정효 감독에게 종종 기회를 받았지만, 주전으로 도약하지는 못했다. 2025시즌에는 부상으로 거의 한 시즌 내내 고생했다. 2026시즌 안혁주는 윙어에서 풀백으로 포지션을 변경해 새로운 도전에 나선다. 풀백으로 잘 정착할 수 있다면 충분히 팀에 도움이 될 수 있는 자원이다. 선배 하승운이 좋은 예다. 돌파력과 속도를 지닌 자원이라 수비에 대한 디테일만 배우면 된다. 이정규 감독 체제에서 신스틸러 역할을 맡을 것으로 기대된다.

2025시즌 기록					– WEEKLY BEST 11 주간베스트11	강점	약점
0	0	**166(6)** MINUTES 출전시간(경기수)	**0** GOALS 득점	**1** ASSISTS 도움		돌파, 속도	득점력

노희동

2002년 6월 3일 | 24세 | 대한민국 | 194cm | 85kg
경력 | 김해(21) ▷ 광주(22~)
K리그 통산기록 | K리그1 – 5경기 4실점 | K리그2 – 1경기
대표팀 경력 | –

광주가 키우고 있는 골키퍼다. 2021시즌 김해 시청에 입단하면서 선수 생활을 시작했다. 2022시즌 광주로 영입되면서 이정효 감독과 연을 맺었다. 광주에는 김경민이라는 확실한 '넘버원' 골키퍼가 있어 많은 기회를 받지 못했다. 김경민 백업으로 조금씩 출전 기회를 늘려 2025시즌 리그와 코리아컵을 합쳐 8경기에 출전했다. 8경기에서 뛰어난 선방 능력으로 3번의 클린시트, 6실점밖에 내주지 않으면서 가능성을 증명했다. 광주의 골키퍼답게 발밑 능력도 장착했다. 2026시즌에도 NO.2로서 언제든지 출격할 수 있도록 만반의 준비를 다할 계획이다.

2025시즌 기록					**1** WEEKLY BEST 11 주간베스트11	강점	약점
1	0	**450(5)** MINUTES 출전시간(경기수)	**16** SAVE 선방	**4** LOSS 실점		선방 능력	출전 경험

공배현

2007년 3월 5일 | 19세 | 대한민국 | 187cm | 78kg
경력 | 광주(26~)
K리그 통산기록 | 2026시즌 K리그1 데뷔
대표팀 경력 | –

2026시즌 광주가 제일 기대하고 있는 특급 유망주다. 광주 유스인 금호고에서 특출난 성장세를 보이자 광주가 곧바로 프로로 콜업했다. 태국 1차 전지훈련 때부터 두각을 드러내면서 이정규 감독의 마음을 훔쳤다. 아직 어린 2007년생이지만, 187cm–78kg로 신체조건은 이미 완성형에 가깝다. 광주 핵심 수비수였던 변준수가 롤모델이다. 변준수와 진시우가 모두 떠난 상황에서 공배현은 광주의 미래를 책임질 유망주가 될 수 있을까. 안영규와 민상기 주전 체제가 준비 중이지만 공배현도 적지 않은 기회를 받을 것으로 예상된다.

		2025시즌 기록				강점	약점
-	-	-(-) MINUTES 출전시간(경기수)	- GOALS 득점	- ASSISTS 도움	- WEEKLY BEST 11 주간베스트11	피지컬, 패기	경험

김윤호

2007년 5월 13일 | 19세 | 대한민국 | 188cm | 78kg
경력 | 광주(24~)
K리그 통산기록 | K리그1 – 2경기
대표팀 경력 | –

광주 구단 역사상 최초의 준프로 계약을 맺은 유망주다. 준프로 계약 후 아직 많은 경기를 뛰지는 못했지만, 김윤호에게 거는 기대는 크다. 2025년 12월 광주와 프로 계약도 체결했다. 190cm–80kg으로 탄탄한 신체 조건을 지닌 김윤호는 포스트 플레이에 뛰어난 스트라이커로, 패스 능력도 장착했다. 이정규 감독은 동계 전지훈련지에서 김윤호의 장점을 발견했다고 한다. 2026시즌 프리드욘손이 버티는 만큼 김윤호에게 얼마나 많은 기회를 받을지는 아직 미지수다. 하지만 김윤호의 잠재력이 터진다면 광주에 큰 힘이 될 것이다.

		2025시즌 기록				강점	약점
0	0	13(1) MINUTES 출전시간(경기수)	0 GOALS 득점	0 ASSISTS 도움	- WEEKLY BEST 11 주간베스트11	피지컬, 패스	경험

박원재

1994년 5월 7일 | 32세 | 대한민국 | 176cm | 73kg
경력 | 전북(17~19) ▶ 성남(19) ▶ 제주(20~21) ▶ 고양(22) ▶ 당진(23) ▶ 경남(24~25) ▶ 광주(26~)
K리그 통산기록 | K리그1 – 33경기 2득점 2도움 | K리그2 – 73경기 1득점 6도움
대표팀 경력 | –

2017시즌 전북에 입단했지만 부상으로 빛을 보지 못했다. 2019시즌 성남에서 인상을 남긴 뒤 제주로 이적했다. 제주에서는 출전 시간을 늘려갔다. 군 복무 후에는 경남으로 이적했다. 박원재는 좌우 풀백을 모두 맡을 수 있고, 상황에 따라서는 윙어로도 뛸 수 있는 멀티 플레이어다. 2025시즌엔 경남 주장을 역임했다. 2026시즌을 앞두고 박원재는 과감하게 광주행을 선택했다. 징계 문제로 선수 등록이 6월까지 불가능한 광주라 데뷔전은 늦어질 수 있다는 점을 알면서도 더 늦기 전에 다시 K리그1에서 뛰고 싶은 마음이 컸다. 검증된 풀백 박원재가 가세하는 순간, 광주의 측면은 업그레이드된다.

		2025시즌 기록				강점	약점
2	0	1,979(31) MINUTES 출전시간(경기수)	1 GOALS 득점	0 ASSISTS 도움	1 WEEKLY BEST 11 주간베스트11	멀티 플레이어	실전 감각

정지훈

2004년 4월 9일 | 22세 | 대한민국 | 175cm | 65kg
경력 | 광주(23~)
K리그 통산기록 | K리그1 – 44경기 1득점 1도움
대표팀 경력 | –

2023시즌 광주에 깜짝 입단한 유망주. 이정효 감독이 애정해서 키운 기대주다. 스피드를 앞세운 2선 자원으로 첫 시즌부터 꽤 기회를 받으면서 성장하기 시작했다. 2024시즌에는 많은 경기를 소화하지 못했지만 2025시즌 중반부터 슬슬 실력을 발휘하기 시작했다. 좌우를 가리지 않는 정지훈은 지치지 않은 체력으로 상대팀을 괴롭혔다. 26경기 2골 2도움으로 프로 데뷔 후 첫 공격 포인트도 터뜨리며 2026시즌을 기대하게 만들었다. 이번 시즌에는 이정규 감독 밑에서 확실한 주전으로 올라서는 시간을 만들어야 한다.

2025시즌 기록						강점	약점
4	0	1,073(23) MINUTES 출전시간(경기수)	1 GOALS 득점	1 ASSISTS 도움	1 WEEKLY BEST 11 주간베스트11	스피드, 체력	마무리

문민서

2004년 2월 18일 | 22세 | 대한민국 | 182cm | 74kg
경력 | 광주(24~)
K리그 통산기록 | K리그1 – 61경기 2득점
대표팀 경력 | –

광주가 배출한 최고의 유망주 중 한 명이다. 구단 역사상 U–12, U–15, U–18를 모두 거친 최초의 1군 선수라는 상징성을 가진 선수. 2024시즌 광주에 입단하자마자 이정효 감독의 전폭적인 신뢰를 받았다. 왼쪽과 중앙에 번갈아가며 기용되면서 첫 시즌부터 30경기를 넘게 뛰었다. 2025시즌에는 출전 시간이 줄었지만 문민서는 교체로 꾸준히 기용됐다. 공격형 미드필더와 중앙 미드필더로 자리를 잡아가는 중이다. 공의 흐름 살리는 플레이와 오프 더 볼이 좋은 선수라 이정규 감독에게도 신임을 받을 것으로 예상된다.

2025시즌 기록						강점	약점
2	0	1,118(30) MINUTES 출전시간(경기수)	0 GOALS 득점	0 ASSISTS 도움	- WEEKLY BEST 11 주간베스트11	축구 지능	과감성

김진호

2000년 1월 21일 | 26세 | 대한민국 | 178cm | 74kg
경력 | 강원(22~23) ▷ 광주(24~)
K리그 통산기록 | K리그1 – 100경기 5득점 5도움
대표팀 경력 | –

광운대학교를 거쳐 2022시즌 강원에 입단했다. 대학 무대에서의 경험을 기반으로 곧바로 주전으로 도약했다. 풀백인데 우측 윙어로 나서서 잠재력을 인정받아 이달의 영플레이어상을 수상도 했다. 2023시즌에는 주전 경쟁에서 다소 밀리면서 출전 시간이 줄었다. 광주에 합류한 시기는 2024년이다. 광주에서 김진호는 이정효 감독의 총애를 받으면서 핵심으로 도약했다. 좌우 풀백을 번갈아 보면서 거의 모든 리그 경기를 다 뛰었다. 양발잡이, 뛰어난 대인 수비력으로 광주의 측면을 책임졌다. 하지만 지난 시즌 십자인대 파열이라는 큰 부상을 겪고 시즌 아웃됐다. 다가오는 시즌에는 부상을 잘 털어내는 게 중요하다.

2025시즌 기록						강점	약점
4	0	1,106(13) MINUTES 출전시간(경기수)	0 GOALS 득점	0 ASSISTS 도움	- WEEKLY BEST 11 주간베스트11	양발잡이, 대인방어	재활 후 경기력

■ K리그2 기록

전지적 작가 시점

김대식이 주목하는
광주의 원픽!
프리드욘슨

흔히들 K리그의 시즌 농사는 '외국인 활약'에 판가름 난다고 한다. 부정할 수 없는 사실이다. 정상급 외인은 경기에 차이를 만들어내고, 승점을 선물한다. 광주는 안타깝게도 정상급 자원을 언급할 것도 없이 외국인 선수가 한 명밖에 없다. 리그 역사상 최초의 아이슬란드 선수인 프리드욘슨이다. 2025년 여름 광주에 입단한 프리드욘슨은 짧은 출전 시간 속에서도 강한 임팩트를 남겼다. 12경기 3골. 많은 득점을 터트리지 못했지만 2026시즌을 기대하게 했다. 이정규 감독이 이정효 감독의 축구를 이어받아 최고의 축구를 펼친다고 해도, 결국 골은 스트라이커의 발(이마)에서 나온다. 지난 시즌 광주는 경기당 1골이 겨우 넘는 득점력에 고전했다. 이번 시즌 잔류를 넘어 더 높은 곳으로 올라가려면 득점력 개선은 필수다. 프리드욘슨은 196cm의 큰 키에서 나오는 압도적 제공권, 간결한 연계플레이로 광주의 득점을 다양한 방법으로 도울 수 있는 무기를 갖고 있다. 여름까지 광주가 외국인 선수를 등록할 수 없기에 신창무, 최경록, 하승운 등 동료들과 함께 광주의 공격을 책임져야 한다.

지금 광주에
이 선수가 있다면!
정호연

현대축구에서 뛰어난 전술가들은 항상 '페르소나'를 데리고 있다. 전술 천재 펩 과르디올라 감독은 바르셀로나에서 사비 에르난데스, 맨체스터 시티에서는 로드리를 그라운드의 사령관으로 임명했다. 이정효 감독의 광주에서는 정호연이 그런 역할이었다. 결국 경기장에서는 선수가 플레이를 한다. 감독이 지시한 것들을 어떻게 이행할 것인지를 잘 아는 선수가 있어야 한다. 이정규 감독은 기존의 광주 색채에서 많은 변화를 주지 않을 계획이다. 보완할 부분은 수정하고, 발전시킬 부분은 더욱 날카롭게 다듬는 중이다. 그리고 더 공격적인 방향성으로 나아갈 생각까지 가지고 있다. 이런 광주의 시스템을 경기장에서 제일 잘 펼칠 수 있는 선수가 있으면 이정규 감독의 짐을 덜어줄 수 있다. 중원으로 내려와 빌드업을 돕고, 때로는 페널티박스 근처까지 올라가 득점에 직접 관여할 수 있는 그라운드의 사령관이 지금 광주에는 딱히 없다. 정호연이 경기장에서 가장 잘 할 수 있는 역할이다. 이정효 감독이 수원삼성에서 다시 정호연을 찾은 것처럼 이정규 감독에게도 그런 페르소나가 필요해 보인다.

마테우스
이창용
토마스
김정훈
엘쿠라노
한가람
김동진
김다솔
권경원
이태희
최건주
김정현
유키치
김보경
채현우
김영찬
최규현
문성우
강지훈
주현우
박정훈
김운
이동현
김강
오형준

FC안양

잔류로 피운 꽃, 쉽게 지지 않는 안양의 계절

FC안양

창단 이후 첫 승격, 2025시즌은 FC안양의 기대와 우려가 교차했다. 승격팀 꼬리표와 함께 강등 1순위로 꼽혔다. 그럼에도 K리그2에서 보여준 저력이 팬들의 마음을 부풀게 했다. 안양은 우려보단 기대에 가까운 모습을 선보였다. 초대 감독 출신이자 단장인 이우형과 후배 지도자이자 감독인 유병훈이 조화를 이뤘다. 안양종합운동장은 매 경기 보랏빛으로 물들었다. 안양팬은 "수카바티(모두가 즐겁고 지극히 평안하다는 뜻의 산스크리트어) 안양"을 외쳤다. 끈질긴 축구 색깔로 안양만의 독자적인 입지를 구축했다. 안양은 2004년 안양LG(현 FC서울)가 안양에서 서울로 연고지를 이전하면서 안양 시민이 자발적으로 창단한 구단이다. 창단 20주년인 2024년 꿈에 그리던 1부 승격을 이뤄냈다. 지난 20년간 우여곡절을 겪은 '준비된 구단'은 안정적으로 '1부 라이프'를 즐겼다. 안양시의 전폭적인 지원과 관심도 팀이 진일보하는데 기여했다. 첫 승격 시즌 목표로 삼은 파이널A 진입엔 실패했지만, 강등 싸움을 펼치지 않고 안정적으로 잔류한 것도 큰 성과였다. 'K리그1 2년 차' 안양의 눈은 이제 8위 이상을 바라본다.

구단 소개

정식 명칭	안양 시민 축구단
구단 창립	2013년 2월 2일
모기업	시민구단
상징하는 색	보라색, 금색, 흑보라색
경기장(수용인원)	안양종합운동장 (17,143명)
마스코트	바티, 나리
레전드	주현재, 정민기, 김형진, 주현우, 이상용 등
서포터즈	A.S.U RED
커뮤니티	REDFLAME

우승

K리그	1회 (2004 – K리그2)
코리아컵(FA컵)	–
AFC챔피언스리그(ACL)	–

최근 5시즌 성적

시즌	K리그	코리아컵(FA컵)	ACL
2025시즌	8위	16강	–
2024시즌	1위 (2부)	3라운드	–
2023시즌	6위 (2부)	2라운드	–
2022시즌	3위 (2부)	3라운드	–
2021시즌	2위 (2부)	16강	–

유병훈

1976년 7월 3일 | 50세 | 대한민국

K리그 전적
74경기 32승 16무 26패

유병훈 감독은 K리그1 첫 시즌에 '상종가'를 쳤다. 선수 구성에 맞춘 전술과 특유의 변칙적인 대안들이 강팀, 약팀 가리지 않고 위협했다. 흔들리는 상황에서 위기 탈출도 오래 걸리지 않았다. 원동력은 바쁜 겨울이다. 유병훈 감독은 동계 전지훈련부터 한 시즌 계획을 선수들에게 상세하게 전달한다. 각 포지션 상황, 안양의 여건을 고려한 체계적인 훈련이 겨울부터 시작된다. 플랜A부터 다양한 대비책까지, 유병훈 감독이 쌓아둔 겨울의 힘이 안양의 한 시즌을 끌어간다. 전술과 선수단 운영만이 장점이 아니다. 안양이라는 팀 자체에 대한 이해도를 갖췄다. 유 감독은 K리그1 첫 시즌 목표로 잔류와 더불어 FC서울전 승리를 꼽았다. 목표를 달성한 후에야 마음 편히 웃었다. 이제 K리그1을 대표하는 젊은 명장으로 자리 잡을 기회다.

선수 경력

부산대우	고양KB

지도자 경력

고양KB 코치	안양 코치	아산무궁화 코치	서울이랜드 코치	U-19 대표팀 코치	안양 코치	안양 감독(24~)

주요 경력

2024년 K리그2 감독상

선호 포메이션	4-4-2	3가지 특징	업그레이드 좀비 축구	승격-잔류 그 이상을 본다	전술가형 감독

STAFF

수석코치	코치	플레잉 코치	GK코치	피지컬 코치	전력분 석관	의무 트레이너	테크니컬 디렉터	스카우터	팀매니저	통역	장비 관리사	실장
권우경	주현재	정준연	최익형	김형록	김성주 정효인	서준석 황희석 신영재	임완섭	김효기	최우현	김성수	주종환	조해원

2 0 2 5　R E V I E W

아디다스 포인트로 보는 안양의 2025시즌 활약도

안양도 쉽게 단언할 수 없었던 모따의 활약이 첫 경기부터 터졌다. 한 시즌을 수월하게 풀어나갈 힘이 됐다. 해결사였던 모따(전체 6위)는 K리그1에서도 정상급 골잡이임을 스스로 입증했다. 플레이메이커 마테우스(전체 12위)도 K리그2에서 보여준 뛰어난 플레이를 K리그1에서 이어갔다. 안양에서 가장 중요한 중원과 공격 연결고리 역할을 맡아, 팀의 득점 기회를 창출했다. 수비와 중원을 넘나든 안양의 히트상품 토마스(전체 41위)는 수치로도 경기력의 뛰어남이 드러났다. 안양은 외인에만 의존하는 팀은 아니었다. 중원과 수비에서 이창용, 이태희, 김정현 등이 높은 점수를 받으며 팀의 주축으로 자리를 지켰다. 영건 중에선 채현우의 성장이 돋보였다.

2025시즌 아디다스 포인트 상위 20명　■ 포인트 점수

포지션 평점

FW　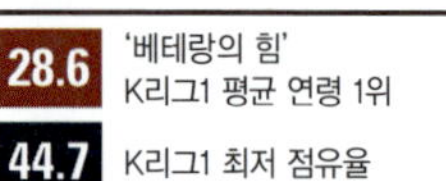

MF

DF

GK

출전시간 TOP 3

1위	토마스	3,533분
2위	김다솔	3,510분
3위	이창용	3,452분

득점 TOP 3

1위	모따	14골
2위	마테우스	10골
3위	채현우, 야고	4골

도움 TOP 3

1위	야고	6도움
2위	김동진, 마테우스	5도움
3위	모따	4도움

주목할 기록

28.6	'베테랑의 힘' K리그1 평균 연령 1위
44.7	K리그1 최저 점유율

성적 그래프

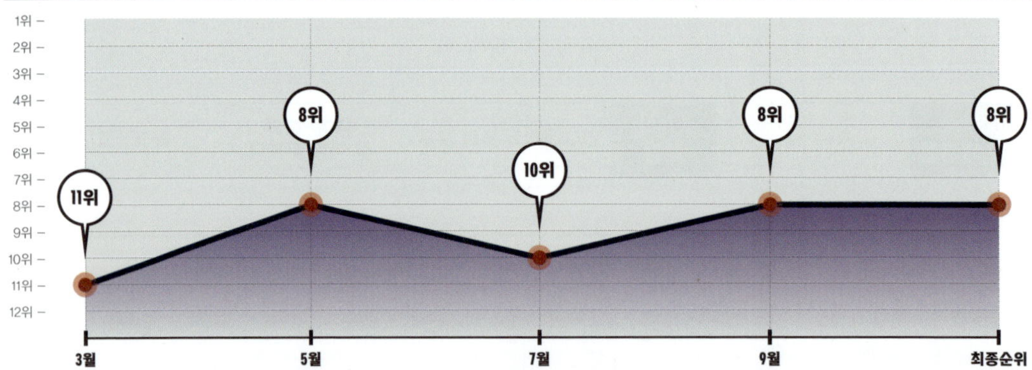

2026 시즌 스쿼드 운용 & 이적 시장 인앤아웃

IN

김정훈_전북
이진용_대구
홍재석_울산
최건주_대전
엘쿠라노_CRB
오형준 김강
김재현 강지완
_신인
아일톤_노보리존치누

OUT

모따_전북
야고_조호르
에두아르도
_크라시우마
이윤오_이랜드
박종현_진천
이상용_천안
전보민_목포
최성범_김포
임민혁_부산
이민수 임승겸
리영직_계약만료

ⓒ 주장

승격팀에 잔인하다던 1부, 안양은 예외였다. 공격, 중원, 수비 모두 철저한 전략 속에서 균형을 이루며 기대 이상의 성적을 거뒀다. 다만 2026년은 다시 시험대에 오른다. 안양의 전술과 패턴 등을 파악한 K리그1 팀들은 약점을 집요하게 파고들게 뻔하다. 스리백과 포백을 오간 변칙적인 전술은 올 시즌도 이어질 예정이지만, 새로 추가된 선수들에 맞춰 중원 구성과 패턴 플레이 등에는 변화가 있을 것으로 보인다. 모따 공백을 얼마나 잘 메우느냐도 중요하다. 1부에 잘 적응한 선수들이 건강을 유지하는 것이 관건이 될 수 있다. 안양은 핵심 자원들의 나이가 적지 않은 편. 주장 이창용을 시작으로 김동진, 김정현, 권경원 등 중심적인 역할을 소화할 선수들의 부상 관리가 중요하다. '1부 레귤러'가 되기 위해선 간절함을 넘어 안정감을 요구된다.

주장의 각오

이창용

"최선을 다해서 작년에 검증받은 것보다 더 잘해야 하지 않을까. 더 잘하고 싶은 마음이다."

2 0 2 6 예 상 베 스 트 1 1

이적시장 평가

안양은 언제나 최고는 어렵더라도, 최선을 다해내는 겨울을 보낸다. 2026년 겨울도 다르지 않았다. 팀 전력에 큰 부분을 차지했던 모따의 이탈은 뼈아프다. 그 자리를 엘쿠라노로 채웠다. 안양이 오랜 기간 지켜봤던 선수다. 모따가 책임졌던 제공권, 경합 등과 더불어 활동량, 압박 등도 더해줄 수 있다. 다만 득점력은 아직 미지수다. 빈자리 보강도 착실히 이뤄졌다. 야고와 에두아르도가 떠났지만, 그 자리를 최건주와 이진용으로 대체했다. 두 선수 모두 잠재력이 뛰어난 자원이다. 장기간 부상으로 결장하는 김다솔의 자리는 전북 코리아컵 우승 공신인 김정훈이 지킨다. 홍재석 영입으로 수비 뎁스도 한층 깊어졌다.

저자 5인 순위 예측

◆ 윤 진 만 ◆	◆ 박 찬 준 ◆	◆ 김 가 을 ◆	◆ 김 대 식 ◆	◆ 이 현 석 ◆
9위_토마스는 지켰지만, 모따를 잃었다. 안양의 전술, 전략이 노출된 상황에서 2년 연속 돌풍을 일으키는 건 쉽지 않다. 핵심 골잡이가 없다면 더더욱.	**6위**_기대도, 우려도 외국인인게 쏠린다. 모따, 야고가 떠난 자리에 들어온 엘쿠라노, 아일톤이 터진다면 6강도 가능하다. 마테우스, 토마스는 믿음직하다.	**10위**_지난해 안양의 중심을 잡았던 모따(전북)와 야고(조호르다룰)가 떠났다. 새 얼굴로 판을 다시 짰다. 외국인 공격진의 활약에 따라 운명은 갈릴 수 있다.	**10위**_모따도 없고, 야고도 없다. 에이스인 마테우스만 홀로 남았다. 유병훈 감독 체제에서 생긴 힘도 있지만 해결사가 없는 팀은 좋은 성적을 기대하기 어렵다. 그래도 안양이 쌓아온 단단함이 있다.	**6위**_승격팀을 넘어서는 가능성을 선보였다. 6위 이상을 두드려볼 수 있는 시즌을 꿈꾸는 것이 무리가 아닌 구성이다. 변수는 단 하나, 모따 없는 최전방이다.

마테우스　Matheus Oliveira Santos　1997년 9월 28일 | 29세 | 브라질 | 177cm | 70kg

경력

산투스(17)
▷ 레드불브라질(18)
▷ 과라니(18)
▷ 폰치프레타(19)
▷ 오에스치(19~20)
▷ 브라지우데펠로타스(20)
▷ 아틀레치쿠고이아니엔시(21)
▷ 헤무(21~22)
▷ 아구아산타(22)
▷ 미라소우(22)
▷ 인테르나시오날레(23)
▷ 상베르나르두(23)
▷ 안양(24~)

K리그 통산기록

K리그1 – 35경기 10득점 5도움
K리그2 – 36경기 7득점 11도움

대표팀 경력

—

안양의 세징야로 향하는 마테우스. 브라질 최고 명문인 산투스에서 성장했다. 경쟁이 치열한 산투스에서 자리 잡지 못한 마테우스는 브라질 하부리그에서 경험을 쌓았다. 2020년 브라질 2부 브라지우데펠로타스에서 좋은 활약을 펼쳤던 걸 제외하면 마테우스는 내내 기대를 밑돌았다. 안양 이적은 결과적으로 최고의 선택이었다. 안양에서 축구인생 최고의 시간을 보내고 있다. 2024년 K리그2 거의 모든 경기에 선발로 나서서 7골 11도움으로 MVP, 리그 베스트 11, 도움왕 3관왕을 석권했다. 안양의 사상 첫 승격을 이끈 주역 중의 주역이었다. 1부에서는 통하지 않을 것이라는 우려는 빠르게 사라졌다. 마테우스는 2025시즌 모따, 야고와 함께 안양 공격의 축으로 활약하면서 10골 5도움을 터트렸다. 시즌 후 여러 빅클럽과 연결됐지만 안양에 잔류해 2026시즌을 맞이한다. 모따와 야고가 떠났기에 마테우스의 책임감은 더 커졌다. 창의성과 득점력을 모두 도맡아야 한다. 부담이 커졌지만 마테우스는 '해줘'가 가능한 에이스다. 이기적이지 않은 에이스, 적응을 완벽히 마친 외인이라 더 무섭다.

2025시즌 기록

5	2,837(35) MINUTES 출전시간(경기수)	10 GOALS 득점	5 ASSISTS 도움	1	5 WEEKLY BEST 11 주간베스트11

강점	패스, 슈팅, 창의성	특징	산투스 출신, K리그2 MVP
약점	카드 수집	별명	마에스트로

이창용

1990년 8월 27일 | 36세 | 대한민국 | 180cm | 76kg

경력

강원(13~15)
▷울산(15)
▷경찰(16~18)
▷성남(19~21)
▷안양(22~)

K리그 통산기록

K리그1 – 158경기 7득점 2도움
K리그2 – 138경기 6득점 3도움

대표팀 경력

—

안양의 리빙 레전드다. 첫 클럽 강원에서 잠재력을 인정받아 울산으로 이적했지만, 많은 기회를 부여받지 못했다. 군 복무를 위해 입단한 아산 무궁화에서 프로에 어울리는 센터백으로 급성장했다. 제대 후 성남으로 이적해 안정적인 경기력으로 세 시즌을 소화했다. '운명의 팀' 안양과 인연을 맺은 건 2022년. 늦다면 늦은 서른둘의 나이였지만, 이창용의 전성기는 안양에서 시작됐다고 해도 과언이 아니다. 센터백과 수비형 미드필더를 오가면서 안양 후방의 중심이 됐다. 2023시즌부터는 주장을 맡아 리더십도 발휘했다. 안양은 이창용과 함께 짠물 수비를 기반으로 구단의 꿈인 승격에 드디어 성공했다. 9월에 시즌 아웃됐지만 리그 베스트11에 선정될 정도로 활약이 빼어났다. 이창용이 지닌 탄탄한 대인 수비력, 안정적인 빌드업, 경기장에서의 리더십은 안양에 절대로 없어서 안 될 요소다. 다시 돌아온 K리그1에서도 안양의 승격 돌풍을 뒷받침했다. 부상 없이 37경기를 뛰면서 안정적인 잔류를 끌어냈다. 이제 안양 유니폼을 입지 않은 이창용, 이창용 없는 안양종합운동장은 떠올리기가 쉽지 않다. 안양의 더 나은 성적을 위해 2026년에도 몸을 날린다.

	2025시즌 기록				
4	3,452(37) MINUTES 출전시간(경기수)	2 GOALS 득점	0 ASSISTS 도움	0	5 WEEKLY BEST 11 주간베스트11

강점	리더십, 끈질긴 대인마크	특징	안양의 리빙레전드, 팬서비스	
약점	공중볼 능력	별명	창욜 (안양의 푸욜)	

토마스 　Thomas Oude Kotte

1996년 3월 20일 | 30세 | 네덜란드 | 184cm | 78kg

경력

엑셀시오르(19~22)
▷ 벤쉬셀(22~23)
▷ 텔스타(23~24)
▷ 로다(24~25)
▷ 안양(25~)

K리그 통산기록

K리그1 – 37경기 3득점 2도움

대표팀 경력

—

2025시즌 안양이 발굴한 최고의 보석이다. 시작은 미약했다. 비테세 유스 출신으로 용 비테세 소속으로 네덜란드 3부에서 프로데뷔했다. 가능성을 인정받아 비테세 1군에 콜업돼 1부리그에서도 뛰었다. 이후 엑셀시오르로 이적해 1부에서 주전으로 뛰었지만, 팀은 강등되고 말았다. 덴마크와 네덜란드 2부에서 꾸준한 모습을 보인 토마스는 2025년 안양의 러브콜을 받아 K리그에 입성했다. 유병훈 감독이 곧바로 성공을 확신했던 선수답게 토마스는 빠르게 안양에 없어서는 안 될 선수가 됐다. 데뷔전을 마치고 K리그 빅클럽은 "저 선수 누구야?"라며 관심을 드러냈다. 스리백의 일원으로서 이창용과 함께 수비의 핵심이 됐다. 8월, 팀의 역사적인 FC서울전 첫 승을 이끄는 '입장골'을 넣었다. 시즌 도중에는 수비형 미드필더, 풀백으로도 뛰었다. 어느 포지션에 세워도 수비면 수비, 연계면 연계, 공격이면 공격, 1인분 이상을 거뜬히 해냈다. 3선에서 순식간에 상대 박스까지 침투해 공격 숫자를 늘리는 능력은 놀라움을 자아냈다. 2025시즌 안양팬이 뽑은 올해의 선수였다. 안양이 2025시즌을 마치고 가장 먼저 한 일 중 하나는 토마스 재계약이었다. 죽어도 토마스를 잃을 수 없다는 의지였다. 2026시즌에는 부주장까지 맡았다.

2025시즌 기록

6	3,533(37) MINUTES 출전시간(경기수)	3 GOALS 득점	2 ASSISTS 도움	0	3 WEEKLY BEST 11 주간베스트11

강점	멀티 플레이어	특징	1년차 답지 않은 충성심
약점	공중볼	별명	폭주 기관차

김정훈

2001년 4월 20일 | 25세 | 대한민국 | 189cm | 82kg

경력

전북(19~20)
▷ 김천(21~22)
▷ 전북(23~25)
▷ 안양(26~)

K리그 통산기록

K리그1 – 47경기 44실점

대표팀 경력

–

안양은 지난 2시즌 동안 후방 걱정이 없었다. K리그2 최고의 수문장으로 인정받은 김다솔이 골문 앞에 버텼다. 안양은 2025년 K리그1 최종전에서 김다솔이 부상을 당한 상황에서 결단을 내려야 했다. 전북의 젊은 수문장 김정훈의 영입은 골키퍼 세대교체까지 동시에 이뤄낼 수 있는 최선의 선택으로 여겨졌다. 김정훈은 전북에서 준프로로 계약을 체결했을 정도로 기대를 큰 기대를 받던 유망주였다. 대한민국 연령별 대표팀 레귤러였다. 2022년 항저우 아시안게임에서 금메달을 목에 걸었다. 김천에서 일찍 군 복무를 마친 후 2023시즌 일본으로 떠난 송범근의 뒤를 이어 전북 NO.1을 맡았다. 종종 실수를 하기도 했지만, 큰 흔들림은 없었다. 29경기에 출전해 25실점, 0점대 실점률을 자랑했다. 하지만 2024시즌 후배 김준홍에게 밀렸고, 2025시즌 송범근이 전주성으로 돌아오면서 입지가 좁아졌다. 그럼에도 코리아컵에서 주전을 맡아 팀의 우승을 뒷받침하며 안양의 눈길을 사로잡았다. 현대적인 골키퍼로 발밑이 부드럽다. 경험이 쌓인 만큼 안정감도 늘었다. 김다솔의 빠진 빈 자리를 잘 채워줘야 한다. 안양에서 좋은 활약을 보여주면 차세대 국가대표 한 자리도 가능하다. 2026년은 김정훈에게도 중요한 시기다.

2025시즌 기록

-	-(-) MINUTES 출전시간(경기수)	- SAVE 선방	- LOSS 실점	- WEEKLY BEST 11 주간베스트11

강점	빌드업, 안정감	특징	전북 유스, 아시안게임 금메달
약점	경기 감각	별명	페널티킥 선방력

엘쿠라노　Breno Herculano

1999년 2월 16일 | 27세 | 브라질 | 189cm | 89kg

9
FW

엘쿠라노

WEEKLY　BEST 11

경력

우베를란지아EC(19~20)
▷모우라(20~21)
▷노로에스테(21)
▷마르실리우지아스(21~22)
▷CE아이모레(22)
▷고이아스(22~25)
▷CRB(25)
▷안양(26~)

K리그 통산기록

－

대표팀 경력

－

모따의 뒤를 이을 대형 스트라이커. 안양은 2025시즌 14골 4도움을 터트린 모따가 전북으로 이적하면서 최전방에 공백이 발생했다. '외국인 맛집'으로 유명한 안양이 선택한 대체자는 엘쿠라노였다. 엘쿠라노는 브라질 명문 플라멩구, 바스쿠 다가마 유스팀을 거친 '될성부른 떡잎'이었다. 브라질 4부 리그에서 시작해 점차 리그 레벨을 높여 2022년 1부 리그 소속이던 고이아스로 이적했다. 팀은 2부로 강등됐지만, 22경기에서 6골을 터트렸다. 부상을 이겨낸 엘쿠라노는 2025시즌엔 클루비로 이적해 28경기 6골을 기록하며 부활에 성공했다. 안양에서는 주전으로 도약해 최전방을 책임져야 할 역할을 부여받았다. 모따가 했던 대로만 해주면 금상첨화. 엘쿠라노도 모따처럼 피지컬이 뛰어나다. 189cm, 89kg의 체구를 지닌 타깃형 스트라이커다. 신체조건도 좋은데 점프력도 뛰어나다. 모따보다 발이 빠르다는 평가다. 광주에서 뛰었던 펠리페(청두 룽청)와 비슷한 유형이다. K리그에 얼마나 빠르게 적응하느냐가 관건이다. 모따는 천안시티 소속으로 K리그2를 '씹어먹은' 뒤에 K리그1에 자연스레 녹아들었다. 엘쿠라노가 해외 클럽에서 뛰는 건 이번이 처음이다.

■브라질 2부 리그 기록

2025시즌 기록

4	1,062(25) MINUTES 출전시간(경기수)	5 GOALS 득점	0 ASSISTS 도움	0	- WEEKLY BEST 11 주간베스트11

강점	공중볼, 박스 안 파괴력	특징	브라질 명문 유스 출신
약점	기복, 첫 해외 진출	별명	Orelha (포르투갈어로 '귀')

한가람

1998년 2월 9일 | 28세 | 대한민국 | 177cm | 70kg
경력 | 오버노일란트(17~21) ▶ 슈포르트프로인트로테(21~22) ▶ 레덴(22~23)
▶ 안양(24~)
K리그 통산기록 | K리그1 – 12경기 1득점 | K리그2 – 8경기
대표팀 경력 | –

독일에서 축구를 익힌 유럽파다. 축구에 대한 학구열이 높기로 유명하다. 유럽축구연맹 지도자 라이선스B를 보유하고 있을 정도. 2024년 느지막이 K리그에 입성했다. 안양 첫 시즌은 선발과 교체를 오가며 팀의 1부 승격을 이끌었다. 2025시즌 안양의 부주장을 맡아 선수단과 코치진의 가교 구실을 했다. 불의의 부상으로 경기장 안에서는 팀에 큰 기여를 하지 못했다. 2026시즌에는 좀 더 많은 경기를 뛰며 '선수 한가람'의 진가를 알릴 필요가 있다. 한가람의 장점은 중앙 미드필더와 수비형 미드필더로서 몸을 사리지 않는 끈기와 지능적인 플레이다.

2025시즌 기록					- WEEKLY BEST 11 주간베스트11	강점	약점
1	0	689(12) MINUTES 출전시간(경기수)	1 GOALS 득점	0 ASSISTS 도움		축구지능	부상

김동진

1992년 12월 28일 | 34세 | 대한민국 | 177cm | 74kg
경력 | 대구(14~17) ▶ 경찰(18~19) ▶ 대구(19~20) ▶ 경남(21) ▶ 안양(22~)
K리그 통산기록 | K리그1 – 69경기 1득점 5도움 | K리그2 – 225경기 15득점 11도움
대표팀 경력 | –

안양의 리빙 레전드로 나아가고 있댜. 대구에서 오랜 시간을 뛰다가 경남을 거쳐서 2022시즌 안양에 합류했다. 경남에서 전성기의 시작을 알렸고, 안양에서 그 기세를 드높이고 있다. 풀백, 윙백, 윙어를 가리지 않고 성실함을 보이면서 유병훈 감독의 신임을 받고 있다. 2023, 2024시즌 공격 포인트를 8개 터트리면서 파괴력을 입증했다. K리그2 최고의 사이드백으로 거듭난 후 안양과 재계약해 충성심까지 증명했다. 동료들에게도 신뢰받는 부주장으로 2025시즌 부상에서 돌아와 안양의 왼쪽을 책임졌다. 김동진이 있는 한 안양의 왼쪽은 크게 걱정이 없다.

2025시즌 기록					2 WEEKLY BEST 11 주간베스트11	강점	약점
4	0	2338(24) MINUTES 출전시간(경기수)	0 GOALS 득점	5 ASSISTS 도움		리더십, 오버래핑	대인마크

김다솔

1989년 1월 4일 | 37세 | 대한민국 | 188cm | 80kg
경력 | 포항(10~14) ▶ 대전(15) ▶ 인천(16) ▶ 수원FC(17~18) ▶ 수원삼성(19~20)
▶ 전남(21~23) ▶ 안양(24~)
K리그 통산기록 | K리그1 – 77경기 104실점 | K리그2 – 130경기 140실점
대표팀 경력 | –

안양의 첫 승격과 잔류를 이끈 일등공신이다. 포항에서 큰 기대를 받으며 데뷔했지만, 대전과 인천에서의 활약은 미미했다. 김다솔은 2018시즌 수원FC에서 커리어 처음으로 NO.1로 등극했다. 수원 삼성, 전남을 거치며 들쑥날쑥, 롤러코스터와 같은 커리어를 밟았다. 전남에서 다시 도약한 김다솔은 2024시즌 안양의 승격을 이끌면서 K리그2 최고 골키퍼로 인정받았다. 30대 중반에도 K리그1에서 안정적인 실력으로 팀의 잔류를 이끌었다. 2025시즌 최종전 부상으로 새 시즌 초반 뛸 수 없지만, 부상에서 돌아오면 경기장 안팎에서 팀에 긍정적인 영향을 끼칠 것이 자명하다.

2025시즌 기록					2 WEEKLY BEST 11 주간베스트11	강점	약점
3	1	3,510(35) MINUTES 출전시간(경기수)	108 SAVE 선방	42 LOSS 실점		선방능력, 연륜	세월의 무게

권경원

1992년 1월 31일 | 34세 | 대한민국 | 189cm | 84kg
경력 | 전북(13~14) ▷ 샤바브알아흘리(15~16) ▷ 텐진(17~19) ▷ 전북(19) ▷ 김천(20~21)
▷ 성남(21) ▷ 감바오사카(22~23) ▷ 수원FC(24) ▷ 코르파칸(24~25) ▷ 안양(25~)
K리그 통산기록 | K리그1 – 112경기 5득점 3도움
대표팀 경력 | –

2025시즌 안양으로 깜짝 이적해 국내 축구계를 놀라게 한 국가대표 센터백이다. 실력은 말이 필요없다. 전북에서 국대급 잠재력을 인정받은 뒤 아랍에미리트, 중국, 일본 등 다양한 리그를 경험했다. 국내에선 상주, 성남, 수원FC에서 뛰었다. 어느 팀에서나 국가대표 수비수다운 안정 감과 공중볼 장악 능력, 날카로운 왼발 빌드업 능력을 뽐냈다. 2025시즌 여름에 안양의 유니 폼을 입고서도 곧바로 주전으로 도약했다. 이창용과 함께 안양의 최후방을 든든히 지켰다. 일 단 2026년에 두 번째 시즌을 맞이하지만, 그간 국내와 해외를 활발히 오간 경력을 놓고 볼 때, 풀 시즌을 소화할진 미지수.

2025시즌 기록						강점	약점
3	1	**1,231(12)** MINUTES 출전시간(경기수)	**0** GOALS 득점	**0** ASSISTS 도움	**1** WEEKLY BEST 11 주간베스트11	왼발 빌드업, 수비 리딩	이적 가능성

이태희

1992년 6월 16일 | 34세 | 대한민국 | 181cm | 66kg
경력 | 성남(15~17) ▷ 상무(18~19) ▷ 성남(19~21) ▷ 대구(22) ▷ 안양(23~)
K리그 통산기록 | K리그1 – 184경기 6득점 15도움 | K리그2 – 81경기 2득점 5도움
대표팀 경력 | –

김동진과 함께 안양의 좌우를 책임지는 핵심 자원이다. 상주 시절을 제외하면 성남에서 오랫 동안 뛰었다. 대구에서는 별다른 활약이 없었고, 2023시즌 안양에 입단했다. 첫 시즌에는 다 소 아쉬운 모습을 보여줬지만 2024시즌 축구인생 최고의 순간을 만끽했다. 기복없는 모습으 로 안양의 우측을 책임졌다. 리그 베스트 일레븐에 뽑혔다. K리그1에서도 '믿을맨'이었다. 와인 처럼 나이가 들수록 점점 플레이가 더 완숙해지고 있다는 느낌을 준다. 공격 포인트가 아쉽다 는 평가가 있지만 여러 장점으로 단점을 상쇄한다.

2025시즌 기록						강점	약점
6	0	**3,147(32)** MINUTES 출전시간(경기수)	**0** GOALS 득점	**1** ASSISTS 도움	**-** WEEKLY BEST 11 주간베스트11	오버래핑, 에너지	크로스, 마무리 패스

최건주

1999년 6월 26일 | 27세 | 대한민국 | 175cm | 64kg
경력 | 안산(20~22) ▷ 부산(23~24) ▷ 대전(24~25) ▷ 안양(26~)
K리그 통산기록 | K리그1 – 30경기 5득점 2도움 | K리그2 – 129경기 15득점 6도움
대표팀 경력 | –

'건대 음바페'는 2020년 안산 입단으로 프로에 발을 디딘 후 꾸준히 우상향했다. 2023년 부산 으로 이적하면서 새로운 도전에 나섰다. 부산에서 잠재력을 터뜨리지 못한 최건주는 2024시 즌 도중 K리그1 클럽인 대전으로 이적하면서 새로운 도전에 나섰다. 대전에서는 주로 후반전 조커로 뛰며 안산 시절의 날카로움을 조금씩 찾아갔다. 하지만 늘 출전 시간에 대한 목마름이 있었다. 더 이상 유망주가 아니기에 고질적인 마무리 능력을 개선할 필요가 있다. 야고가 떠난 안양에서 최건주의 스피드는 강력한 무기가 될 것이다.

2025시즌 기록						강점	약점
2	0	**949(15)** MINUTES 출전시간(경기수)	**4** GOALS 득점	**0** ASSISTS 도움	**3** WEEKLY BEST 11 주간베스트11	스피드, 오프 더 볼	마무리

김정현

1993년 6월 1일 | 33세 | 대한민국 | 185cm | 74kg
경력 | 오이타(12~15) ▷ 광주(16~17) ▷ 성남(18~19) ▷ 부산(20~22) ▷ 안양(22~)
K리그 통산기록 | K리그1 – 73경기 5득점 1도움 | K리그2 – 129경기 9득점 4도움
대표팀 경력 | –

일본에서 커리어를 시작한 독특한 경력의 소유자. 2016시즌 광주로 이적하면서 K리그에 도전했다. 광주에서 아쉬운 시간을 보냈고, 2018년 성남으로 이적해 팀의 1부 승격을 이끌면서 본격적으로 이름을 알렸다. 부산으로 이적해서도 성실한 경기력을 보인 김정현은 2023시즌 도중 안양으로 임대 이적, 커리어의 또 다른 전환점을 만들었다. 안양에서 궂은일을 도맡으면서 허리를 든든히 지켰다. 2024시즌 최고의 활약으로 리그 베스트 일레븐에 선정되는 영예를 누렸다. 때로는 위험한 플레이를 펼치지만, 김정현의 에너지는 늘 팀에 이롭다.

2025시즌 기록					강점	약점
8	0	**2,187(26)** MINUTES 출전시간(경기수)	**0** GOALS 득점	**0** ASSISTS 도움	**-** WEEKLY BEST 11 주간베스트11	거친 압박, 수비진 보호	카드 리스크, 주력

유키치

Ivan Jukić

1996년 6월 21일 | 30세 | 보스니아 | 176cm | 69kg
경력 | RNK 플리트(14~17) ▷ NK이모츠키(16) ▷ 코로나키엘체(17~20) ▷ FK사라예보(20~21) ▷ 즈리니스키모스타르(21~24) ▷ 시로키브리예그(24~25) ▷ 안양 (25~)
K리그 통산기록 | K리그1 – 11경기 3득점 1도움
대표팀 경력 | –

안양이 또또또 발굴한 '보스니아 보물'. 크로아티아 1부 리그에서 데뷔한 후 폴란드, 보스니아를 두루 거쳤다. 모스타르 속으로 두 시즌 연속 리그 출전 시간이 1000분 내외였지만 공격 포인트를 10개 가까이 터트릴 정도로 '극강의 효율'을 자랑했다. 그 능력은 안양에서도 고스란히 확인할 수 있었다. 2025시즌 후반기에 합류해 약 134분당 1개의 공격포인트를 생산했다. 좌우 측면을 모두 소화할 수 있는 멀티성에 성실함과 이타성을 지니고 있다. 골문 앞 번뜩임은 보너스. 안양은 이번 시즌 유키치에 10번을 맡겼다.

2025시즌 기록					강점	약점
1	0	**537(11)** MINUTES 출전시간(경기수)	**3** GOALS 득점	**1** ASSISTS 도움	**2** WEEKLY BEST 11 주간베스트11	양발잡이, 공격pt 생산성	골 결정력

김보경

1989년 10월 6일 | 37세 | 대한민국 | 176cm | 72kg
경력 | 오이타(10) ▷ 세레소오사카(11~12) ▷ 카디프시티(12~14) ▷ 위건(15) ▷ 마츠모토야마가(15) ▷ 전북(16~17) ▷ 가시와레이솔(17~18) ▷ 울산(19) ▷ 전북(20~22) ▷ 수원FC(23~24) ▷ 안양(25~)
K리그 통산기록 | K리그1 – 203경기 32득점 35도움 | K리그2 – 14경기 1득점
대표팀 경력 | 38경기 4득점, 2010 · 2014 월드컵

2012년 런던 올림픽 동메달 주역. 한때 제2의 박지성이라고 불렸을 정도로 국가대표 핵심이었다. 일본에서 맹활약 후 프리미어리그를 밟았다. 전북으로 이적해 K리그에 상륙했다. 전북에서 국대 2선다운 활약을 해낸 후, 일본 무대로 돌아갔다. 가시와가 강등된 후에는 울산으로 이적했다. 울산에서 데뷔하자마자 최고의 퍼포먼스로 K리그1 MVP를 차지했다. 전북으로 다시 돌아가서는 MVP다운 실력을 선보이지 못했다. 2023시즌 수원으로 이적했지만 팀의 강등을 막지 못해 '강등전도사'란 꼬리표가 붙었다. 안양에선 후반에 교체투입해 중심을 잡아주는 역할을 하고 있다.

2025시즌 기록					강점	약점
0	0	**848(19)** MINUTES 출전시간(경기수)	**2** GOALS 득점	**0** ASSISTS 도움	**1** WEEKLY BEST 11 주간베스트11	경험, 왼발	노쇠화

채현우

2004년 8월 19일 | 22세 | 대한민국 | 178cm | 74kg
경력 | 안양(24~)
K리그 통산기록 | K리그1 – 33경기 4득점 | K리그2 – 26경기 3득점
대표팀 경력 | –

안양 최고 유망주다. 상지대 입학 1년 만에 안양 유니폼을 입었다. 2024시즌에 곧바로 유병훈 감독의 신뢰 속 충분한 출전 기회를 부여받았다. 특유의 적극성으로 안양 공격에 에너지를 불어 넣었다. 리그 3골을 터트리면서 영플레이어상 후보까지도 올랐다. 승격에 일조한 후 2025시즌 롤이 늘었다. 시즌 초반에는 주전급 우측 윙어로 뛰었다. 후반기에는 다소 주전 경쟁에서 밀려 중앙 미드필더로 기용되기도 했다. 22세룰이 무의미해진 2026년에는 순수 실력으로 주전의 자격을 증명해야 한다.

		2025시즌 기록			1 WEEKLY BEST 11 주간베스트11	강점	약점
4	0	1,677(34) MINUTES 출전시간(경기수)	4 GOALS 득점	0 ASSISTS 도움		적극성	애매한 포지션

김영찬

1993년 9월 4일 | 33세 | 대한민국 | 189cm | 84kg
경력 | 전북(13) ▷ 대구(13) ▷ 수원FC(14) ▷ 전북(15~17) ▷ 안양(18) ▷ 수원FC(19) ▷ 부천(20) ▷ 경남(21~23) ▷ 안양(24~)
K리그 통산기록 | K리그1 – 48경기 | K리그2 – 171경기 3득점 4도움
대표팀 경력 | –

방송인 이경규의 사위. 전북에서 데뷔했을 정도로 잠재력을 높이 평가받았다. 당대 최강이었던 전북에서 주전 경쟁은 험난했다. 2018시즌 임대로 안양과 첫 인연을 맺었다. 수원FC에서 한 시즌 더 임대로 뛴 후, 부천으로 완전 이적했다. K리그2는 꼭 맞는 옷이었다. 부천과 경남에서 주전급 센터백으로 뛰었다. 2024시즌 안양으로 다시 돌아왔다. 안양에서는 로테이션 멤버로서의 입지를 구축하고 있다. 2025시즌을 통해 K리그1에서도 통하는 실력을 갖췄다는 걸 2025시즌에 증명했다. 이번 시즌에도 선발과 교체를 오가면서 안양 수비진에 기여할 것으로 기대된다.

		2025시즌 기록			1 WEEKLY BEST 11 주간베스트11	강점	약점
4	0	2,016(24) MINUTES 출전시간(경기수)	0 GOALS 득점	0 ASSISTS 도움		공중볼	빌드업

아일톤
Airton Moisés Santos Sousa

1999년 2월 2일 | 27세 | 브라질 | 179cm | 75kg
경력 | 인테르나시오날(20) ▷ 크루제이루(20~22) ▷ 세아라(21) ▷ 아틀레치쿠고이아니엔시(22~25) ▷ 과라니(24) ▷ 그레미우노보리존치누(25) ▷ 안양(26~)
K리그 통산기록 | 2026시즌 K리그1 데뷔
대표팀 경력 | –

안양에서 알토란 같은 특급조커 역할을 한 뒤 팀을 떠난 야고를 대체하기 위한 카드. 구단이 이적료를 들일 정도로 공을 들인 건 아일톤을 단순히 '백업'이 아니라 '주전'으로 활용하겠다는 의지를 대변한다. 그 정도의 실력파로 여겨진다. 아일톤은 브라질 명문 파우메이라스 유스 출신으로 측면 침투와 드리블 능력이 뛰어난 브라질 테크니션이다. 양 측면을 소화하는 윙어 겸 중앙 공격형 미드필더다. 기존 마테우스와 짝을 맞춰 안양 2선의 파괴력을 높여줄 자원으로 평가받는다. 안양의 2026시즌 성적은 엘쿠라노와 아일톤의 활약 여부에 달렸다.

		2025시즌 기록			- WEEKLY BEST 11 주간베스트11	강점	약점
0	0	555(16) MINUTES 출전시간(경기수)	1 GOALS 득점	1 ASSISTS 도움		일대일 돌파, 유틸리티	K리그 첫 경험, 최근 공식전 출전 경험

■ 브라질 2부 리그 기록

문성우

2003년 5월 15일 | 23세 | 대한민국 | 183cm | 74kg
경력 | 안양(23~)
K리그 통산기록 | K리그1 – 19경기 1득점 1도움 | K리그2 – 48경기 5득점
대표팀 경력 | –

수비형 미드필더로 안양에 입단했지만 이제는 윙어로 뛰고 있는 유망주. 첫 시즌부터 곧바로 출전 기회를 받기 시작하면서 안양의 미래로 인정받았다. 2024시즌 기회가 큰 폭으로 줄었지만 2025시즌 껍질을 깨고 다시 유병훈 감독의 신뢰를 받기 시작했다. 중앙과 측면을 오갔다. 20대 중반을 향해가는 만큼, 2026시즌이 중요해졌다. 경기장에서 더 보여주지 못한다면 교체 자원 이상의 역할을 받을 수가 없다. 최건주라는 경쟁자도 영입됐다. '수비형 윙어'는 매력이 없다. 더 많은 공격 포인트를 생산할 필요가 있다.

2025시즌 기록					강점	약점
1	0	**1,018(19)** MINUTES 출전시간(경기수)	**1** GOALS 득점	**1** ASSISTS 도움	**1** WEEKLY BEST 11 주간베스트11	잠재력	공격 포인트 생산력

강지훈

1997년 1월 6일 | 29세 | 대한민국 | 177cm | 64kg
경력 | 강원(18~20) ▷ 상무(20~21) ▷ 강원(22~24) ▷ 부산(24) ▷ 안양(25~)
K리그 통산기록 | K리그1 – 91경기 3득점 3도움 | K리그2 – 33경기 2득점 2도움
대표팀 경력 | –

윙어 출신이지만 강원 입단 후 풀백으로 자주 뛰었다. 연령별 대표팀까지도 소화했을 정도로 기대를 받았지만 K리그1에서 제대로 뿌리내리지 못했다. 최용수 감독 밑에서는 중용을 받았다. 안타깝게도 심각한 부상 후 주전 경쟁에서 입지를 잃게 됐다. 이후 부산을 거쳐서 안양에 입단했다. 첫 시즌부터 윙어와 풀백을 좌우를 가리지 않고 맡아주면서 알토란 같은 활약을 해줬다. 2025시즌 강지훈이 뛴 경기에선 측면 에너지가 살아나는 느낌을 줬다. 2026시즌에도 여러 포지션을 맡아서 팀에 안정감을 줄 것으로 기대된다.

2025시즌 기록					강점	약점
4	0	**1,545(22)** MINUTES 출전시간(경기수)	**0** GOALS 득점	**0** ASSISTS 도움	**–** WEEKLY BEST 11 주간베스트11	윙어 풀백 윙백 소화 가능	날카로움

주현우

1990년 9월 12일 | 36세 | 대한민국 | 173cm | 66kg
경력 | 광주(15~17) ▷ 성남(18~19) ▷ 안양(20~)
K리그 통산기록 | K리그1 – 110경기 4득점 11도움 | K리그2 – 193경기 6득점 24도움
대표팀 경력 | –

현역병으로 복무한 특이한 이력의 소유자다. 일찌감치 병역을 해결한 주현우는 2015년 광주에서 프로 커리어를 쌓았다. 성남으로 이적해 2019년 팀의 잔류에 공헌했다. 2020년 운명처럼 안양으로 이적해 안양 역대 최다 출장 기록을 썼다. 전성기 시절에는 리그 베스트 일레븐까지 뽑혔을 정도로 실력을 인정받았다. 공격부터 수비까지 모든 포지션을 가리지 않는 멀티성을 보유하고 있다. 하지만 나이가 들어가면서 점점 출전 시간이 자연스럽게 줄어들고 있다. 주현우는 2025시즌이 끝난 뒤 재계약을 체결하면서 안양 전설로서의 길을 선택했다.

2025시즌 기록					강점	약점
0	0	**504(7)** MINUTES 출전시간(경기수)	**0** GOALS 득점	**0** ASSISTS 도움	**–** WEEKLY BEST 11 주간베스트11	경험, 유틸리티	노쇠화

전지적 작가 시점

이현석이 주목하는 안양의 원픽!
엘쿠라노

모따라는 강력한 창이 떠났다. 구단 첫 K리그1 시즌, 득점왕 경쟁에 뛰어든 모따의 존재감은 안양의 가장 큰 무기였다. 전북으로 떠난 모따 대체자로 영입된 선수가 엘쿠라노다. 안양 공격진 중 최전방의 역할은 단순히 득점에 국한되지 않는다. 유병훈 감독은 단레이가 팀에서 뛰던 시절부터 최전방 공격수에게 다양한 역할을 부여했다. 문전에서의 마무리는 기본이고, 수비 라인 압박, 뛰어난 활동량, 제공권을 통한 공간 창출을 강조했다. 엘쿠라노가 갖춘 조건은 안양과 유병훈 감독이 꿈꾸는 축구에 부합한다. 공격 지역부터 특유의 활동량이 위협적인 선수다. 청소년 시절 잠재력은 모따보다 훨씬 더 높았다. '육각형'도 모따보다 크다는 평가다. 브라질 리그에서 부상을 당한 뒤 빠르게 회복해 브라질 2부리그를 왕성하게 누볐다. 부상 리스크만 없다면 최건주, 유키치, 마테우스 등 측면과 중앙을 오가며 흔들어줄 수 있는 자원들과의 궁합도 뛰어날 것으로 기대된다. 엘쿠라노의 K리그1 적응이 이른 시간 내에 이뤄진다면, 안양은 또 한 번 경쟁을 뚫어낼 위협적인 창을 보유하게 된다.

지금 안양에 이 선수가 있다면!
오베르단

권경원, 이창용과 같은 리더들이 자리한 수비진. 마테우스가 주도하는 공격과 달리 안양의 중원은 언제나 일말의 아쉬움을 남긴다. 김정현과 토마스는 선발로 출전한다면 K리그1에서도 충분히 뛰어난 자원이다. 안양이 강조하는 중원 장악력을 보여줄 수 있다. 다만 김정현은 매 시즌 부상, 컨디션 문제를 안고 있다. 토마스는 지난 시즌부터 이어진 체력 부담을 고려할 수밖에 없다. 새롭게 합류한 이진용도 아직은 '물음표'다. K리그1에서 꾸준히 경쟁력을 유지하기 위해선 허리인 중원 자원의 활약이 중요하다. 안양도 중원 장악력을 강조하는 축구를 지향한다. 오베르단은 K리그1 최고의 중앙 미드필더다. 수비적인 헌신과 활동량, 중앙에서의 패스, 공격 진영에서 번뜩이는 움직임까지 갖췄다. K리그 합류 후 매 시즌 리그 베스트11 후보에 오를 정도로 꾸준했다. 큰 기복 없이 안정적인 활약을 선보였다는 의미다. 유사시에는 박스 안에서 직접 타격도 가능하다. 육각형 미드필더의 존재는 안양의 전력을 업그레이드할 수 있는 매력적인 존재다. 게다가 브라질리언과 안양의 보라색은 제법 잘 어울린다.

이동경
김영권
보야니치
정승현
말컹
강상우
이규성
허율
에릭
서명관
이희균
윤종규
트로야크
벤지
정재상
페드링요
조현택
이민혁
야고
백인우
이진현
조민서
박우진
심상민
이재익

울산 HD FC

'울산답게' 울산 부활을 노래하다

울산 HD FC

'영원한 왕조는 없다.' 울산이 '아픈 1년'을 겪으며, 가슴에 새긴 문구다. 구단 최초 K리그1 3연패를 차지할 때만 해도 울산 왕조는 영원할 것 같았다. K리그1 우승별의 개수를 5개로 늘리며 최다우승 전북 추격에 박차를 가했다. 리그 수준을 끌어올릴 만큼 '좋은 축구'를 펼쳤고, 라이벌들도 알아서 미끄러졌다. 꽃길만 펼쳐진 줄 알았거늘, 한순간의 방심이 화를 불렀다. 동남아시아 축구에서 두각을 드러낸 김판곤, 신태용 감독을 연이어 선임한 건 '패착'이었다. 이청용의 골프 세리머니는 울산의 '내리막 시즌'을 상징하는 장면이었다. 계속된 영입 실패로 전력이 약해지고, 세대교체도 더디게 진행됐다. 2025년 9위 성적으로 가까스로 잔류한 건 그나마 다행이었다. 2026년 되살려야 하는 건 선수단의 경기력, 라커룸 멘털리티만이 아니다. 리딩 구단의 자존심도 되찾아야 하고, '집' 나간 팬들도 다시 울산 문수월드컵경기장으로 불러모아야 한다. 2024년 유료 관중 18,611명은 2025년 14,465명으로 4000명 이상 줄었다. 프런트의 혁신적인 마케팅, 김현석 감독이 직접 집필하는 감동의 반전 드라마, 선수들의 '불원천불우인'의 자세다.

구단 소개

정식 명칭	울산 HD FC
구단 창립	1983년 12월 6일
모기업	HD 현대
상징하는 색	블루, 옐로우
경기장(수용인원)	울산 문수축구경기장 (37,897명)
마스코트	미타
레전드	유상철, 김현석, 김병지, 이천수, 이호 등
서포터즈	처용전사
커뮤니티	–

우승

K리그	5회 (1996, 2005, 2022, 2023, 2024)
코리아컵(FA컵)	1회 (2017)
AFC챔피언스리그(ACL)	2회 (2012, 2020)

최근 5시즌 성적

시즌	K리그	코리아컵(FA컵)	ACL
2025시즌	9위	8강	–
2024시즌	1위	준우승	–
2023시즌	1위	8강	4강
2022시즌	1위	4강	조별리그
2021시즌	2위	4강	4강

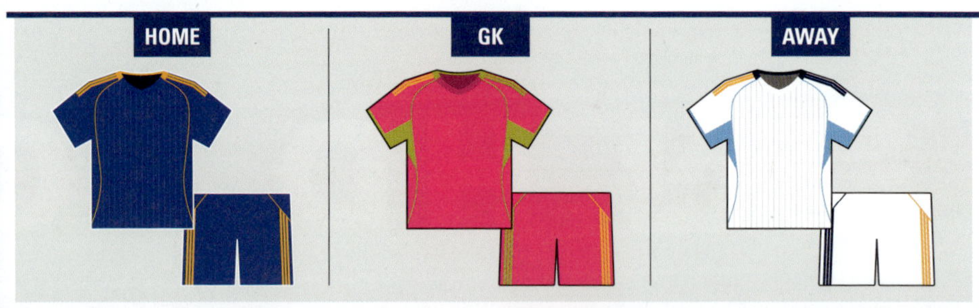

김현석

1967년 5월 5일 | 59세 | 대한민국

K리그 전적
75경기 34승 20무 21패 (*K리그2)

1990년 울산에서 프로데뷔해 2003년 '원클럽맨 레전드'로 은퇴했다. K리그에선 오직 울산에서만 뛰었고, 울산에 첫 리그 우승을 안겼다. 은퇴 후에도 울산 코치로 입문한 김현석 감독은 강릉중앙고, 울산대를 거쳐 2024년, 57세 나이로 충남아산 지휘봉을 잡아 K리그에 데뷔했다. 부임 첫 시즌 충남아산의 역대 최고 성적인 K리그2 준우승을 이끌며 '준비된 지도자'라는 사실을 입증했다. 2025시즌 전남에선 비록 플레이오프 진출에는 아쉽게 실패했지만, 공격 축구는 여전히 호평받았다. 1년만에 전남을 떠난 김현석 감독은 위기에 빠진 친정 울산을 재건하겠다는 일념으로 한달음에 달려왔다. '왕의 귀환'이다.

선수 경력

울산	상무	도쿄베르디	울산

지도자 경력

울산 수석코치	울산대 감독	충남아산 감독	전남 감독	울산 감독(26~)

주요 경력

1996년 울산 첫 리그 우승 주역	1996년 K리그 MVP	2024년 충남아산 구단 최고 성적 K리그2 준우승

선호 포메이션	4-3-3	3가지 특징	울산에서만 20년 이상 '울산 찐 레전드'	프런트 출신다운 유연함	별명과 상반되는 부드러운 지도 스타일

STAFF

수석코치	코치	GK코치	피지컬코치	전력분석관	통역	스카우트
곽태휘	와타나베	김용대	이인철	채봉주	조영철	박보배
	이정열		정성덕	홍석영	김강	김영근
	이용		박영훈	김태훈		
			하진범			

2 0 2 5　R E V I E W

아디다스 포인트로 보는 울산의 2025시즌 활약도

2025년 K리그1 MVP를 보유한 팀이 이토록 부진할 수가 있나? 정답, 있다. 이동경은 다이나믹포인트 전체 1위를 기록했지만, 대부분의 포인트를 김천에서 땄다. 냉정하게 울산에선 부상 등의 이유로 기대한 모습을 보이지 못했다. 이동경 다음으로 전체 순위가 높은 선수는 에릭인데, 에릭은 팀내 최다득점자이지만 팀이 흔들리던 8월 이후 침묵했다. 2025시즌 골키퍼 중 유일하게 TOP 10에 포함된 조현우는 44위로 추락했다. 공격수부터 골키퍼까지 전 포지션에 걸쳐 두각을 드러낸 선수가 없다는 걸 다이나믹 포인트로 확인할 수 있다. 부진의 원흉인 김판곤, 신태용 감독의 활약상을 포인트로 매기면, 좋은 점수를 주긴 어려울 것이다.

2025시즌 아디다스 포인트 상위 20명　　■ 포인트 점수

포지션 평점

포지션	평점
FW	
MF	🍍 🍍
DF	🍍 🍍
GK	🍍 🍍

출전시간 TOP 3

순위	선수	기록
1위	김영권	3,071분
2위	조현우	2,970분
3위	고승범	2,535분

득점 TOP 3

순위	선수	기록
1위	에릭	10골
2위	루빅손	5골
3위	이청용, 허율	4골

도움 TOP 3

순위	선수	기록
1위	엄원상	5도움
2위	고승범, 루빅손, 보야니치	3도움
3위	강상우, 라카바, 이청용, 이진현	2도움

주목할 기록

25	이동경 2025시즌 공격포인트 (전체 1위)
56.8	울산 점유율 전체 1위

성적 그래프

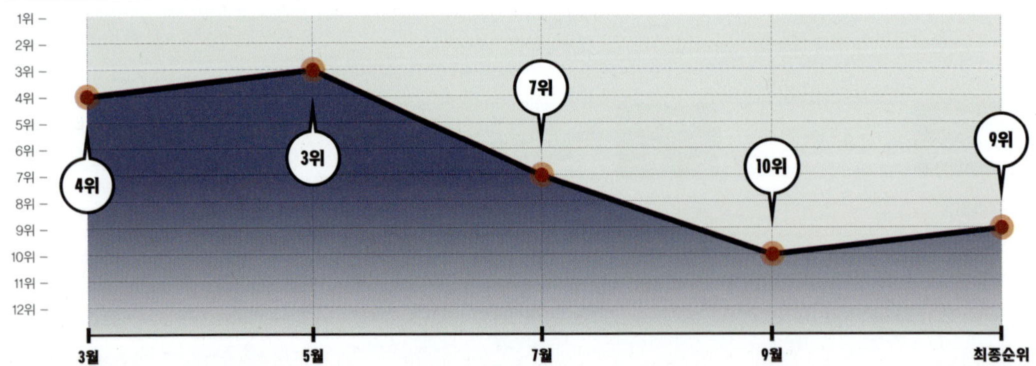

2026 시즌 스쿼드 운용 & 이적 시장 인앤아웃

IN

페드링요_이랜드
벤지_헬싱키
이민혁 박우진
　_수원삼성
야고 이규성
심상민 장시영
최강민_임대복귀
이규형 조민서
최주호 김범환
　_신인

OUT

엄원상 루빅손
　_대전
고승범_수원삼성
정우영_카탈레도야마
김민혁_부산
라카바_비젤라
홍재석_안양
박민서 윤재석
　_김천
이재형_용인
김범환_화성
이청용_계약만료

FW

| 야고 | 에릭 | 이동경 |
| 허율 | 말컹 | 벤지 | 정재상 |

MF

백인우	보야니치	이규성
이진현	이희균	조민서
페드링요	이민혁	박우진

DF

서명관	심상민	윤종규	이재익
장시영	정승현	조현택	최석현
트로야크	강상우	김영권 Ⓒ

GK

| 문정인 | 조현우 | 류성민 | 최주호 |

Ⓒ 주장

더 내려갈 곳이 없다. 감독을 또 교체할 여유도 없다. 계속된 내부 갈등은 팬들의 실망만 키울 뿐이다. 2026년 당장 우승권으로 치고 올라서기 어려울 수 있지만, 어떻게든 대반등의 발판을 놔야 한다. '현대가 라이벌' 전북의 2025시즌은 좋은 참고 자료다. 감독 역량이 라커룸에 만연한 루징 멘털리티를 위닝 멘털리티로 바꿔 드라마틱한 성적 향상으로 불러올 순 있단 사실을 보여줬다. 김현석 감독의 부드러운 리더십과 공격 축구는 울산에 새 바람을 일으킬 수 있다. 이동경이 유럽 러브콜을 뿌리치고 잔류한 건 '희망 시그널'이다. 울산이 이적시장에서 적극적이지 않은 건, 바꿔 말하면 적극적일 필요가 없을 정도로 탄탄한 스쿼드를 갖췄다는 의미이기도 하다. 리그 3연패 경험을 지닌 선수도 남아있다. '이게 팀이다'라고 외칠 수 있는, 분위기만 타면 된다.

주장의 각오

김영권

"울산 HD의 이름에 걸맞은 엄중한 책임감으로 매 순간 행동하며, 흔들리지 않는 선수단, 결과로 팬들이 자부심을 느낄 수 있게 하겠다. 정승현, 이동경 부주장과 소통하며 팀을 하나로 묶고, 어떤 시련 속에서도 가장 앞서 뛰며 울산다운 축구로 다시 한번 정상에 도전하겠다."

2026 예상 베스트 11

이적시장 평가

울산의 겨울은 조용했다. 이청용, 고승범, 엄원상, 루빅손, 정우영, 라카바 등이 떠난 상황에서 20대 젊은 자원인 정재상, 이민혁, 박우진과 외인 2선 자원인 페드링요, 벤지를 영입했다. 영입생 중 확실한 주전감은 없어 뎁스 약화에 대한 우려를 씻을 수 없다. 선발진의 퀄리티는 어느 팀과 견줘도 손색이 없지만, 문제는 백업이다. 리그 3연패 시절 더블 스쿼드를 구축할 때와 비교하면, 전반적인 선수단 퀄리티가 떨어졌다. 그런 와중에 이동경을 유럽 러브콜로부터 지켜낸 건 영입과 다름없다. 김현석 감독은 충남아산에서 주닝요(포항)의 잠재력을 끌어올린 경험을 살려 페드링요도 최고의 선수가 될 수 있다고 자신하고 있다.

저자 5인 순위 예측

• 윤 진 만 •	• 박 찬 준 •	• 김 가 을 •	• 김 대 식 •	• 이 현 석 •
6위_부자는 망해도 3년을 간다고 했다. 침체된 분위기를 바꾸는 건 쉽지 않겠지만, 여전히 스쿼드는 정상급 선수로 구성되어 있다. 김현석의 '레전드' 효과도 기대.	**7위**_아무리 명가라도 강등권까지 추락한 생채기를 치유하기란 쉽지 않다. 게다가 울산은 올 겨울 보강이 거의 없었다. 김현석 감독의 지도력도 미지수다.	**4위**_더 이상 물러설 곳이 없다. 새롭게 지휘봉을 잡은 김현석 감독도, 지난해 자존심을 구긴 선수들도 간절하다. 새롭게 합류한 외국인 선수들의 활약이 중요하다.	**7위**_지난 시즌 울산은 외부 충격 때문에 흔들린 게 아니다. 안에서 무너졌다. 안에서 터진 상처는 쉽게 봉합되지 않는다. 상처를 치유해야 할 인물이 빅클럽 경험 없는 김현석 감독이다. 반등이 쉽지 않다.	**5위**_기대 이하의 시즌. 작년은 울산에게 잊고 싶은 기억. 그럼에도 전력은 여전히 K리그 상위권이다. 중원과 말컹의 경기력이 순위를 결정할 것.

이동경

1997년 9월 20일 | 29세 | 대한민국 | 175cm | 68kg

경력

울산(18)
▷안양(18)
▷울산(19~21)
▷샬케04(22)
▷한자로스톡(22~23)
▷울산(23)
▷김천(24~25)
▷울산(25~)

K리그 통산기록

K리그1 – 143경기 38득점 25도움
K리그2 – 10경기

대표팀 경력

16경기 3득점
2020 올림픽

2026시즌을 앞두고 잉글랜드 클럽 레스터시티로부터 큰 관심을 받았으나, 고심 끝에 잔류를 택했다. 2018년에 입단한 '친정' 울산의 반등을 이끌어야 한다는 생각이 1번, 안정적인 환경에서 2026년 북중미월드컵에 출전하겠다는 생각이 2번이었다. 2018년 울산에서 프로데뷔한 이동경은 K리그에서 두각을 드러낸 2022년 독일 샬케 임대로 첫번째 유럽 도전에 나섰다. 준비가 덜 된 탓인지, 유럽 생활은 철저한 실패로 남았다. 그런 기억이 있는 이동경은 두번째 유럽 진출에 더 신중할 수밖에 없었다. 울산도 파격적인 대우로 응답했다. 2025시즌부로 달라진 이동경의 위상을 엿볼 수 있는 스토리다. 이동경은 '왼발 마법사'의 역량을 마음껏 발휘하며 13득점 12도움이라는 놀라운 스탯을 생산했다. K리그를 누볐던 수준급 외인 '크랙' 뺨치는 퍼포먼스였다. 시즌 중 울산으로 돌아와서 부상을 당하기 전까지 팀의 잔류를 위해 뛰기도 했다. 울산의 아쉬운 성적에도 시즌 MVP는 이동경에게 돌아갔다. 2026시즌 울산에 남은 이동경은 더 주목받는 선수가 됐다. 이동경은 울산의 대반등, 첫 월드컵 출전이라는 두 가지 목표를 달성하기 위해 오늘도 왼발을 휘두른다.

2025시즌 기록

1	2,915(36) MINUTES 출전시간(경기수)	13 GOALS 득점	12 ASSISTS 도움	0	12 WEEKLY BEST 11 주간베스트11

강점	왼발 킥 정확도, 창의적인 플레이	특징	울산 프랜차이즈 스타, 왼발 마법사
약점	수비기여도	별명	도쿄리

김영권

1990년 2월 27일 | 36세 | 대한민국 | 184cm | 86kg

경력

FC도쿄(10~11)
▷오미야아르디쟈(11~12)
▷광저우헝다(12~18)
▷감바오사카(19~21)
▷울산(22~)

K리그 통산기록

K리그1 – 125경기 3득점 1도움

대표팀 경력

112경기 7득점
2012 올림픽
2014 · 2018 · 2022 월드컵

서른둘의 나이로 뒤늦게 K리그에 입성해 어느덧 4년 차를 맞이했다. 울산과는 잠깐 스치는 인연이 아니었다. 2022 시즌부터 2025시즌까지 시즌당 평균 31경기에 달하는 125경기를 뛰었다. 2012년 런던올림픽 동메달을 함께 이끈 홍명보 감독의 부름을 받고 울산에 입단한 김영권은 홍명보 감독이 국가대표팀을 맡으러 떠난 이후로도 베테랑으로서 팀 후방을 든든히 지켰다. 울산 리그 3연패 주역이다. 2025년 말에 기존 계약이 만료되는 김영권은 시즌 중인 7월 기여도를 인정받아 재계약 체결에 이르렀다. 김영권은 현대축구가 요구하는 빌드업에 최적화된 왼발잡이 센터백으로, 2025시즌 K리그1 모든 선수를 통틀어 가장 많은 패스(2283개)를 기록했다. 안정적인 백패스, 횡패스는 '지양'하고, 과감하고 창의적인 전진 패스를 '지향'한다. 수비수 중 공격지역으로의 패스(435개)가 가장 많고, 롱패스 성공 횟수(208개)는 필드 플레이어 중 가장 많았다. 볼 획득(319개)은 전체 2위에 달할 정도로 전진 수비에도 능하다. 다만 대인마크에 약점을 보인다. 나이듦에 따라 주력도 느려지는 모습이다. 스타일이 다른 센터백 파트너가 옆에 있으면 김영권의 왼발은 더욱 빛날 수 있다. 2년 연속 주장 완장을 찼다.

2025시즌 기록

4	3,071(36) MINUTES 출전시간(경기수)	0 GOALS 득점	1 ASSISTS 도움	0	3 WEEKLY BEST 11 주간베스트11

강점	수비 조율, 빌드업 최적화	특징	카잔의 기적 주역, 울산 캡틴
약점	대인마크, 주력	별명	킹영권, 권나바로

보야니치　Darijan Bojanić　　1994년 12월 28일 | 32세 | 스웨덴 | 180cm | 74kg

경력

외스트르스(11~13)
▷ 예테보리(13~14)
▷ 헬싱보리(14~16)
▷ 외르테르순드(17)
▷ 헬싱보리(17~18)
▷ 함마르뷔(19~22)
▷ 울산(23~)

K리그 통산기록

K리그1 – 61경기 4득점 7도움

대표팀 경력

2경기

2022시즌 K리그1을 제패한 울산이 입대한 원두재의 공백을 메우기 위해 영입한 카드. 화려한 경력의 소유자다. 스웨덴 각급 연령별 대표팀을 거쳐 2020년 1월 성인 대표팀에 뽑혔다. A매치 2경기를 치렀다. 2021년 9월 '아버지의 나라' 보스니아 시민권을 취득했으나, 대표팀엔 뽑히지 않았다. 예테보리, 외르테르순드, 함마르뷔와 같이 스웨덴을 대표하는 클럽에서 리그 최고 수준의 패서로 활약했다. 함마르뷔 소속이던 2019년 스웨덴 1부에서 12개 도움으로 도움왕을 수상하기도 했다. 2023년 울산 입단 첫 해 홍명보호 플랜에서 배제됐던 보야니치는 2024시즌 핵심 미드필더로 뛰며 울산의 리그 3연패에 일조했다. 상대 허를 찌르는 패스와 볼 컨트롤 능력을 본 울산팬은 '문수 지단'이라고 부르며 열광했다. 보야니치는 2025년 3월 전북과의 현대가더비에서 결승골로 강렬한 인상을 남겼다. 같은 달 훈련 중 부상을 당해 두 달간 결장했다. 이 시기는 울산이 내리막을 탄 시기와 절묘하게 일치한다. 보야니치의 존재감을 다시금 확인할 수 있었다. 6월 울산과 재계약을 맺고 팀의 잔류를 뒷받침했다. 짧은 출전 시간에도 팀내에서 키패스(37개)가 가장 많았다. 보야니치의 키패스는 2026시즌에도 울산의 '키'다.

2025시즌 기록

0	1,638(26) MINUTES 출전시간(경기수)	2 GOALS 득점	3 ASSISTS 도움	0	4 WEEKLY BEST 11 주간베스트11

강점	천부적인 볼 배급, 날카로운 중거리슛	특징	믿고쓰는 크로아티아산 MF (어머니가 크로아티아 출신)
약점	피지컬, 압박	별명	문수지단

조현우

1991년 9월 25일 | 35세 | 대한민국 | 189cm | 78kg

경력

대구(13~19)
▷울산(20~)

K리그 통산기록

K리그1 – 323경기 366실점
K리그2 – 94경기 103실점

대표팀 경력

46경기
2018 · 2022 월드컵

명실상부한 K리그 최고의 수문장, 나아가 울산 역대 최고의 골키퍼로 손색이 없는 커리어를 쌓고 있다. 동물적인 선방 능력을 지닌 골키퍼는 공격수 못지않은 스타가 될 수 있다는 걸 보여줬다. 2020시즌을 앞두고 울산에 입단해 6시즌 연속 NO.1으로 골문을 든든히 지켰다. 울산의 AFC챔피언스리그 우승, K리그1 3연패 뒤엔 조현우가 있었다. 2018년 러시아월드컵에서 셀 수 없이 많은 슈퍼세이브로 한국의 16강 진출을 뒷받침했다. 특히, '카잔의 기적'을 연출한 독일전에선 경기 최우수선수로 뽑혔다. 리그에선 2015~2016년 K리그2, 2017~2024년 K리그1 베스트11에 연속해서 뽑혔다. 2024시즌엔 16년만에 '골키퍼 MVP'를 수상했다. 2025시즌 처음으로 베스트11을 놓쳤다. 팀의 부진과 함께 조현우도 흔들렸다. 울산 입단 후 최소 클린시트(9회), 최다 실점(45)을 기록했다. 시즌 초엔 뜻밖의 부상까지 찾아왔다. 그 와중에 동해안 더비에서 골키퍼 코치와 상담 후 페널티킥을 선방하는 등 기지를 발휘했다. 국가대표팀에선 부상을 털고 돌아온 김승규에게 다시 1번 자리를 내준 조현우. 월드컵이 열리는 2026년엔 별명대로 다시 '빛'나는 순간을 꿈꾸고 있다.

2025시즌 기록

2	2,970(33) MINUTES 출전시간(경기수)	103 SAVE 선방	45 LOSS 실점	0	6 WEEKLY BEST 11 주간베스트11

강점	동물적인 선방 능력	특징	16년만의 K리그 골키퍼 MVP
약점	롱패스 정확도	별명	빛현우

야고 Yago Cariello Ribeiro

1999년 7월 27일 | 27세 | 브라질 | 188cm | 88kg

경력

투피남바스(20)
▷콘데이샤(20~21)
▷산타렘(21~22)
▷포르티모넨스(22~23)
▷강원(23~24)
▷울산(24~25)
▷저장(25)
▷울산(25~)

K리그 통산기록

K리그1 – 46경기 14득점 3도움

대표팀 경력

–

브라질 유명구단 바스코 다 가마 유스 출신 공격수. 프로 초창기엔 크게 빛을 보지 못했다. 브라질에서 출발해 포르투갈에서 경력을 쌓았다. 2023년, 아시아 진출로 커리어에 변화를 줬다. 강원에 임대를 와 2024시즌 전반기에 K리그1 18경기에 출전해 9골을 폭발하며 확실한 존재감을 과시했다. 상대 수비진에 부담을 줄 수 있는 탄탄한 체구에서 비롯된 파워풀한 플레이와 날카로운 왼발 킥 능력을 마음껏 뽐냈다. 시즌 중 팀을 떠난 마틴 아담의 공백을 메우기 위해 검증된 공격수 영입에 나선 리그 챔피언 울산으로 이적했다. 이적 과정에서 계약 논란이 빚어졌지만, 금세 봉합됐다. 울산 유니폼을 입고 5번째 경기인 광주전에서 결승골로 데뷔골을 작성했고, 곧이어 포항과의 동해안 더비에서 연속골을 터뜨리며 역사적인 5-4 승리를 이끌었다. 울산은 야고가 득점한 4경기에서 모두 승리하며 3연패를 달성했다. 2025시즌 때아닌 고비가 찾아왔다. 김판곤 감독 플랜에서 배제돼 시즌 중 중국으로 임대를 떠났다. 저장 소속으로 중국슈퍼리그 14경기에서 10골을 폭발하며 건재를 과시한 야고는 2026시즌 김현석 감독 체제에선 중용 받을 것으로 예상된다. 야고의 왼발에 많은 게 달려있다.

■중국 슈퍼리그 기록

2025시즌 기록				-
3	**699(14)** MINUTES 출전시간(경기수)	**10** GOALS 득점	**1** ASSISTS 도움	**0**	**WEEKLY BEST 11** 주간베스트11

강점	피지컬과 스피드 겸비, 날카로운 왼발	특징	'아시아 체질' 미친 적응력
약점	연계 플레이, 세밀함	별명	카주Cajú (브라질 시절 별명)

정승현

1994년 4월 3일 | 32세 | 대한민국 | 189cm | 88kg
경력 | 울산(15〜17) ▶ 사간도스(17〜18) ▶ 가시마앤틀러스(18〜19) ▶ 울산(20〜21)
▶ 김천(21〜22) ▶ 울산(22〜23) ▶ 알와슬(24〜25) ▶ 울산(25〜)
K리그 통산기록 | K리그1 – 129경기 5득점 | K리그2 – 29경기 5득점
대표팀 경력 | 26경기, 2018 월드컵

울산이 공들여 키운 유스 중 한 명이다. 2015년 울산에서 프로데뷔해 빠르게 두각을 드러냈다. 2018년 일본 가시마에서 AFC챔피언스리그 우승을 경험한 뒤 다시 울산으로 돌아와 2020년 같은 대회에서 또 우승컵을 들었다. 공중볼 장악과 탄탄한 대인마크를 앞세워 울산의 K리그1 2연패에 일조했다. 잠시 중동으로 '외도'한 정승현은 2025시즌 도중 위기에 빠진 울산의 러브 콜을 받고 돌아왔다. 신태용 감독 체제에서 몸에 맞지 않는 '빌드업 롤'을 맡아 2% 부족한 모습을 보였다. 부주장을 맡은 2026시즌의 목표는 첫 '풀 시즌' 소화다.

2025시즌 기록						강점	약점
4	0	1,080(13) MINUTES 출전시간(경기수)	0 GOALS 득점	0 ASSISTS 도움	0 WEEKLY BEST 11 주간베스트11	공중볼 장악, 대인마크	빌드업, 연속성

말컹
Marcos Vinicius Amaral Alves

1999년 7월 27일 | 32세 | 브라질 | 196cm | 113kg
경력 | 이투아노(13〜17) ▶ 과라니(15) ▶ 브라간티노(16) ▶ 경남(17〜18) ▶ 허베이(19〜21)
▶ 우한(21〜22) ▶ 알아흘리(23〜25) ▶ 우한(23) ▶ 가라귄리크(24) ▶ 코자엘리스포르(24〜25)
▶ 울산(25〜)
K리그 통산기록 | K리그1 – 40경기 29득점 5도움 | K리그2 – 32경기 22득점 3도움
대표팀 경력 | –

'괴물'에 가장 잘 어울리는 공격수. 2017〜2018년 경남에서 펼친 퍼포먼스는 가히 '충격'적이었다. 시즌 22골로 K리그2를 씹어먹더니, K리그1에서도 26골을 퍼부었다. K리그2 올해의 선수상. K리그1 올해의 선수상을 섭렵했다. K리그에서 전례를 찾기 힘든 케이스를 쓰며 경남에 엄청난 이적료까지 선물했다. 중국, 중동, 유럽 무대에서 뛰던 말컹은 지난시즌 도중 울산 입단으로 7년만에 K리그로 돌아왔다. 비대해진 체구로 화제를 모은 말컹은 부상 여파로 많은 경기를 소화하지 못했지만, 7월 강원전 멀티골로 킬러 본능이 여전하단 걸 보여줬다.

2025시즌 기록						강점	약점
0	0	435(9) MINUTES 출전시간(경기수)	3 GOALS 득점	0 ASSISTS 도움	1 WEEKLY BEST 11 주간베스트11	압도적 피지컬, 압도적 득점력	체중 관리, 예전같지 않은 날카로움

강상우

1993년 10월 7일 | 33세 | 대한민국 | 176cm | 62kg
경력 | 포항(14〜18) ▶ 김천(19〜20) ▶ 포항(20〜22) ▶ 베이징(22〜23) ▶ 서울(24)
▶ 울산(25〜)
K리그 통산기록 | K리그1 – 258경기 22득점 30도움
대표팀 경력 | 3경기

김현석 감독은 2026년 동계 전지훈련지에서 '강상우 시프트'를 실험했다. 루빅손, 엄원상이 동시에 팀을 떠난 공백을 강상우로 메우겠다는 복안이었다. 그만큼 강상우가 지닌 공격 본능을 높이 샀다는 이야기다. 강상우는 어느 순간 풀백으로 '고정'됐지만, 포항 시절엔 윙어로 두 자릿수 공격포인트를 생산하기도 했다. 강상우의 최대 장점은 이같은 멀티 능력이다. 왕성한 활동량과 넘치는 에너지를 앞세워 양쪽 풀백, 양쪽 윙어를 모두 소화할 수 있다. K리그로 돌아온 2024〜2025년 2년간 퍼포먼스는 다소 아쉬웠다. 2026년엔 달라진 모습을 보여줄 필요가 있다.

2025시즌 기록						강점	약점
5	0	2,313(32) MINUTES 출전시간(경기수)	1 GOALS 득점	2 ASSISTS 도움	1 WEEKLY BEST 11 주간베스트11	풀백-윙어 겸비, 스피드-활동량 장착	결정력

이규성

1994년 5월 10일 | 32세 | 대한민국 | 173cm | 69kg
경력 | 부산(15~18) ▷ 상무(18~19) ▷ 부산(20) ▷ 성남(21) ▷ 울산(22~24) ▷ 수원삼성(25) ▷ 울산(26~)
K리그 통산기록 | K리그1 – 207경기 3득점 13도움 | K리그2 – 87경기 5득점 8도움
대표팀 경력 | –

지난 10년간 K리그에서 가장 꾸준한 모습을 보인 미드필더. 3선에서 공을 건네받아 탈압박을 하고 전방위적인 패스를 뿌리는 데 일가견이 있다. 볼 컨트롤은 흡사 스페인 선수를 연상케 한다. 2015년 부산에서 프로데뷔한 이규성은 2021년 박정인과 트레이드로 울산에 입단했다. 2021년 성남에서 임대로 뛰고 1년만에 돌아와 리그 3연패에 일조했다. 특히 홍명보 감독식 주도하는 축구에선 이청용 등과 함께 핵심적인 역할을 했다. 김판곤 감독 플랜에서 배제돼 2025 시즌 수원 삼성으로 임대를 마치고 왔다. 2026시즌 울산의 중원을 든든히 지킬 예정이다.

		2025시즌 기록			**2** WEEKLY BEST 11 주간베스트11	**강점**	**약점**
3	0	**2,420(33)** MINUTES 출전시간(경기수)	**1** GOALS 득점	**4** ASSISTS 도움		탈압박, 경기 조율	압박, 피지컬 싸움

■ K리그2 기록

허율

2001년 4월 12일 | 25세 | 대한민국 | 192cm | 82kg
경력 | 광주(21~24) ▷ 울산(25~)
K리그 통산기록 | K리그1 – 109경기 11득점 5도움 | K리그2 – 33경기 6득점 4도움
대표팀 경력 | –

이정효 감독의 하드 트레이닝을 받은 '왼발잡이 공격수', 수많은 'K-홀란' 중 대표격. 심지어 광주 시절 센터백으로도 트레이닝을 받았다. 김판곤 감독도 2025시즌 개막전에서 허율을 수비형 미드필더로 파격 기용하기도 했으나, 선수가 뛰고 싶어하는 포지션은 당연히 스트라이커 다. 2라운드 대전전에서 빠르게 데뷔골을 넣은 허율은 초반 4경기에서 3골을 터뜨리며 잠시나마 울산 공격의 새로운 희망으로 떠올랐다. 하지만 이후 22경기에서 1골에 그치며 아쉬움 속 울산 첫 시즌을 끝마쳤다. 부지런한 전방 압박으로 팀에 기여하는 것도 좋지만, 공격수는 골로 말해야 한다.

		2025시즌 기록			**1** WEEKLY BEST 11 주간베스트11	**강점**	**약점**
5	0	**1,601(26)** MINUTES 출전시간(경기수)	**4** GOALS 득점	**1** ASSISTS 도움		강한 압박, 공중볼 장악 능력	2% 부족한 득점력

에릭   *Erick Samuel Corrêa Farias*

1997년 1월 3일 | 29세 | 브라질 | 173cm | 81kg
경력 | 바일레(17~18) ▷ 보아(18) ▷ 펠로타스(18) ▷ 에르실리우(19) ▷ 아베니다(19~20) ▷ 노바 무퉁(20~21) ▷ 이피랑가(21~23) ▷ 바스쿠 다 가마(22~23) ▷ 주벤투지(23~25) ▷ 울산(25~)
K리그 통산기록 | K리그1 – 28경기 10득점
대표팀 경력 | –

"에릭 파리아스 영입을 담당했다." 울산이 2025년 3월 최승범 테크니컬 디렉터 선임을 발표한 보도자료에 적은 내용이다. K리그에서 보기 드문 브라질 1부 출신 공격수를 성공적으로 영입한 점에 의미를 부여했다. 데뷔 임팩트는 기대만큼 엄청났다. 수원FC와의 데뷔전에서 데뷔골을 쐈다. 6월 전까지 무려 8골을 낚았다. 시즌 득점왕을 노릴 정도의 득점력이었다. 번뜩이는 문전 침투와 날카로운 오른발로 동료의 패스를 어시스트로 바꿔놨다. 페널티킥 역시 정확했다. 11팀 중 8팀을 상대로 득점했다. 부상이 아쉬웠지만, 만약 울산에 에릭이 없었다면? 상상만해도 끔찍하다.

		2025시즌 기록			**2** WEEKLY BEST 11 주간베스트11	**강점**	**약점**
3	0	**2,017(28)** MINUTES 출전시간(경기수)	**10** GOALS 득점	**0** ASSISTS 도움		문전 침투, 뛰어난 골 결정력	부상 이후 저하된 폼

서명관

2002년 11월 23일 | 24세 | 대한민국 | 186cm | 82kg
경력 | 부천(23~24) ▷ 울산(25~)
K리그 통산기록 | K리그1 – 21경기 1득점 | K리그2 – 50경기 1도움
대표팀 경력 | –

한국 축구계가 주목하는 젊은 센터백. 현대축구가 요구하는 센터백의 신체조건을 갖췄고, 대인마크와 빌드업 능력을 두루 장착했다. 부천에서 프로데뷔해 2년간 가파르게 성장했다. 2025시즌을 앞두고 세대교체를 꾀한 울산에 입단해 전반기 동안 주력 센터백으로 자리매김했다. 7월엔 처음으로 국가대표팀에 발탁돼 동아시안컵을 통해 A매치 데뷔전까지 치렀다. 하지만 정승현 영입과 부상 여파로 후반기엔 다소 흔들렸다. 울산 정도의 팀에서 주전으로 뛴다는 건 그만큼 쉬운 일이 아니었다. 하지만 스물넷, 서명관은 흔들리면 성장할 나이다. 어제보다 오늘이 더 기대되는 수비수다.

2025시즌 기록					WEEKLY BEST 11 주간베스트11	강점	약점
4	0	**1,579(21)** MINUTES 출전시간(경기수)	**1** GOALS 득점	**0** ASSISTS 도움	1	넓은 공간 커버, 대인마크	경험 부족에서 비롯된 실수

이희균

1998년 4월 29일 | 28세 | 대한민국 | 168cm | 63kg
경력 | 광주(19~24) ▷ 울산(25~)
K리그 통산기록 | K리그1 – 117경기 10득점 3도움 | K리그2 – 39경기 2도움
대표팀 경력 | 4경기, 2022 월드컵

2025시즌을 앞두고 허율과 나란히 큰 기대 속 울산에 입성했다. 2024~2025시즌 광주에서 이정효 감독의 '조련'을 받으며 실력이 일취월장했다는 평가를 받았다. 상대 파이널 서드와 하프 스페이스에서 종잡을 수 없는 움직임과 날카로운 침투 움직임으로 공격에 윤활유 역할하는 스타일로 '진화'했다. 2024시즌엔 커리어 하이인 K리그1 5골로 마무리 능력까지 겸비했다는 사실을 증명했다. 하지만 2025시즌만 놓고 보면 '광주 이희균'과 '울산 이희균'은 다른 선수 같았다. 새로운 팀, 새로운 전술에 녹아들지 못하고 겉도는 모습이었다. 선발 8경기를 뛴 '조커'로 첫 시즌을 마쳤다. 더 많은 걸 보여줘야 한다.

2025시즌 기록					WEEKLY BEST 11 주간베스트11	강점	약점
3	0	**892(26)** MINUTES 출전시간(경기수)	**1** GOALS 득점	**1** ASSISTS 도움	-	번뜩이는 공간 침투, 창의성	피지컬, 마무리 능력

윤종규

1998년 3월 20일 | 28세 | 대한민국 | 173cm | 64kg
경력 | 서울(17) ▷ 경남(17) ▷ 서울(18~22) ▷ 김천(23~24) ▷ 서울(24) ▷ 울산(25~)
K리그 통산기록 | K리그1 – 148경기 2득점 6도움 | K리그2 – 22경기 2득점 4도움
대표팀 경력 | 4경기 | 2022 월드컵

'이적 대박'을 친 이적생이 별로 없었던 건 울산이 2025시즌 부진에 휩싸인 이유 중 하나였다. 허율, 윤종규와 마찬가지로 윤종규도 아쉬움 가득한 시즌을 보냈다. 기대치는 높았다. 라이트백 윤종규는 2024년 유럽에 진출한 설영우의 대체자였다. 2022년 월드컵 본선을 누빈 국가대표 경력직인데다 K리그에선 서울, 경남, 김천 등의 소속으로 170경기 이상을 뛴 베테랑이다. 오버래핑 능력뿐 아니라 인버티드 능력까지 장착해 다양하게 활용할 것으로 기대를 모았다. 하지만 5월 어깨를 다친 뒤 무려 6개월간 결장했다. 윤종규가 빠진 울산의 측면 수비는 시즌 내내 울산의 문제점으로 지적됐다.

2025시즌 기록					WEEKLY BEST 11 주간베스트11	강점	약점
3	0	**1,012(12)** MINUTES 출전시간(경기수)	**0** GOALS 득점	**0** ASSISTS 도움	-	오버래핑과 인버티드 능력 장착	크로스 정확도

트로야크

Miłosz Trojak

1994년 5월 5일 | 32세 | 폴란드 | 191cm | 85kg
경력 | 루흐호주프(13~18) ▷ 스토밀올슈틴(18~19) ▷ 오드라오폴레(19~22)
▷ 코로나키엘체(22~25) ▷ 울산(25~)
K리그 통산기록 | K리그1 – 11경기
대표팀 경력 | –

2025년 FIFA 클럽월드컵을 앞두고 울산이 전력 보강 차원에서 영입한 폴란드 출신 센터백 겸 수비형 미드필더. 191cm의 당당한 체구를 앞세워 공중볼과 지상 경합에서 파괴력을 발휘한다. 맨시티의 로드리처럼, 준수한 빌드업 능력과 적당한 스피드도 갖췄다. 기존 울산 선수단에 없는 유형이라 팀에 엄청난 플러스 요인이 될 것으로 기대를 모았다. 하지만 트로야크를 영입한 김판곤 감독이 시즌 중 경질된 이후론 제한적인 역할에 그쳤다. 실력을 발휘하기엔 출전시간 자체가 짧기도 했지만, 주전을 꿰찰 정도의 안정감을 보여주지 못했다는 평가다.

2025시즌 기록					강점	약점
1	0	**668(11)** MINUTES 출전시간(경기수)	**0** GOALS 득점	**0** ASSISTS 도움	**1** WEEKLY BEST 11 주간베스트11	수미와 센터백 겸비, 파괴력	볼처리, 세밀함

벤지

Benjamin Stanley Michel

1997년 10월 23일 | 28세 | 미국 | 178cm | 75kg
경력 | 올랜도(19~22) ▷ 아로카(22~23) ▷ 레알 솔트레이크(24) ▷ 헬싱키(25) ▷ 울산(26~)
K리그 통산기록 | K리그1 – 35경기 2득점 4도움
대표팀 경력 | –

벤지는 미국 특급 유망주 출신으로, 올랜도 시티 소속으로 미국프로축구(MLS) 정상급 윙어로 명성을 떨쳤다. 2022년 US 오픈컵 우승을 차지했다. 올랜도에선 전 맨유 출신 루이스 나니와 호흡을 맞추기도 했다. 2022년 포르투갈 아로카로 이적해 유럽 무대에 발을 디딘 벤지는 부상 여파로 많은 경기를 뛰지 못하고 다시 미국으로 돌아왔다. 2025년 헬싱키로 이적해 부활에 성공한 벤지는 2026시즌을 앞두고 K리그에 도전장을 내밀었다. 폭발적인 스피드가 주무기인 측면 공격수이지만, 수준급의 플레이메이킹 능력도 지녔다. 울산 공격에 다양성을 불어넣을 수 있다.

2025시즌 기록					강점	약점
0	0	**1,859(29)** MINUTES 출전시간(경기수)	**8** GOALS 득점	**5** ASSISTS 도움	**-** WEEKLY BEST 11 주간베스트11	측면 돌파, 플레이메이킹	킬러 본능

■ 핀란드 1부 리그 기록

정재상

2004년 5월 25일 | 22세 | 대한민국 | 188cm | 83kg
경력 | 대구(24~25) ▷ 울산(26~)
K리그 통산기록 | K리그1 – 43경기 4득점 1도움
대표팀 경력 | –

울산이 풀백 최강민과 맞트레이드로 대구에서 영입한 전도유망한 공격수다. 정재상은 2024년 프로 데뷔 후 두 번째 경기인 전북전에서 극적인 골로 '반짝' 등장했다. 5번째 경기인 광주전에서도 득점하며 '준비된 신인'이라는 걸 증명했다. 데뷔 초기 임팩트와 비교할 때 이후 2시즌 간 퍼포먼스는 기대를 밑돌았다. 총 K리그1 43경기에서 4골에 그쳤다. 2025시즌엔 짧은 시간 출전하는 'U–22 공격수'의 전형이었다. 변화가 필요하던 시기에 울산이 손을 내밀었다. 체격 조건, 투쟁심, 멀티 능력을 두루 갖춘 정재상은 잠재력은 충분하다. 그걸 터뜨려줄 환경과 본인의 노력이 필요할 뿐이다.

2025시즌 기록					강점	약점
0	0	**1,095(25)** MINUTES 출전시간(경기수)	**2** GOALS 득점	**1** ASSISTS 도움	**-** WEEKLY BEST 11 주간베스트11	적극적인 압박, 멀티 포지션	득점력

페드링요

Pedro Antonio Pimentel Ferreira

2002년 2월 20일 | 24세 | 브라질 | 168cm | 68kg
경력 | 폰치 프레타(20~23) ▶ 클로라카스(22~23) ▶ 볼타 헤돈다(23) ▶ 세아라(23~24)
▶ 아바이(24) ▶ 이랜드(25) ▶ 제주(25) ▶ 울산(26~)
K리그 통산기록 | K리그1 – 9경기 2도움 | K리그2 – 17경기 2득점 1도움
대표팀 경력 | –

2026년 겨울 이적시장 울산의 1호 영입생. 대전으로 떠난 루빅손, 엄원상의 공백을 메우기 위한 김현석 감독의 '픽'이다. 충남아산 사령탑 시절 주닝요(현 포항)의 잠재력을 폭발시켰던 김현석 감독은 페드링요가 비록 이랜드와 제주에서 아쉬운 모습으로 일관했지만 K리그에서의 성공 가능성을 확인했다. 페드링요는 '작고 빠른' 윙어로, 일대일 돌파에 강점을 지녔다. 답답한 공격에 생명력을 불어넣어줄 유형으로 평가할 수 있다. 왼발잡이라는 특징으로 인해, 우측에 배치해 '반댓발 윙어'로 활용될 것으로 보인다. 한국 선수 치고도 어린 나이다.

2025시즌 기록						강점	약점
1	0	**1,074(26)** MINUTES 출전시간(경기수)	**2** GOALS 득점	**1** ASSISTS 도움	**1** WEEKLY BEST 11 주간베스트11	일대일 돌파, 날카로운 왼발	더딘 적응, 1부에선 글쎄

■ K리그1, K리그2 통합 기록

조현택

2001년 8월 2일 | 25세 | 대한민국 | 182cm | 76kg
경력 | 울산(20) ▶ 부천(21~22) ▶ 울산(23) ▶ 김천(24~25) ▶ 울산(25~)
K리그 통산기록 | K리그1 – 71경기 2득점 3도움 | K리그2 – 63경기 7득점 7도움
대표팀 경력 | 1경기

2020년 울산에서 프로데뷔해 5년째 몸담고 있다. 2021~2022년 부천에서 임대로 프로 경험을 쌓고 돌아와 2023년 울산의 주력 풀백으로 K리그1 우승에 일조했다. 2024년 김천 상무에 입대해 2년간 K리그1에서 30경기를 소화했다. 2025시즌 도중 울산으로 돌아온 조현택은 8월 강원전을 통해 복귀골을 신고했다. U–20, U–23 대표팀을 거쳐 2025년 동아시안컵을 통해 국가대표팀에 데뷔하며 탄탄대로를 걷고 있다. 과감한 오버래핑이 장기다. 다만 국대 레귤러가 되어 월드컵을 밟으려면 2025시즌 12.5%에 그친 크로스 성공률을 높일 필요는 있다.

2025시즌 기록						강점	약점
1	0	**1,968(29)** MINUTES 출전시간(경기수)	**2** GOALS 득점	**3** ASSISTS 도움	**-** WEEKLY BEST 11 주간베스트11	적극적인 오버래핑	크로스 정확도

이민혁

2002년 1월 19일 | 25세 | 대한민국 | 175cm | 68kg
경력 | 전북(23) ▶ 경남(24~25) ▶ 수원삼성(25) ▶ 울산(26~)
K리그 통산기록 | K리그1 – 3경기 | K리그2 – 67경기 4득점 5도움
대표팀 경력 | –

울산은 2026시즌을 앞두고 출산 휴가 논란으로 팀 분위기에 영향을 미친 고승범을 수원 삼성으로 보내고 수원 삼성의 신예 미드필더 듀오 이민혁, 박진우를 영입하는 트레이드를 단행했다. 그중 이민혁은 공격 전개 능력이 뛰어난 왼발잡이 중앙 미드필더로 고승범의 직접적인 대체자로 여겨진다. 커리어는 독특하다. 전북 유스 출신으로 2023년 전주성을 누볐다. 2023~2024년 임대팀 경남에서 잠재력을 폭발한 이민혁은 2025년 정든 전북을 떠나 수원 삼성에 입단했다. 변성환 감독의 신뢰를 받으며 K리그2 32경기를 뛰었다. 그리고 울산 입단으로 3년만에 K리그1에 도전장을 내밀었다.

2025시즌 기록						강점	약점
5	0	**1,503(32)** MINUTES 출전시간(경기수)	**2** GOALS 득점	**3** ASSISTS 도움	**2** WEEKLY BEST 11 주간베스트11	공격 전개, 왼발 킥 능력	1부 경험, 피지컬

전지적 작가 시점

윤진만이 주목하는 울산의 원픽!
이동경

개막 전 울산의 최대 이슈는 이동경의 유럽 진출설이었다. 잉글랜드 2부 레스터시티가 2025년 K리그1 대상에 빛나는 이동경에게 러브콜을 날렸다. 2022~2023년 첫 번째 유럽 도전은 씁쓸한 실패로 마무리된 가운데, 약 3년 만에 찾아온 두 번째 기회였다. 하지만 이동경은 무리해서 떠나고 싶은 마음이 없었다. 2025년 역대급 부진에 빠져 가까스로 1부에 잔류한 울산의 반등을 이루겠다는 것이 첫 번째 이유, 2026년 월드컵 출전을 앞두고 변수를 줄이겠다는 것이 두 번째 이유였다. 울산은 팀에 남은 이동경에게 K리그 국내 선수 최고 대우를 약속했다. 등번호도 그대로 10번을 이어 달았다. 2025년 퍼포먼스를 돌아보면 당연한 대접이다. 이동경은 2025시즌 김천과 울산 소속으로 116.6분당 1개의 공격포인트(총 25개)를 생산했다. 이동경의 '왼발 마법'에 K리그1 수비진은 속수무책이었다. 2022년 김대원(25개) 이후 3년 만에 최다 공격포인트였다. 경기 최우수선수도 무려 12번이나 뽑혔다. 우승 프리미엄을 앞세운 전북 박진섭과의 대상 2파전에서 승리할 만큼 퍼포먼스가 뛰어났다. 울산이 뚜렷하게 전력을 강화하지 않은 2026시즌, 이동경은 다시 '청년 가장'이 돼줘야 한다.

지금 울산에 이 선수가 있다면!
설영우

'최고의 풀백이 팀을 우승으로 이끈다.' 파리생제르맹이 2024~2025시즌 구단 역사상 최초로 트레블을 달성할 수 있었던 데에는 '월드클래스 풀백' 아치라프 하키미, 누누 멘데스의 존재가 컸다. 이영표—송종국을 앞세운 한국 축구대표팀은 2002년 한일월드컵 4강 신화를 이룩했다. 울산의 고민은 바로 이 지점에서 시작된다. 설영우—이명재 라인을 앞세워 왕조를 세웠던 울산은 2025시즌 측면이 흔들리면서 '하스'로 추락했다. 설영우의 대체자인 윤종규는 부상으로 고생했고, 이명재의 공백은 끝내 메우지 못했다. 2026시즌도 풀백에 대한 고민과 함께 시작된다. 시즌 첫 경기인 멜버른 시티와의 AFC챔피언스리그 경기에서 윤종규—심상민 라인은 실망감을 안겼다. 이들을 대체할 만한 자원이 딱히 없다는 게 더 문제다. '울산 출신' 설영우가 돌아온다면, 더할 나위 없을 것이다. 설영우는 울산에서 성장해 국가대표 간판 라이트백으로 떠올랐다. 유럽 진출 후 챔피언스리그를 경험한 현재의 설영우는 '울산 설영우'보다 업그레이드됐다. 라이트백, 레프트백을 가리지 않고 뛸 수 있어 다양하게 활용할 수 있다. 월드컵 전까지만이라도 잠깐 뛰어주면 안 되겠니?

남태희
이창민
기타스
김동준
김륜성
권창훈
세레스틴
박창준
김준하
이탈로
김신진
임창우
네게바
유인수
최병욱
오재혁
김재우
김건웅
정운
안찬기
김현우
신상은
유승재
강동휘
김재민

10
제주 SK FC

제주의 변신은 무죄, '**AGAIN 니포 축구**'의 꿈

제주SK FC

제주에 거센 변화의 바람이 불고 있다. 2026시즌을 앞두고 조자룡 대표이사, 세르지우 코스타 감독이 새롭게 선임됐다. 젊은 대표이사, 17년만의 외국인 지도자의 조합은 신선하다. 약 30년 만에 경험하는 '신선함'이다. 제주는 한때 K리그에서 가장 혁신적인 전술로 리그 판도를 뒤흔드는 팀이었다. 1995년, '니포 축구' 창시자인 러시아 출신 니폼니시 감독을 선임과 함께 시작된 변화였다. 윤정환, 김기동과 같은 '니포의 아이들'도 배출했다. 1989년 K리그를 제패한 제주는 2006년 부천에서 서귀포로 연고지를 이전한 이후로도 2010년과 2017년 리그 준우승을 거두며 늘 상위권을 두드렸다. 다만 니폼니시 감독 이후 시대에는 혁신보단 안정에 기반을 둔 색깔을 유지했다. 버티고 버티다 2019년엔 쓰디쓴 첫 강등 고배를 마셨다. 2025시즌 '어게인 2019'이 될 뻔한 위기를 겨우 넘긴 제주는 코스타 감독과 함께 '제2의 니포 축구'를 꿈꾼다. 조 대표는 "리그를 대표하는 클럽으로 다시 도약하겠다"라고 선언했다

구단 소개

정식 명칭	제주SK FC
구단 창립	1982년 12월 17일
모기업	SK에너지
상징하는 색	주황색
경기장(수용인원)	제주월드컵경기장 (29,791명)
마스코트	감규리
레전드	황보관, 이광종, 조용형, 구자철 등
서포터즈	인세인 아일랜더, 고치그룹써
커뮤니티	–

우승

K리그	2회 (1989 – K리그1 | 2020 – K리그2)
코리아컵(FA컵)	–
AFC챔피언스리그(ACL)	–

최근 5시즌 성적

시즌	K리그	코리아컵(FA컵)	ACL
2025시즌	11위	32강	–
2024시즌	7위	준결승	–
2023시즌	9위	4강	–
2022시즌	5위	16강	–
2021시즌	4위	3라운드	–

세르지우 코스타 | 1973년 11월 18일 | 53세 | 포르투갈

K리그 전적
2026시즌 K리그 감독 데뷔

제주 SK가 파울루 벤투 전 대한민국 축구대표팀 감독의 수석코치였던 코스타 감독을 새 사령탑으로 선임한다는 소식이 전해졌을 때, 축구계의 반응은 '기대 반 우려 반'이었다. 출중한 분석 능력으로 대한민국의 카타르월드컵 16강을 견인한 실력파인 데다 국내 감독과는 달리 경기장에 독특한 아이디어를 주입할 거란 기대감, 프로 정식 사령탑이 처음이라 코치의 한계를 극복할 수 있을까 하는 우려가 공존했다. 코스타 감독은 "내 안에 벤투 DNA가 있다"라는 말로 '벤투 오른팔'의 장점을 십분 살리겠다고 말했다. 일단 공 중심의 훈련 방식으로 선수들의 마음을 얻는 데는 성공했다. 이제 K리그에서 결과를 보여줘야 할 때다. 꽉 짜인 스몰 스쿼드, 강한 전방압박과 전원 수비 전술을 키워드로 한 '믿음의 축구'로 돌풍을 노린다.

지도자 경력

스포르팅CP 분석관	포르투갈 대표팀 분석관	크루제이루 코치	올림피아코스 수석코치
충칭리판 수석코치	대한민국 대표팀 수석코치	아랍에미리트 대표팀 수석코치	제주 감독(26~)

주요 경력

유로 2012 4강 진출	2019년 EAFF 챔피언십 우승	'도하의 기적' 2022월드컵 16강 지휘

선호 포메이션	4 - 2 - 3 - 1	3가지 특징	'스페셜원' 무리뉴와 같은 분석관 출신	'베스트프렌드' 벤투 DNA 장착	꽉 짜인 스몰 스쿼드 선호

STAFF

수석코치	코치	GK코치	피지컬 트레이너	분석 책임	분석코치 &통역	스포츠 사이언티스트	선수 트레이너	전력 분석관	통역	스카우트
정조국	조재철	김근배	프란시스코	누노 페레이라	주성	장다솔	윤재영 강한울 하태준 송민도	이창근 김태훈	이석진 이영로	신현호

2 0 2 5　R E V I E W

아디다스 포인트로 보는 제주의 2025시즌 활약도

변화를 주저한 팀은 혹독한 대가를 치렀다. 2025시즌 초부터 내림세를 타기 시작해 강등 위기에 내몰렸다. 김학범 감독이 9월에 사임한 뒤엔 베테랑들이 의기투합해 어렵사리 반등 포인트를 잡았다. 미드필더 남태희 이창민, 골키퍼 김동준, 풀백 유인수, 센터백 송주훈 등 베테랑이 팀내 포인트 상위권에 나란히 포진한 이유다. 젊은 풀백 김륜성, 미드필더 오재혁, 신인 김준하, 최병욱 등이 힘을 보탰다. 유리 조나탄을 제외한 나머지 외국인 활약이 전반적으로 아쉬웠다. 무서운 뒷심으로 다이렉트 강등을 피한 제주는 수원 삼성과의 승강 플레이오프에서 승리하며 가까스로 잔류했다.

2025시즌 아디다스 포인트 상위 20명　■ 포인트 점수

포지션 평점

FW

MF

DF

GK

출전시간 TOP 3

순위	선수	기록
1위	송주훈	3,425분
2위	남태희	3,276분
3위	김륜성	3,122분

득점 TOP 3

순위	선수	기록
1위	유리 조나탄	13골
2위	남태희	6골
3위	유인수	4골

도움 TOP 3

순위	선수	기록
1위	김륜성	5도움
2위	남태희	4도움
3위	이창민, 오재혁	3도움

주목할 기록

6 2025시즌 K리그1 최다 퇴장, 구단 역대 단일시즌 최다 퇴장

19213 김준하 K리그 데뷔골 나이 19년 2개월 13일(*스플릿 이후 구단 최연소)

성적 그래프

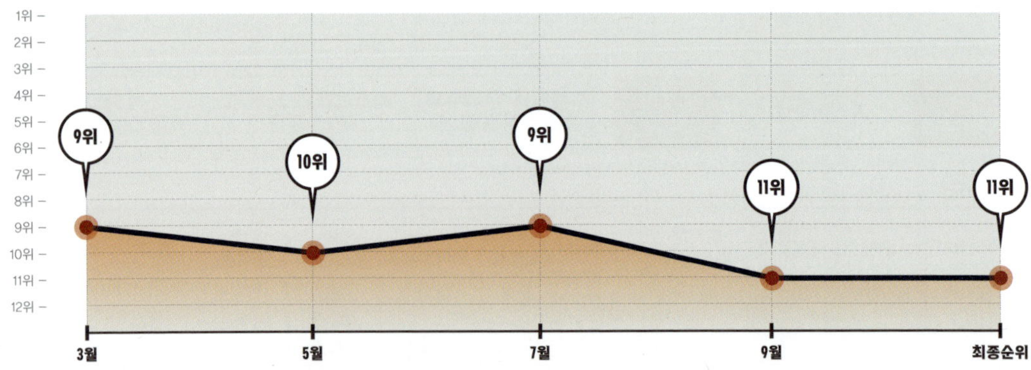

2026 시즌 스쿼드 운용 & 이적 시장 인앤아웃

IN

권창훈_전북
박창준_부천
김신진_강원
기티스
_젬플린미할로우체
네게바_쿠이아바
세레스틴
_아르카그디니아
박민재 권기민
_신인

OUT

박인혁_대구
김승섭_전북
임채민_용인
송주훈_수원삼성
안태현_부천
홍준호_수원FC
페드링요 김건웅
_임대만료
김정민 제갈재민
_화성
조성빈_충북청주
조나탄 에반드로
데닐손 티아고
_계약종료

ⓒ 주장

새롭게 선임된 코스타 감독은 훈련 방식부터 달랐다. 무턱대고 뛰는 체력 훈련은 지양하고, 공과 함께하는 훈련을 지향했다. 패스 플레이를 통해 후방부터 공격을 만들어가겠다는 플랜대로다. 이는 전임 조성환, 남기일, 김학범 감독 시절의 안정적인 스타일에서 탈피하겠다는 선언과 같다. 벤투 감독 시절 대표팀 플레이를 제주를 보며 느낄지도 모른다. 코스타 감독은 특징을 잘 아는 권창훈을 일찌감치 영입한 이유일 수 있다. 기존 선수 중에선 남태희와 호흡을 맞춰봤다. 제주는 코치진이 바뀌었지만, 선수도 큰 폭으로 바뀌었다. 지난시즌 주전급 중 최대 절반이 바뀔 가능성이 있다. 새 얼굴들이 얼마나 빠르게 녹아드느냐에 시즌 성패가 달려있다. 어느 팀이나 마찬가지겠지만, 초반 흐름도 중요하다. 코스타 감독이 야심차게 준비한 전술, 전략이 잘 통하면 리그에 신선한 바람을 일으킬 수 있다.

주장의 각오

이창민

"2년 연속 주장을 맡았다. 잡념을 버리고 팀 발전을 위해 어떤 것이 도움이 될 것인지만 생각하겠다."

2 0 2 6   예 상   베 스 트   1 1

이적시장 평가

2025년과 비교할 때 이적시장 행보가 과감해졌다. 외국인부터 손봤다. 이탈로 빼곤 전부 작별했다. 2025시즌 팀내 최다득점자 유리 조나탄과도 재계약을 맺지 않았다. 공격수 기티스, 네게바, 수비수 세레스틴이 외국인 쿼터를 채웠다. 뉴페이스 트리오의 퍼포먼스는 제주의 성적과 직결될 전망이다. 전북에서 부활에 성공한 미드필더 권창훈, 부활이 절실한 공격수 김신진, 부천 승격 주역 박창준 등도 품으며 1~2선 뎁스를 늘렸다. 센터백은 물음표다. 임채민, 송주훈 듀오를 동시에 잃은 뒤 공백을 적절히 메우지 못했다. 밸런스를 신경써야 하는 2026시즌이다.

저자 6인 순위 예측

• 윤 진 만 •	• 박 찬 준 •	• 김 가 을 •	• 김 대 식 •	• 이 현 석 •
7위_ 훈련만으로 밥 먹고 공만 찬 프로선수들의 흥미를 끌어내는 건 생각보다 쉽지 않다. 센터백 리스크만 지울 수 있다면, '상스'도 노려볼만하다.	**8위**_ 변수 투성이다. 코스타 감독, 새로운 외국인 선수 모두 해외에서 왔다. 미지수다. 이럴때 버텨줘야 하는 것이 수비인데 '베테랑' 임채민, 송주훈이 떠났다.	**9위**_ 세르지우 코스타 감독과 시작하는 시즌. 새 도전, 훈련 분위기도 좋지만 공격과 수비의 무게감이 다소 떨어진다는 평가는 불가피하다.	**5위**_ 세르지우 코스타 감독은 한국의 축구를 잘 알고 있다. 초보 감독으로서 시행착오가 있겠지만 자신만의 색깔을 잘 안착시킬 것으로 보인다. 제주는 좋은 축구를 할 수 있는 전력도 갖추고 있다.	**8위**_ 제2의 벤투가 돼야 한다. 새로운 외국인 감독은 언제나 K리그라는 무대에 적응하는 것이 큰 변수. 경기 스타일도, 판정도 겪어봐야 아는 것이 있다.

남태희

1991년 7월 3일 | 35세 | 대한민국 | 175cm | 73kg

경력

발랑시엔(09~11)
▷ 알두하일(12~19)
▷ 알사드(19~21)
▷ 알두하일(21~23)
▷ 요코하마F.마리노스(23~24)
▷ 제주(24~)

K리그 통산기록

K리그1 – 45경기 6득점 7도움

대표팀 경력

54경기 7득점
2015년 아시안컵

전체적으로 제주가 부진한 2025시즌 '하드캐리'했다. 프로축구연맹 공식 평점이 팀 내 최고인 6.9점이다. 2년만에 두 자릿수 공격포인트(6골 4도움)를 달성했을뿐 아니라 모처럼 부상없이 풀 시즌을 소화했다. 시즌을 통틀어 누적 경고로 단 1경기에 결장했다. 리그 전체 키패스 7위(47개), 공격진영 패스 4위(421개), 크로스 9위(32개), '공미의 정석'을 선보였다. 특히, 시즌 막바지 유리 조나탄과의 빅 앤 스몰 조합이 시너지 효과를 내며 제주를 잔류로 인도했다. 남태희의 기량을 아는 이들은 2025시즌 퍼포먼스를 보고 그다지 놀라지 않았을 것이다. 남태희는 2007년 대한축구협회 해외 유학프로그램 대상자로 뽑혀 영국 레딩에서 프로 선수의 꿈을 키웠다. 프랑스 발랑시엔에서 유럽 무대 경험을 쌓고, 카타르 리그에서 전성기를 누렸다. '코리안 메시'로 통했다. 부와 명예가 따랐다. 태극마크를 달고 2012년 런던올림픽 동메달, 2015년 호주 아시안컵 준우승에 일조했다. 공격 2선에서 차이를 만들길 바라는 감독들은 어김없이 남태희의 '마법'에 기댔다. 코스타 감독도 대한민국 국가대표 수석코치 시절 연을 맺은 남태희의 특징을 잘 알고 있다. K리그 적응을 마친 '건강한 남태희'는 2026년 더 무서워질 것이다.

2025시즌 기록

6	2,967(37) MINUTES 출전시간(경기수)	6 GOALS 득점	4 ASSISTS 도움	3	- WEEKLY BEST 11 주간베스트11

강점	메시를 빼닮은 무브먼트, 게임체인저 스킬	특징	선수가 인정하는 축구천재, 선수들이 부러워하는 찐부자
약점	상대 집중견제에 따른 잦은 부상	별명	코리안 메시, 카타르 메시

이창민

1994년 1월 20일 | 32세 | 대한민국 | 178cm | 74kg

경력

부천(14~15)
▷ 경남(14)
▷ 전남(15)
▷ 제주(16~23)
▷ 거제시민(23~24)
▷ 제주(25~)

K리그 통산기록

K리그1 – 264경기 28경기 27도움
K리그2 – 24경기 4득점 2도움

대표팀 경력

7경기 1득점
2016 올림픽

자타공인 제주의 살아있는 레전드다. 부천에서 프로데뷔해 경남, 전남에서 경험을 쌓은 이창민은 2016년부터 꼬박 9년간 제주 유니폼을 입고 뛰었다. 2025시즌까지 총 237경기를 뛰어 제주 현역 최다 출전 기록을 세웠다. 2020, 2021, 2025, 2026년 네 차례에 걸쳐 제주 주장을 지냈다. 이창민의 존재감은 그가 자리를 비웠을 때 더 크게 느껴졌다. 동료들은 중원에서 공을 받아주고, 시원시원한 패스를 갈라주는 이창민에게 늘 의존했다. 인공지능(AI)이 아닌 이상 매번 올바른 선택은 할 수 없었고, 실수도 있었지만, 책임을 마다하지 않았다. 팀을 살리기 위해서라면 경기장과 라커룸에서 후배들에게 피와 살이 되는 따끔한 쓴소리를 아끼지 않았다. 2019년 '슬픈 강등'을 경험한 뒤로도 제주에 남아 팀을 1년만에 다시 1부로 올려보냈고, 2025년 마지막 사투를 다해 'AGAIN 2019' 참사를 막았다. 2026년은 이창민이 서귀포에 입성한 지 꼭 10년째가 되는 날이다. 2025년 속으로 울었던 이창민은 10주년에는 시즌 내내 동료들과 함께 행복한 미소를 짓길 바란다. 코스타 감독도 어김없이 이창민의 리더십과 강력한 중거리슛 한 방에 기대를 걸고 있다.

2025시즌 기록				
6	**2,487(31)** MINUTES 출전시간(경기수)	**2** GOALS 득점	**3** ASSISTS 도움	**1** **3** WEEKLY BEST 11 주간베스트11

강점	타고난 '빠따' 힘, 안정적인 경기 조율	**특징**	제주 현역 최다출전 기록 보유 (=리빙레전드)
약점	강하지만 부정확한 중거리슛	**별명**	중원의 지휘자

기티스　Gytis Paulauskas　　1999년 9월 27일 | 27세 | 리투아니아 | 196cm | 86kg

경력

빌니아우스비티스(17~20)
▷리테리아이(20~23)
▷에그나티아(23~24)
▷콜로스코바리우카(24~25)
▷디나모바투미(25)
▷젬플린미찰로우체(25)
▷제주(26~)

K리그 통산기록

2026시즌 K리그1 데뷔

대표팀 경력

29경기

2025시즌 K리그1 최소득점 2위에 그친 제주가 3년만에 팀을 떠난 유리 조나탄의 대체자로 야심차게 영입한 카드. 체격은 유리 조나탄보다 크다. 리투아니아 현역 국가대표인 기티스는 196cm의 압도적인 체구를 자랑한다. 리그 최장신축에 속한다. 기티스는 이러한 피지컬을 이용해 페널티 에어리어에서 수비수와 몸싸움을 벌이고, 공중볼을 따내는 능력이 탁월하다. 수준급 득점력도 가졌다. 2025~2026시즌 미할로우제 소속으로 슬로바키아 1부리그 전반기에 6골 3도움(15경기)을 기록하는 높은 득점 생산성을 자랑했다. 오른발잡이지만, 6골 중 3골을 왼발로 만들었던 점도 기억할 필요가 있다. 기티스는 2020년 리투아니아 대표로 처음 발탁돼 2023년 9월 몬테네그로, 세르비아와의 유로 2024 예선에서 연속골을 넣으며 당시 리투아니아 축구계의 새로운 희망으로 부상했다. 몬테네그로전에선 상대한 인천 공격수 무고사와는 K리그1에서 다시 득점 대결을 펼친다. 다만 기티스는 코스타 감독이 추구하는 '전원 수비' 스타일에 부합하기 위해선 좀 더 박스 밖 활동 시간을 늘리고, 활동폭을 넓힐 필요가 있다. 리그와 코스타 전술에 빠르게 적응하면 분명 팀에 큰 보탬이 될 수 있다.

■ 우크라이나, 조지아 1부 리그 기록

2025시즌 기록

4	1,506(26) MINUTES 출전시간(경기수)	4 GOALS 득점	2 ASSISTS 도움	0	- WEEKLY BEST 11 주간베스트11
강점	묵직한 포스트플레이, 공중볼 경합		특징		제주가 26년 만에 영입한 리투아니아 출신
약점	좁은 활동 반경, 세밀한 플레이		별명		–

김동준

1994년 12월 19일 | 32세 | 대한민국 | 189cm | 85kg

경력

성남(16~19)
▷대전(20~21)
▷제주(22~)

K리그 통산기록

K리그1 – 185경기 232실점
K리그2 – 71경기 78실점

대표팀 경력

1경기
2016 올림픽

제주 미들에 이창민이 있다면, 후방엔 든든한 '국밥 골키퍼' 김동준이 있다. 피지컬과 '뇌지컬', 선방 능력과 발밑 능력을 두루 갖춘 '육각형 골키퍼'다. 간혹 실수를 범하지만, 그걸 감안하더라도 이만한 골키퍼를 구하기 쉽지 않다. 2016년 성남에서 프로데뷔해 빠르게 K리그 무대에서 두각을 드러낸 김동준은 대전을 거쳐 2022년 제주와 연을 맺었다. 제주는 김동준이 프로 경력을 통틀어 가장 오래 머물고, 가장 많은 경기를 뛴 팀이 되었다. 그만큼 애정도 남다르다. 2024시즌을 끝내고 일본에서 러브콜을 받은 김동준은 제주와 2029년까지 장기 재계약하며 의리를 지켰다. 2025시즌 총 31경기에 나서 수없이 많은 슛을 손과 발, 몸으로 막았다. 특히 수원 삼성과의 승강 플레이오프 홈 앤 어웨이 두 경기에선 '벽동준' 모드를 재가동하며 무실점 잔류를 이끌었다. 하지만 김동준은 지난 3년간 팀의 리그 성적(9위–7위–11위)에 만족할 리 없다. 실점을 줄이고 클린시트를 늘려 2026년만큼은 제주를 아시아 무대로 올려보내겠다는 각오다. 2026년은 월드컵이 열리는 해이기도 하다. 전반기에 압도적인 기량을 펼치면 대표팀의 문을 다시 열 수 있다.

2025시즌 기록

2	2,779(31) MINUTES 출전시간(경기수)	121 SAVE 선방	41 LOSS 실점	1	2 WEEKLY BEST 11 주간베스트11

강점	뛰어난 선방 능력, 안정적인 발밑	특징	할 말은 하는 직진남
약점	간혹 발생하는 실수, 반복되는 부상	별명	애어른 (신인시절 별명)

김륜성

2002년 6월 4일 | 24세 | 대한민국 | 179cm | 70kg

40
DF

김륜성

WEEKLY　BEST 11

경력

포항(21)
▷ 김천(22~23)
▷ 포항(24)
▷ 부산(24)
▷ 제주(25~)

K리그 통산기록

K리그1 – 56경기 1득점 5도움
K리그2 – 20경기 5도움

대표팀 경력

—

2025시즌 제주 올해의 선수를 한 명 뽑으라면, 김륜성은 유력한 수상 후보다. 팀이 전체적으로 침체된 가운데, 김륜성만큼은 그야말로 날아다녔다. 크로스 시도(154개)는 리그에서 전체 7번째로 많았고, 팀 내에서 가장 많은 5개 도움을 올렸다. 잔류 싸움에 한창인 2025년 11월 안양, 대구전에서 연속해서 유리 조나탄의 골을 어시스트하며 팀이 다이렉트 강등에서 벗어나는 데 기여했다. '돌아오지 않는 풀백'은 아니다. 공 소유권을 획득하는 태클 성공 횟수(34개)는 리그 전체 8위, 수비지역 인터셉트(20개)는 전체 공동 5위였다. 공격과 수비 기여도가 모두 높은 풀백은 어느 팀에서나 소중할 수밖에 없다. 2025시즌은 김륜성에게도 소중한 시즌이었다. 2021년 포항에서 프로데뷔해 2024년까지 포항, 김천, 부산 소속으로 41경기 출전에 그친 김륜성은 '고향팀' 제주 입단 1년차에 35경기를 뛰며 잠재력을 폭발했다. 어린 나이에 병역을 해결해 국대급 풀백으로 성장하는데 걸림돌이 없다. 2026시즌 코스타 감독 체제에선 부주장으로 임명돼 선후배 가교 구실도 한다. 코스타 감독이 쓰는 김륜성은 기대만발이다.

2025시즌 기록

6	2,852(35) MINUTES 출전시간(경기수)	1 GOALS 득점	5 ASSISTS 도움	0	1 WEEKLY BEST 11 주간베스트11

강점	폭발적인 에너지, '공수 겸장' 돌아오는 풀백	특징	제주 출신 로컬보이, '제주 SK' 명칭 변경 후 1호 영입
약점	잦은 반칙과 경기 운영의 묘	별명	—

권창훈

1994년 6월 30일 | 32세 | 대한민국 | 174cm | 69kg

경력 | 수원삼성(13~16)▷디종(17~19)▷프라이부르크(19~21)▷수원삼성(21~23)
▷김천(22~23)▷전북(24~25)▷제주(26~　)

K리그 통산기록 | K리그1 – 165경기 21득점 13도움 | K리그2 – 8경기 2득점 1도움

대표팀 경력 | 43경기 11득점, 2022 카타르월드컵

부상 여파로 약 2년간 침체기를 겪었던 권창훈은 2025년 화려하게 부활했다. 거스 포옛 전북 감독을 만나 특급 조커로 다시 태어났다. 부상없이 풀 시즌을 치러내며 특유의 폭발력을 되찾은 점이 가장 큰 소득이다. 자신감을 안은 권창훈은 자유계약으로 대표팀 시절 선수와 수석코치로 인연을 맺은 코스타 감독의 부름을 받고 제주로 이적했다. 이번엔 특급조커가 아닌 당당한 주연 자리를 노린다. 공격 2선 전 포지션을 소화하는 '왼발잡이 공격형 미드필더' 권창훈은 기존 제주 선수단엔 없는 유형이다. '오른발잡이 플레이메이커' 남태희와의 시너지 효과가 특히 기대된다.

2025시즌 기록					- WEEKLY BEST 11 주간베스트11	강점	약점
0	0	540(23) MINUTES 출전시간(경기수)	0 GOALS 득점	3 ASSISTS 도움		저돌적인 돌파, 날카로운 왼발	부상 리스크, 예전같지 않은 주력

세레스틴　　　　　　　　　*Julien Albert Marc Célestine*

1997년 7월 24일 | 29세 | 프랑스 | 191cm | 81kg

경력 | 몰렌베크(18~19)▷URSL 비제(19~20)▷발미에라(20~21)▷로데즈(21~22)▷레온(22)
▷디오스기요르(23)▷콩카르노(23~24)▷아폴론리마솔(24~25)▷아르카그디니아(25~26)
▷제주(26~　)

K리그 통산기록 | 2026시즌 K리그1 데뷔

대표팀 경력 | –

프랑스 파리 출신 장신 센터백. 임채민 송주훈을 떠나보낸 제주가 수비진 강화 차원에서 영입했다. 제주의 외인 센터백 영입은 2020년 발렌티노스(키프로스) 이후 6년 만이다. 2017년 프랑스 공격수 멘디를 영입해 쏠쏠한 재미를 봤던 제주는 이번엔 '프랑스 방패'를 장착했다. 세레스틴은 희귀한 왼발잡이 센터백으로, 장신(191cm)을 이용한 공중볼 장악 능력과 대인방어가 강점이다. 벨기에, 라트비아, 헝가리, 폴란드 등 유럽뿐 아니라 멕시코 리그도 경험했다. 아시아에서 뛰는 건 처음이지만, 낯선 환경엔 익숙해질 대로 익숙해졌다. 쌍둥이 형제 엔조도 아시아(말레이시아)에서 뛴다.

2025시즌 기록					- WEEKLY BEST 11 주간베스트11	강점	약점
5	1	1,465(18) MINUTES 출전시간(경기수)	1 GOALS 득점	0 ASSISTS 도움		공중볼 장악 능력, 대인 방어	카드 트러블, 아시아 무대 경험

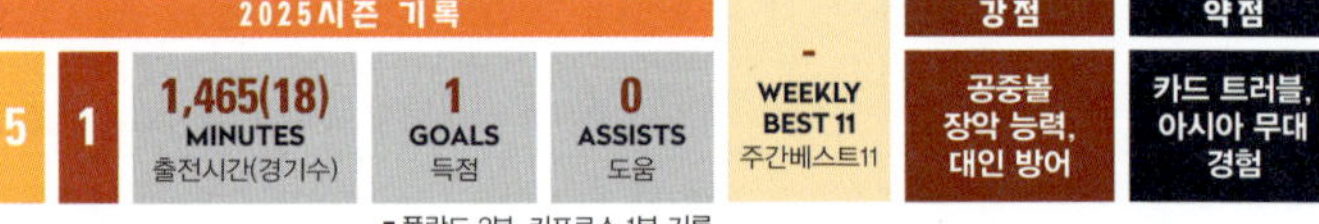
■폴란드 2부, 키프로스 1부 기록

박창준

1996년 12월 23일 | 30세 | 대한민국 | 178cm | 67kg

경력 | 강원(18~19)▷경남(20)▷부천(21~22)▷당진시민(23~24)▷부천(24~25)
▷제주(26~　)

K리그 통산기록 | K리그1 – 27경기 1득점 2도움 | K리그2 – 118경기 30득점 10도움

대표팀 경력 | 1경기

꾸준히 노력하는 선수가 얼마나 성장할 수 있는지를 보여주는 K리그의 대표적인 대기만성형 선수. 2018년 강원에서 데뷔한 박창준은 경남을 거쳐 2021년 부천에 입단한 뒤 기량에 꽃을 피웠다. 스피드와 득점력, 무엇보다 투쟁심을 지닌 박창준은 K리그2 최정상급 측면 자원으로 평가받았다. 2025시즌 K리그2에서 9골 5도움을 올리며 리그 베스트11 후보에 올랐으나, 아쉽게 수상에 실패했다. K리그2 최고의 선수를 K리그1 클럽이 가만 놔둘 리 없었다. 복수의 팀이 손을 내밀었고, 가장 적극적인 제주로 향했다. 김승섭이 떠난 제주의 왼쪽 공격을 책임져야 하는 사명을 떠안았다.

2025시즌 기록					5 WEEKLY BEST 11 주간베스트11	강점	약점
4	0	2,266(35) MINUTES 출전시간(경기수)	9 GOALS 득점	5 ASSISTS 도움		'윙어&윙백' 멀티 능력, 저돌성과 투쟁심	K리그1은 7년만이라

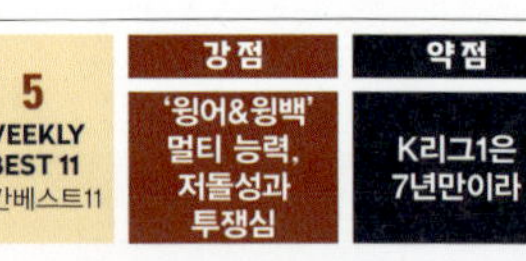
■K리그2 기록

김준하

2005년 12월 2일 | 21세 | 대한민국 | 177cm | 66kg
경력 | 제주(25~)
K리그 통산기록 | K리그1 – 31경기 3득점 1도움
대표팀 경력 | –

제주 유스 출신으로 2025년 프로에 콜업됐다. '데뷔 임팩트'는 2024년 강원에서 뛰던 양민혁 못지않았다. 서울과의 개막전에서 데뷔해 데뷔골을 뽑았다. 박스 안 침투, 반 박자 빠른 슈팅 능력을 앞세워 초반 9경기에서 3골을 몰아쳤다. 더 놀라운 건 3골 모두 '홈에서 넣은 결승골'이었다. 제주의 2025시즌 총 승점 39점 중 23%를 순수하게 19살 막내가 책임졌다. 기세를 몰아 연령별 대표팀에도 뽑힌 김준하는 많은 경기가 몰린 여름 이후부턴 흐름이 뚝 끊겼다. 4호 골은 끝내 터지지 않아 진한 아쉬움 속 시즌을 마무리했다. 2026년엔 더 꾸준한 모습을 보여야 한다는 걸 누구보다 김준하 본인이 잘 알 것이다.

2025시즌 기록					2 WEEKLY BEST 11 주간베스트11	강점	약점
5	0	1,522(31) MINUTES 출전시간(경기수)	3 GOALS 득점	1 ASSISTS 도움		번뜩이는 움직임, 반박자 빠른 슈팅	부족한 파워, 미숙한 경기 운영

■ 일본 J리그 기록

이탈로

Italo Moreira Barcelos

1997년 8월 23일 | 29세 | 브라질 | 190cm | 78kg
경력 | 마나우아라(22) ▷ 나시오날(23) ▷ 아마조나스(23) ▷ 제주(24~)
K리그 통산기록 | K리그1 – 68경기 4득점 1도움
대표팀 경력 | –

K리그 데뷔 첫해인 2024시즌 퍼포먼스가 워낙 출중해서일까. 2025시즌 활약상은 2% 부족해 보였다. 특유의 탈압박, 공중볼 경합 능력은 여전했지만, 출전시간, 득점, 인터셉트 등 경기 관여도 자체가 떨어졌다는 평이다. 하지만 고개를 숙인 채 시즌을 마무리하지 않았다. 승강 플레이오프 2차전에서 거침없는 문전 침투로 잔류에 쐐기를 박는 결정적인 골을 터뜨렸다. 제주 입단 3년차인 2026시즌에 대한 기대감을 품게 하는 득점포였다. 제주가 외국인을 대거 교체하는 상황에서 이탈로만큼은 남겨둔 데에는 다 이유가 있을 것이다. 올해도 제주 중원은 '이탈로'다.

2025시즌 기록					1 WEEKLY BEST 11 주간베스트11	강점	약점
7	0	2,423(31) MINUTES 출전시간(경기수)	1 GOALS 득점	0 ASSISTS 도움		시원시원한 탈압박, 공중볼 장악 능력	세밀하지 못한 볼 터치

김신진

2001년 7월 13일 | 25세 | 대한민국 | 186cm | 80kg
경력 | 서울(22~24) ▷ 이랜드(24) ▷ 서울(25) ▷ 강원(25) ▷ 제주(26~)
K리그 통산기록 | K리그1 – 61경기 9득점 1도움 | K리그2 – 11경기 1득점
대표팀 경력 | –

코스타 감독이 직접 '픽'(PICK)한 올라운더 공격수다. 코스타 감독은 김신진이 스트라이커부터 공격형 미드필더, 윙어까지 공격진의 다양한 포지션에서 뛸 수 있고, 왕성한 활동량으로 전방 압박이 가능한 유형이라는 점에 꽂혔다. 일부팬은 '퇴온 전설'인 네덜란드 출신 뤼트 굴리트에 빗대기도 한다. 2022년 서울에서 프로데뷔한 김신진은 두 시즌 연속 꾸준히 뛰며 기량을 뽐냈지만, '은사' 안익수 감독이 서울을 떠난 이후론 우울한 2년을 보냈다. 두 번이나 임대를 마치고 왔지만, 어느 곳에서도 자리를 잡지 못했다. 어느덧 25살, 이젠 승부를 봐야 한다.

2025시즌 기록					- WEEKLY BEST 11 주간베스트11	강점	약점
0	0	81(5) MINUTES 출전시간(경기수)	0 GOALS 득점	0 ASSISTS 도움		멀티 능력, 활동량과 압박 능력	2% 부족한 득점력, 잃어버린 2년

임창우

1992년 2월 13일 | 34세 | 대한민국 | 184cm | 79kg
경력 | 울산(10~15)▷대전(14)▷알와흐다(16~20)▷강원(21~23)▷제주(23~)
K리그 통산기록 | K리그1 – 167경기 6득점 7도움 | K리그2 – 28경기 2득점
대표팀 경력 | 6경기

제주도 출신으로 울산, 대전, 아랍에미리트, 강원 등 타지에서 지내다 2023년 베테랑이 되어 '고향'으로 돌아왔다. 지난 2시즌 반 동안 선발과 교체를 오가며 살림꾼 역할을 톡톡히 했다. 2025시즌 김태환이 입대하고 안태현이 부상 여파로 부진한 가운데, 여름 이후부터는 확고한 주전으로 팀의 잔류를 위해 '영혼'을 갈아 넣었다. 전매특허인 부메랑 크로스로 2개의 도움도 올렸다. 2014년 아시안게임 결승에서 결승골을 넣은 임창우는 중요한 승강 플레이오프에서도 큰 경기에 강한 면모를 드러냈다. 임창우는 제주에 뼈를 묻겠다는 각오로, 2026시즌을 앞두고 재계약을 맺었다.

2025시즌 기록					강점	약점
5	0	**1,784(24)** MINUTES 출전시간(경기수)	**1** GOALS 득점	**2** ASSISTS 도움	**1** WEEKLY BEST 11 주간베스트11	부메랑 크로스, 센터백 소화 가능	뒷공간 커버, 오버래핑

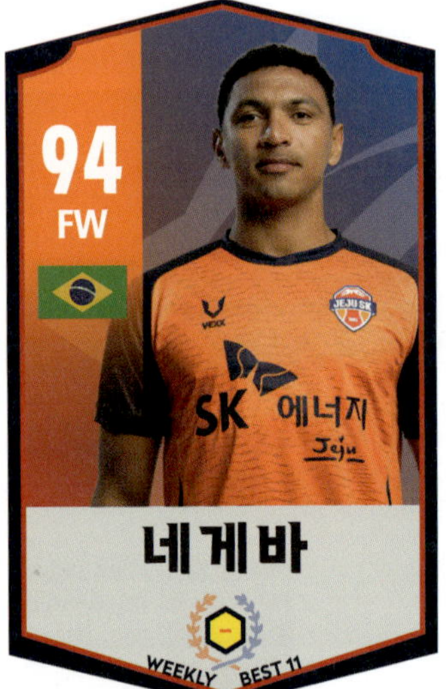

네게바
Emerson Ramon Bezerra Oliviera

2000년 11월 24일 | 25세 | 브라질 | 174cm | 80kg
경력 | 케이마다엔제(21)▷트레제(21)▷클루비지헤가티스브라지우(21~23)
▷쿠이아바(23~25)▷보타포구(24)▷아바이(25)▷제주(26~)
K리그 통산기록 | 2026시즌 K리그1 데뷔
대표팀 경력 | –

2025년 6월, 7억을 밑돌던 시장가치(트랜스퍼마켓)는 5개월 만에 2.5배인 17억원으로 점프했다. 이십 대 중반인 네게바가 얼마나 충실한 '현재'를 보내고 있는지를 보여준다. 아바이 주전 윙어로 2025시즌 브라질 2부에서 4골 2도움을 기록했다. 과거 로페즈, 제르소 등을 발굴한 제주는 '새로운 날개'가 되어줄 네게바에게 과감하게 투자했다. 탄탄한 체격을 장착한 네게바는 양쪽 측면을 모두 소화할 수 있고, 섀도 스트라이커도 맡을 수 있다. 최근엔 왼쪽에서 뛰는 횟수가 많았다. 공격적으로 거침없이 밀고 들어가는 드리블이 강점이다. 2018년 경남에서 뛴 동명이인 네게바만큼만 해줘도 금상첨화다.

2025시즌 기록					강점	약점
4	1	**1,940(29)** MINUTES 출전시간(경기수)	**4** GOALS 득점	**2** ASSISTS 도움	**-** WEEKLY BEST 11 주간베스트11	폭풍 드리블, 다양한 포지션 소화	아시아 첫 경험, 공격포인트 생산 능력

■ 브라질 2부 기록

유인수

1994년 12월 28일 | 32세 | 대한민국 | 178cm | 70kg
경력 | FC도쿄(16~19)▷아비스파후쿠오카(18)▷성남(20~22)▷김천(21~22)
▷강원(23~24)▷제주(25~)
K리그 통산기록 | K리그1 – 135경기 12득점 8도움 | K리그2 – 19경기 1득점
대표팀 경력 | –

프로 경력의 첫 출발은 일본이었다. 언남고, 광운대를 거쳐 FC도쿄에 입단했다. 일본에서 3년 간 자리를 잡지 못한 유인수는 꽉 찬 26세의 나이로 성남에 입단하며 K리그에 늦깎이 데뷔했다. K리그1에 빠르게 녹아든 유인수는 1년 뒤 국군체육부대에 합격하며 안정적인 커리어를 밟아갔다. 2023년 강원, 2025년 제주로 이적해 꾸준히 K리그1 무대를 누볐다. 윙어와 풀백을 오가는 유인수는 2025시즌엔 주로 윙어로 뛰며 커리어 하이인 4골을 폭발했다. 김천, 전북, 서울 등 강호들을 골라잡았다. 감독이 바뀐 2026시즌에도 유인수의 역할은 분명히 있을 것이다.

2025시즌 기록					강점	약점
2	1	**2,575(34)** MINUTES 출전시간(경기수)	**4** GOALS 득점	**1** ASSISTS 도움	**1** WEEKLY BEST 11 주간베스트11	침투 능력, 강강약약 스타일	애매한 수비력, 플레이의 섬세함

최병욱

24 FW

2005년 4월 11일 | 21세 | 대한민국 | 177cm | 70kg
경력 | 제주(25~)
K리그 통산기록 | K리그1 – 28경기 1도움
대표팀 경력 | –

김준하와 제주 유스 출신 입단 동기다. 먼저 빛난 건 동기였지만, 시간이 갈수록 최병욱의 존재감이 커졌다. 주로 조커로 뛰면서 베테랑 중심의 팀에 젊은 에너지를 불어넣기 위해 2선과 3선, 측면과 중앙을 가리지 않고 뛰고 또 뛰었다. 사랑이 담긴 선배들의 훈육을 받으며 시즌 중 성장하는 모습을 보여 승강 플레이오프 즈음엔 제 몫 이상을 해냈다. 시즌 중 열린 U-20 월드컵에도 다녀왔다. 1년 동안 신인에게 가장 중요하다는 '충분한 경험치'를 쌓았다. 22세룰이 사실상 폐지되는 2026년 2년차 징크스에 발목잡히지 않으려면, 마무리 능력을 키울 필요는 있겠다.

2025시즌 기록					- WEEKLY BEST 11 주간베스트11	강점	약점
3	1	725(28) MINUTES 출전시간(경기수)	0 GOALS 득점	1 ASSISTS 도움		스피드, 빠른 돌파	미숙한 마무리

오재혁

14 MF

2002년 6월 21일 | 24세 | 대한민국 | 174cm | 69kg
경력 | 포항(21) ▶ 부천(21~22) ▶ 전북(23~24) ▶ 성남(24) ▶ 제주(25~)
K리그 통산기록 | K리그1 – 35경기 1득점 3도움 | K리그2 – 62경기 2득점 4도움
대표팀 경력 | –

포항 유스 포철공고 시절 특급 유망주로 평가받았다. 포항 프로팀 스쿼드에 포함되지 않았지만, 임대로 떠난 부천에서 유망주의 껍질을 벗었다. 전북, 성남에서 부상 여파로 기대만큼 빛나지 못한 오재혁은 2025년 제주에 입단해 K리그1에서도 통하는 실력이라는 걸 보여줬다. 출전시간과 퍼포먼스는 조금 아쉬웠다. 시즌 절반에 못 미치는 15경기에 선발 출전한, 문자 그대로 '준주전급'이었다. 패스, 수비, 공격 지표 모두 평범했다. 이창민, 이탈로의 벽을 넘기 위해선 좀 더 확실히 특징이 필요할 것 같다.

2025시즌 기록					- WEEKLY BEST 11 주간베스트11	강점	약점
1	0	1,425(31) MINUTES 출전시간(경기수)	1 GOALS 득점	3 ASSISTS 도움		경기 조율, 중거리 슈팅	피지컬 경합, 경기 기복

김재우

41 DF

1998년 2월 6일 | 28세 | 대한민국 | 187cm | 84kg
경력 | SV호른(16~17) ▶ 부천(18~19) ▶ 대구(20~21) ▶ 대전(22~24) ▶ 김천(23~24) ▶ 제주(25~)
K리그 통산기록 | K리그1 – 49경기 1득점 1도움 | K리그2 – 73경기 3득점 5도움
대표팀 경력 | –

청대 출신 김재우는 18세에 오스트리아 무대에 진출했다. 그 정도로 잠재력을 높이 평가받았다. 유럽을 '찍먹'하고 돌아온 김재우는 2018~2019년 부천, 2020~2021년 대구, 2022~2024년 대전 소속으로 1부와 2부를 누볐다. 2023년 김천의 1부 승격 멤버였다. 하지만 전역 후 대전과 제주에서 좀체 출전 기회를 잡지 못해 안타까운 시간을 흘려보냈다. 코스타 감독 체제에선 희망의 빛이 보인다. 김재우는 그만 뛰고 싶다. 선발 명단에 이름을 올려 고공 능력과 숨길 수 없는 중거리 슈팅 능력을 마음껏 뽐내고 싶다.

2025시즌 기록					- WEEKLY BEST 11 주간베스트11	강점	약점
0	0	37(9) MINUTES 출전시간(경기수)	0 GOALS 득점	0 ASSISTS 도움		점프력, 슈팅 파워	부족한 1부 경험

김건웅

1997년 8월 29일 | 28세 | 대한민국 | 185cm | 81kg

경력 | 울산(16~19) ▷ 전남(19) ▷ 수원FC(20~22) ▷ 전북(23) ▷ 제주(23~24) ▷ 인천(25) ▷ 제주(25~)

K리그 통산기록 | K리그1 – 139경기 5득점 2도움 | K리그2 – 78경기 4득점 1도움

대표팀 경력 | –

2018년 자카르타–팔렘방 아시안게임에서 금메달을 목에 건 이후 기세를 몰아 본격적으로 프로 세계에 뛰어들었다. '친정' 울산에서 가능성을 입증한 김건웅은 2019년 임대로 떠난 전남에서 수미의 잠재력을 폭발했다. 부드러운 무브먼트와 안정적인 경기 운영 능력을 뽐냈다. 2020년 수원FC에서 3년간 센터백 겸장 미드필더로 업그레이드된 김건웅은 2023년 능력을 인정받아 빅클럽 전북으로 이적했다. 2023년 안현범과 트레이드로 반년만에 제주로 향했고, 2025년 인천으로 임대를 떠나 팀의 승격을 도왔다. 1, 2부를 합쳐 200경기를 돌파한 베테랑은 이제 K리그1에서도 빛나고 싶다.

		2025시즌 기록				강점	약점
1	0	**887(12)** MINUTES 출전시간(경기수)	**0** GOALS 득점	**0** ASSISTS 도움	– WEEKLY BEST 11 주간베스트11	수미와 센터백 겸장, 차분한 볼 배급	전진패스 능력, 압박 세기

정운

1989년 6월 30일 | 37세 | 대한민국 | 180cm | 76kg

경력 | 울산(12) ▷ 이스트라(13~14) ▷ RNK스플리트(15) ▷ 제주(16~18) ▷ 김포시민(18~19) ▷ 제주(20~)

K리그 통산기록 | K리그1 – 200경기 5득점 15도움 | K리그2 – 24경기 2득점

대표팀 경력 | –

이창민과 함께 제주를 지탱하는 '기둥'이다. 울산에서 프로데뷔해 크로아티아에서 20대 초반을 알차게 보낸 정운은 느지막이 다시 K리그로 돌아와 레전드의 길을 뚜벅뚜벅 걸었다. 에너지 넘치는 풀백이었던 정운은 세월이 흐름에 따라 안정감이 배가됐다. 부족한 피지컬을 가동할 점프력과 공은 놓쳐도 사람을 놓치지 않는 집요한 대인마크로 메웠다. 왼발잡이 특성을 살린 왼쪽 센터백으로도 듬직한 모습을 보였다. 2026년에도 눈이 오나 비가 오나 제주 뒷문을 지키는 정운의 모습을 볼 수 있을 것이다.

		2025시즌 기록				강점	약점
1	0	**215(11)** MINUTES 출전시간(경기수)	**0** GOALS 득점	**0** ASSISTS 도움	– WEEKLY BEST 11 주간베스트11	정교한 왼발 (운체국택배), 대인마크	'떨어진 에너지 레벨' 나이는 못 속여

안찬기

1998년 4월 6일 | 28세 | 대한민국 | 187cm | 80kg

경력 | 수원삼성(20~21) ▷ 청주FC(22) ▷ 수원삼성(23) ▷ 제주(24~)

K리그 통산기록 | K리그1 – 18경기 26실점

대표팀 경력 | –

수원 삼성 유스, 청소년 대표를 지낸 '특급 유망주 골키퍼'. 인천대에서 빼어난 활약을 펼치며 U–22 대표팀에도 뽑혔다. 수원에서 좀체 기회를 잡지 못하던 안찬기는 당시 U–22 대표팀 사령탑이던 김학범 감독의 부름을 받고 2024년 제주로 이적하며 수원이라는 '그늘'에서 벗어났다. 제주에서 주전 골키퍼 김동준에게 가려 많은 경기를 뛰지 못했지만, 경기에 출전할 때마다 자신의 능력을 발휘하고자 애썼다. 2024년 4월 천안시티와의 승부차기에서 더블 선방으로 팀 승리를 이끈 활약이 하이라이트였다. 김학범 그늘에서 벗어난 2026년, 다시 김동준의 아성에 도전한다.

		2025시즌 기록				강점	약점
1	0	**642(8)** MINUTES 출전시간(경기수)	**24** SAVE 선방	**12** LOSS 실점	– WEEKLY BEST 11 주간베스트11	페널티킥 스페셜리스트, 민첩성	2인자의 덫, 높은 실점률

전지적 작가 시점

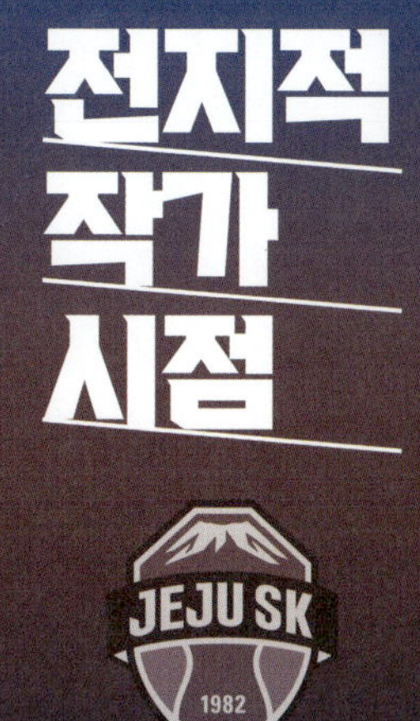

윤진만이 주목하는 제주의 원픽!
남태희

2025시즌 승강 플레이오프 2차전을 통해 잔류를 확정한 뒤 한숨을 내쉬던 남태희의 표정을 잊지 못한다. 카타르 리그 우승권팀에서 남부럽지 않은 연봉을 받으며 '행복축구'를 하던 남태희가 말년에 K리그에서 극한의 스트레스가 따르는 강등 싸움을 펼치게 될 것이라고 그 누가 예상했을까. 하지만 천부적인 축구 재능과 철저한 자기관리, 여기에 후배를 아우르는 리더십까지 갖춘 남태희는 현실을 외면하지 않았다. 잔류 전쟁의 선봉에 서서 한 발 더 뛰고, 후배들을 독려하며 팀을 잔류로 이끌었다. 결과론적인 얘기지만, 2025시즌 남태희가 없었다면 제주는 더 큰 위기에 직면했을지도 모를 일이다. 남태희는 잠깐 머물다 가는 '베테랑 스타'가 아니었다. 숱한 러브콜을 뿌리치고 2026시즌에도 제주에 남았다. 긴 휴가를 마치고 팀에 합류한 남태희의 첫 마디는 "팀이 완전히 달라졌네"였다. 코스타 감독의 새로운 아이디어가 남태희를 웃게 만들고 있다. '스트레스 프리'로 빌드업에 관여할 남태희가 얼마나 상대 수비진을 괴롭힐지는 쉬이 상상이 가지 않는다.

지금 제주에 이 선수가 있다면!
오현규

코스타 감독은 '주도하는 축구'를 위해 조직적인 압박을 중시한다. 전방 공격수의 수비 가담도 선택이 아닌 필수다. 기티스는 압박보단 박스 안 움직임에 특화된 정통 공격수다. 김신진은 활동 반경이 넓지만, 득점력은 2% 부족하다. 전천후 공격수인 오현규는 기티스와 김신진의 장점을 섞어놓은, 제주의 '마지막 퍼즐'이 될 수 있다. 오현규는 '황소'같이 상대 수비진을 향해 돌진하고, 순간적으로 수비 뒷공간으로 침투하는 능력을 지녔다. 2024~2025, 2025~2026시즌 벨기에 헹크 소속으로 연속해서 두자릿수 득점을 기록할 정도로 정상급 득점력도 장착했다. 수원 삼성과 김천 상무 소속으로 K리그를 경험했다. 2022년 8월, 오현규가 제주 원정에서 동점골을 돕고 결승골을 어시스트하는 '원맨쇼'로 수원의 2 대 1 승리를 이끈 모습은 제주팬은 기억할 것이다. 코스타 감독은 카타르월드컵을 앞두고 오현규를 국대에 처음 발탁해 누구보다 오현규의 스타일을 잘 알고 있기도 하다. 물론 2026시즌 제주의 오현규 영입은 '불가능의 영역'이다. 2월 튀르키예 명문 베식타시 이적을 확정했다. 이적료는 약 240억원으로, 제주가 당장 '지를 수 있는' 액수를 훌쩍 넘어섰다. 다음 기회를 노려야….

무고사
제르소
이명주
김동헌
이주용
이케르
박승호
오후성
박경섭
김명순
정태욱
박호민
이동률
후안 이비자
여승원
서재민
이상기
김성민
정원진
이태희
오준엽
문지환
백민규
김건희
이준섭

11
인천유나이티드

돌아온 인천, 비상은 계속된다

인천유나이티드

인천 역사를 한 단어로 표현하면 '생존왕' 혹은 '잔류왕'이다. '검파'(검정파랑)는 시즌 막바지 귀신같이 잔류 본능을 발휘해 1부에 생존하는 팀의 컬러였다. 2004년 창단해 시민구단의 어려운 여건을 딛고 2005년 깜짝 준우승하는 과정을 다룬 다큐멘터리 영화의 제목은 '비상(飛上)'이었다. 높이 날아오르고 싶은 마음이 담겼다. 2022년 K리그1 4위를 차지하며 아시아챔피언스리그라는 높은 곳에 처음 다다랐지만, 아시아 최고의 팀이 모이는 챔피언스리그는 준비가 덜 된 팀을 위한 무대는 아니었다. 갑작스러운 '신분 변화'에 적응하지 못한 인천은 2024시즌 K리그1에서 최하위로 떨어지며 결국 첫 강등 운명을 맞았다. 절망스러운 성적표였지만, 언젠가는 거쳐야 할 과정이었다. 위기감을 느낀 인천은 K리그에서 가장 주목받는 지도인 윤정환 감독을 선임해 단 1년만에 1부로 승격하는 드라마를 썼다. 2024년, 창단 19년만에 마련된 보금자리(클럽하우스)도 팀의 우승을 '어시스트'했다. 시즌 후 인천과 재계약을 맺은 윤정환 감독은 구단이 장기적으로 성장하기 위해선 생존왕 타이틀을 버려야 한다고 강조했다. 목표도 6강으로 높게 잡았다. 2026년은 인천이 비상할 준비가 된 팀인지를 가늠할 중요한 해다.

구단 소개

정식 명칭	인천유나이티드FC
구단 창립	2003년 12월 30일
모기업	시민구단
상징하는 색	파란색, 검은색
경기장(수용인원)	인천축구전용경기장 (20,356명)
마스코트	유티(Utee)
레전드	임중용, 김이섭 등
서포터즈	파랑검정
커뮤니티	인천네이션

우승

K리그	–
코리아컵(FA컵)	–
AFC챔피언스리그(ACL)	–

최근 5시즌 성적

시즌	K리그	코리아컵(FA컵)	ACL
2025시즌	K리그2 우승	16강	–
2024시즌	11위	3라운드	–
2023시즌	6위	16강	–
2022시즌	8위	4강	16강
2021시즌	3위	준우승	16강

윤정환

1973년 2월 16일 | 53세 | 대한민국

K리그 전적
173경기 73승 52무 49패

'K리그 감독 지수'가 있다면 윤정환 감독은 2025시즌을 통해 '5000선'을 돌파했다. 어느 감독보다 최근 성과가 뚜렷하다. J리그와 K리그에서 도합 500경기 이상 지휘한 연륜과 이 시대가 요구하는 '열린 리더십'을 장착한 윤정환 감독은 지난 2년간 강원의 2024년 K리그1 준우승, 인천의 2025년 K리그2 우승을 이끌었다. 인천은 윤 감독이 시즌 중 변수를 슬기롭게 극복하면서 처음부터 끝까지 줄곧 1위를 유지했다. 지난 8년간 J1리그(2017년), K리그1(2024년), K리그2(2025년) 올해의 감독상을 한꺼번에 수상한 감독은 역사상 윤정환밖에 없다. 윤정환 감독은 "선수 때 한 번도 못 탄 대상을 감독으로 세 번 탔다"라며 껄껄 웃는다. 최고의 선수는 최고의 지도자가 될 수 없다고 누가 말했던가? 대중은 이정효 감독에게 주목하고 있지만, 현재 K리그에서 가장 '폼'이 좋은 지도자는 누가 뭐래도 윤정환이다.

선수 경력

제주	세레소 오사카	성남	전북	사간 도스

지도자 경력

사간 도스 수석코치	사간 도스 감독	울산 감독	세레소 오사카 감독	무앙통 유나이티드 감독	제프 유나이티드 감독	강원 감독	인천 유나이티드 감독(24~)

주요 경력

2002년 월드컵 4강	2003년 K리그1 우승	2005년 코리아컵 우승	한국인 지도자 최초 J리그1 승격	한국인 최초 J리그 올해의 감독상	K리그1-K리그2 연속 올해의 감독상

선호 포메이션	4-4-2	3가지 특징	'천재성' 강조 않는 천재 출신 지도자	한·일 축구 흡수한 유일무이 존재	'강압보단 소통' 하는 '매니저'

STAFF

수석코치	코치	GK코치	분석코치	피지컬코치	수석 트레이너	트레이너	물리치료사	팀매니저	장비관	통역
이호	정혁 정인성	권찬수	김용신	정문호	김정훈	피민혁	최재혁	이상민	조용희	김진영

2 0 2 5   R E V I E W

아디다스 포인트로 보는 인천의 2025시즌 활약도

만약 인천이 2025시즌을 앞두고 '고액연봉자' 제르소와 무고사와 헤어지는 선택을 했다면 어떻게 됐을까? 생각만 해도 끔찍하다. 제르소는 10-10(12골-10도움)을 기록하는 '탈2부급' 퍼포먼스로 인천의 다이렉트 승격을 진두지휘했다. 다이나믹포인트 순위는 전체 3위였다. 신예 센터백 김건희(10위)와 공격수 박승호(27위)는 공격과 수비에 젊은 에너지를 불어넣었고, 무고사(11위), 이명주(37위), 이주용(13위)은 베테랑답게 각 포지션에서 중심을 잡았다. 골키퍼 민성준(22위)의 활약도 빼놓을 수 없다. 신구 조화, 공수 밸런스가 잘 맞는 팀이 바로 2025시즌 인천이었다.

2025시즌 아디다스 포인트 상위 20명   ■ 포인트 점수

포지션 평점

FW ⚽⚽⚽⚽

MF ⚽⚽⚽⚽

DF ⚽⚽⚽⚽

GK ⚽⚽⚽⚽⚽

출전시간 TOP 3

1위	김건희	3,945분
2위	이주용	3,608분
3위	제르소	3,262분

득점 TOP 3

1위	무고사	20골
2위	제르소	12골
3위	박승호	9골

도움 TOP 3

1위	제르소	10도움
2위	이주용	5도움
3위	신진호, 김보섭	4도움

주목할 기록

23	역대 K리그2 단일시즌 최다승 3위
68	무고사 & 제르소 득점 기여도

성적 그래프 (*K리그2)

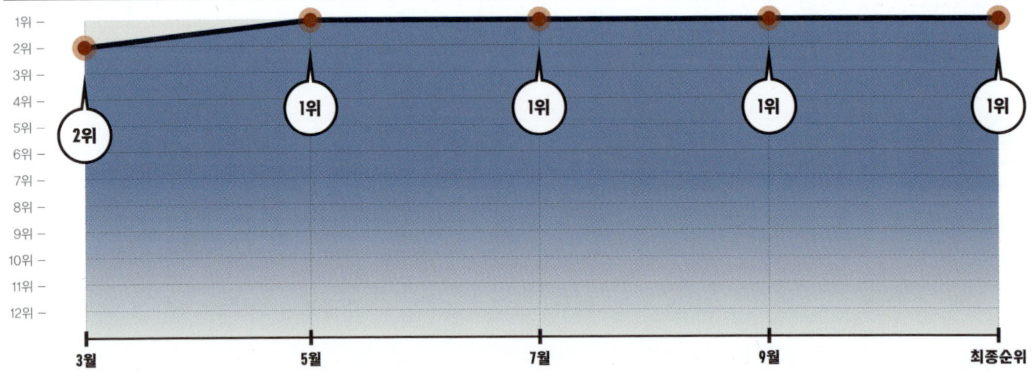

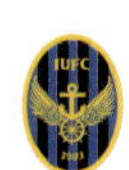

2026 시즌 스쿼드 운용 & 이적 시장 인앤아웃

IN

서재민_이랜드
여승원_대전
오후성_광주
강영훈_천안
이케르_조호르다룰
정태욱_전북
후안이비자
_부리람유나이티드
이준섭 왕민준
오준엽 고정민
_신인
이청용_울산
정치인_대구
페리어_리마솔

FW
무고사 박호민 박승호 이동률 페리어

MF
정원진 오준엽 이명주 ⓒ 문지환
오후성 이케르 제르소 김성민
백민규 서재민 이청용 정치인

DF
후안 이비자 이상기 김건희 박경섭
이준섭 김명순 강영훈 최승구
정태욱 고정민 여승원 이주용

GK
김동헌 이태희 왕민준 이상현

OUT

신진호 김보섭
황성민 임형진
_용인
김도혁 김동민
김민석_김포
민성준_이랜드
이범수_경남
김건웅_제주
홍시후_김천
강윤구_수원FC
서동한_파주
델브리지_멜버른시티
바로우_계약해지
쇼타_시아노르치

ⓒ 주장

강등의 눈물은 1년만에 환희의 눈물로 바뀌었다. 다시 돌아온 K리그1은 1년 전과 같은 듯 다르다. 김천 상무가 연고 계약 만료로 성적과 관계없이 K리그2로 강등돼 다이렉트 강등 확률은 현저히 줄었지만, 안심할 수 없다. 디펜딩 챔피언 전북부터 승격팀 부천까지 전력상 인천이 만만히 볼 상대는 어디에도 보이지 않는다. 기댈 언덕은 '요즘 대세 사령탑' 윤정환 감독의 지도력과 승격 주역들의 퍼포먼스다. 윤정환 감독은 지난 2년간 강원의 K리그1 준우승, 인천의 K리그2 우승을 이끌었다. 전력 보강의 아쉬움은 숨길 수 없겠지만, K리그에서 어떻게 하면 승점을 쌓을 수 있을지 '감'을 잡았다. 인천과 한 몸인 무고사, 제르소, 이명주, 이주용, 김동헌, 김성민 등이 그대로 남아 힘을 보탠다. 기반은 확실하다. 목표는 6강, 그 이상이다.

주장의 각오

이명주

"인천의 낭만은 특별하다. 겨울에 떠날 뻔 했냐고? 인천 잔류가 언제나 1번이었다. 2026시즌 인천이 K리그1에서도 잘할 수 있다는 걸 보여주고 싶다."

2026 예상 베스트 11

이적시장 평가

세대교체와 부족한 자리 채우기가 키워드다. 최근 2~3년에 걸쳐 베테랑들이 속속 떠났다. 그 자리를 오후성 서재민 여승원 등 젊은 자원이 채웠다. 2025시즌 윤정환 감독의 머리를 아프게 한 중원과 센터백을 강화하기 위해 스페인 출신 듀오 이케르와 후안 이비자를 영입했다. 이에 더해 공격진에 파괴력을 더하고 다양성을 입혀줄 이청용, 정치인, 페리어를 한꺼번에 영입했다. 제법 1부에 어울리는 스쿼드가 됐다.

저자 5인 순위 예측

· 윤 진 만 ·	· 박 찬 준 ·	· 김 가 을 ·	· 김 대 식 ·	· 이 현 석 ·
5위_2년 연속 큰 성과를 낸 '현품원탑' 윤정환 감독, 1부와 2부를 가리지 않고 공격진에서 차이를 만들 수 있는 무고사–제르소의 존재가 든든한 힘.	**9위**_압도적인 승격 속 후반기 경기력은 아쉬웠다. 당시 약점을 채울만한 영입이 이루어지지 않았다. 상위권은 힘들지만, 그래도 잔류는 가능해보인다.	**8위**_다시 돌아온 K리그1. 얼마나 빨리 재적응하느냐가 관건이다. 다소 잠잠했던 이적 시장은 물음표다. K리그1을 공략할 새로운 카드가 보이지 않는다.	**8위**_강원과 인천에서 K리그를 통달한 것 같은 느낌을 주는 윤정환 감독이다. 윤 감독 중심의 축구가 K리그1에서도 통할 것이다. 무고사도 건재한데 강등권에서 경쟁할 것 같지 않다.	**7위**_윤정환 감독이 K리그1으로 돌아왔다. K리그 최고의 감독 중 한 명인 그는 인천을 7위 이상으로 이끌 능력을 이미 충분히 입증했다.

무고사　Stefan Mugosa

1992년 2월 26일 | 34세 | 몬테네그로 | 188cm | 81kg

경력

FK부두치노스트포드고리차(11~13)
▶FK믈라도스트 포드고리차(13~14)
▶FC카이저슬라우테른(14~15)
▶TSV1860뮌헨(15~17)
▶FC셰리프티라스폴(17~18)
▶인천(18~22)
▶비셀고베(22~23)
▶인천(23~)

K리그 통산기록

K리그1 – 176경기 86득점 12도움

대표팀 경력

64경기 15득점

리그에서 잔류 싸움을 벌이던 인천은 2018시즌을 앞두고 공격력 강화 차원에서 두 명의 1992년생 외인 공격수를 야심차게 영입했다. 그중 한 명이 독일 2부리그를 경험한 '파검의 피니셔' 무고사, 다른 한 명은 달랑 1골을 남기고 1년만에 떠난 호주 출신 쿠비였다. 무고사는 쿠비가 떠난 뒤로도 인천에서 7시즌을 더 뛰며 '리빙 레전드'의 길을 뚜벅뚜벅 걷고 있다. 몬테네그로 대표로 꾸준히 뽑혀 인천과 유럽을 오가면서도 타고난 득점력으로 인천의 1부 생존 확률을 높였다. 첫 시즌인 2018년 19골을 터뜨리며 '초대박'을 터뜨리더니, 인천 역대 최초 세자릿수 득점(106골)을 달성한 선수로 등극했다. 2022년 일본 비셀 고베로 이적했던 무고사는 향수병(?)을 견디지 못하고 꼭 1년만에 인천 팬의 환대를 받으며 인천으로 복귀했다. 2024시즌 전방에서 고군분투하며 15골을 넣어 개인 통산 최초로 득점상을 수상했으나, 팀은 강등 고배를 마셨다. '세상에서 가장 슬픈 득점왕'은 2025시즌 K리그2에서 20골을 넣고 팀을 승격으로 이끌면서 '세상에서 가장 행복한 득점왕'이 됐다. 무고사는 2026년 K리그1에서도 '행복한 득점왕'이 되길 바라고, 팀도 행복하길 바라는 마음으로 골문을 정조준한다.

■K리그2 기록

2025시즌 기록				8
2	2,599(35) MINUTES 출전시간(경기수)	20 GOALS 득점	3 ASSISTS 도움	0	WEEKLY BEST 11 주간베스트11

강점	결과를 만드는 한방, 페널티박스 안 여유	특징	K리그1-K리그2 연속 최다득점상
약점	느려진 주력 늘어난 페널티, 약한 압박 강도	별명	파검의 피니셔

제르소   FERNANDES Gerso

1991년 2월 23일 | 35세 | 포르투갈 | 172cm | 62kg

경력

코임브라(10~11)
▷이스토릴 프라이아(11~16)
▷벨레넨세스(16~17)
▷스포팅캔자스시티(17~20)
▷제주(21~22)
▷인천(23~)

K리그 통산기록

K리그1 – 130경기 27득점 19도움
K리그2 – 37경기 12득점 10도움

대표팀 경력

—

'제르소는 몇 살이 돼야 느려지는 걸까?' K리그의 미스터리 중 하나다. 35세, 은퇴를 고민해도 이상하지 않을 나이에 스피드가 감소할 기미가 보이지 않는다. 2025시즌 제르소의 라인브레이킹, 돌파는 인천의 가장 확실한 공격 옵션이었다. 인천 내부적으론 '제르소가 다치면 어쩌나' 하고 걱정했을 법하지만, 제르소는 단 두 경기를 뺀 37경기에 출전해 10-10(골-도움) 이상을 기록하며 K리그2를 그야말로 씹어먹었다. 2021년 제주 입단으로 K리그에 발을 디딘 이후 처음으로 대상과 베스트11을 차지하며 잊지 못할 한 해를 보냈다. 시즌 후 한국프로축구연맹이 발표한 연봉 순위에서 제르소는 전체 4위에 해당하는 15억4000만원을 받는 것으로 나타났다. 인천의 재정 여건상 높은 비중을 차지한 건 부인할 수 없지만, MVP와 승격의 열매를 손에 쥔 결실만 따질 때 제르소의 활약은 연봉이 아깝지 않았다고 할 수 있다. 관건은 1년만에 돌아온 K리그1에서 리그 최고 수준의 활약을 펼칠 수 있느냐다. 제르소는 2021시즌부터 2024시즌까지 K리그1에서 각각 5-8-8-7골을 기록했다. 두 자릿수 득점은 없었다. 골로 평가받는 스트라이커는 아니지만, 인천이 6강 이상을 꿈꾸려면 제르소가 반드시 'K리그1 커리어 하이'를 찍어줘야 한다.

■K리그2 기록

2025시즌 기록

4	3,262(37) MINUTES 출전시간(경기수)	12 GOALS 득점	10 ASSISTS 도움	0	10 WEEKLY BEST 11 주간베스트11

강점	K리그 최정상급 스피드, 라인 브레이킹	특징	2025시즌 K리그 연봉 TOP 4 (무고사 동률)
약점	지공시 제한적인 역할, 몸싸움	별명	크랙

이명주

1990년 4월 24일 | 36세 | 대한민국 | 176cm | 74kg

경력

포항(12~14)
▷알 아인(14~16)
▷서울(17)
▷경찰(18~19)
▷서울(19)
▷알 와흐다(20~21)
▷인천(22~　)

K리그 통산기록

K리그1 – 189경기 26득점 28도움
K리그2 – 83경기 9득점 9도움

대표팀 경력

17경기 1득점
2015년 아시안컵

'강등 주장, 승격 주장, 다음은 상스(상위스플릿) 주장!'. '파검의 캡틴' 이명주는 부담을 내려놓고 베테랑의 역할만 해도 무방할 나이지만, 기꺼이 주장 완장을 받아들였다. 그게 이명주가 인천에 대한 사랑을 표현하는 방식이다. 신인시절 포항에서 두각을 드러낸 '겁없는 포항의 아들'은 이제 '인천의 레전드 삼촌'으로 입지를 굳혔다. 나이를 잊은 듯한 헌신적인 움직임과 후배를 아우르는 리더십, 타고난 축구 지능은 그를 인천 유망주들의 우상으로 만들었다. 주장 완장을 단 첫 시즌인 2024년 커리어 첫 강등을 경험한 이명주는 2025시즌 팀내에서 4번째로 많은 출전시간을 기록할 정도로 고군분투하며 팀을 다시 1부에 올려놓았다. 윤정환 감독이 부상 이탈, 입대 등으로 인한 중앙 미드필더 문제로 골머리를 앓는 와중에, 이명주만큼은 흔들림없이 중원을 지켰다. 시즌 베스트11로 뽑히며 건재를 과시한 이명주는 2025년 겨울 숱한 러브콜을 뿌리치고 인천과 재계약을 체결했다. 이 승부욕의 화신은 다시 축구의 재미를 느끼게 해준 인천을 6강 이상 더 높은 곳에 올려놓을 때까지 몸을 아끼지 않을 생각이다. 이명주가 돌아왔다. K리그1 미드필더들은 긴장하시라!

■ K리그2 기록

2025시즌 기록				
6	3,229(34) MINUTES 출전시간(경기수)	2 GOALS 득점	3 ASSISTS 도움	0

2
WEEKLY BEST 11
주간베스트11

강점	강한 승부욕, 영리한 경기 운영	특징	전천후 미드필더, 후배 아우르는 리더십
약점	세월이 가져간 에너지와 크랙 능력	별명	파검의 캡틴, 철인 29호

김동헌

1997년 3월 3일 | 29세 | 대한민국 | 186cm | 85kg

경력

인천(19~23)
▷상무(24~25)
▷인천(25~)

K리그 통산기록

K리그1 – 99경기 99실점
K리그2 – 7경기 5실점

대표팀 경력

—

2026시즌을 앞두고 윤정환 감독에게 '올 시즌 가장 기대되는 선수'를 물었다. 신예 이름이 튀어나올 것으로 예상했는데, 놀랍게도 윤정환 감독은 골키퍼 김동헌을 지목했다. 이유가 있었다. 인천 유스 출신으로 인천에서 국대급 골키퍼로 성장한 김동헌은 지난시즌 도중 김천 상무에서 전역해 소속팀으로 돌아와 NO.2 역할을 맡았다. 선두를 달리는 상황에서 민성준 골리 체제를 깰 수 없었다. 김동헌은 출전 가능한 23경기 중 7경기만 뛰었다. 자존심이 상할 법했지만, 출전한 경기에서 0점대 방어율(7경기 5실점)을 기록, 골문에 특유의 안정감을 불어넣었다. 윤정환 감독은 K리그1으로 돌아온 2026시즌 일찌감치 김동헌을 NO.1으로 낙점했다. 2019년 프로 데뷔해 7시즌 동안 K리그1에서 100경기 가까이 뛴 경험이 필요했다. K리그1은 K리그2보다 한방 능력이 뛰어난 공격수가 많다. 김동헌의 뛰어난 선방 능력은 팀에 승점을 벌어다줄 수 있다고 판단했다. 김천을 제외하곤 인천 한 팀에서만 뛴 유스 출신의 로얄티도 무시할 수 없었다. 2025년 국가대표에 첫 발탁된 김동헌도 마음을 다잡았다. 입대 전과 비교할 때 인천 수비진의 평균 연령은 몰라보게 어려졌다. 이제는 김동헌이 수비진을 리드해야 하는 입장이다. 김동헌이라면 충분히 할 수 있다.

■K리그2 기록

2025시즌 기록				
2	2,160(24) MINUTES 출전시간(경기수)	71 SAVE 선방	23 LOSS 실점	0

| | | | | 4
WEEKLY BEST 11
주간베스트11 |

강점	뛰어난 선방 능력, 발밑 기술 장착한 현대적 골키퍼	특징	국대가 주목하는 차세대 수문장, 차기 인천 레전드
약점	2% 아쉬운 신체조건, 종종 발생하는 판단미스	별명	넥스트 저승사자 (원조는 김이섭)

이주용

1992년 9월 26일 | 34세 | 대한민국 | 180cm | 78kg

경력

전북(14~22)
▷경찰(17~18)
▷인천(22~23)
▷제주(23~24)
▷인천(25~)

K리그 통산기록

K리그1 – 142경기 3득점 6도움
K리그2 – 79경기 1득점 10도움

대표팀 경력

A매치 5경기

연어처럼 인천으로 돌아와 승격이란 큰 선물을 안겼다. 인천 유스 대건고 출신인 이주용이 먼저 빛난 장소는 전북이다. 고등학교 2학년 때 전북 유스 영생고로 전학간 이주용은 2014년부터 2022년까지 장장 8년간 전북에 머물렀다. K리그1 5회 우승, 코리아컵 우승, 아시아챔피언스리그 우승 등 전북 왕조 멤버다. 전북 유스 출신으론 처음으로 국가대표팀에도 발탁됐다. 스스로를 '행운을 부르는 사나이'라고 칭하는 이주용은 2022년 1년 임대로 인천에 와 구단 최고 성적(스플릿라운드 기준)인 K리그1 4위 달성에 기여했다. 제주에서 2년간 활약 뒤 2025년 2부로 강등된 인천으로 돌아와 승격을 이끌었다. 이주용의 왼발 크로스는 인천의 확실한 공격 옵션이었다. 개인 통산 단일시즌 최다인 36경기에 출전해 마찬가지로 최다인 5개 도움을 올렸다. 경력 최초로 베스트 11에도 뽑히며 축구 인생 최고의 순간을 만끽했다. 이주용은 공격 기여도에 비해 수비 기여도가 2% 부족한 선수로 여겨졌지만, 연륜이 쌓이면서 수비시 안정감까지 생겼다. 이 '육각형 풀백'은 2026시즌에도 인천의 왼쪽 측면을 책임진다. 부메랑 크로스로 6강을 정조준한다. 주장단 일원으로 선수단을 끌고가는 역할도 맡는다.

■K리그2 기록

2025시즌 기록				WEEKLY BEST 11
6	3,228(36) MINUTES 출전시간(경기수)	0 GOALS 득점	5 ASSISTS 도움	0
				- 주간베스트11

강점	부메랑 크로스, 스피드-지구력 장착한 육각형 풀백	특징	전북 유스 1호 국가대표
약점	2% 부족한 수비력, 기복	별명	왼발의 마법사, K리그 마르셀로

이케르 운다바레나

1995년 5월 18일 | 31세 | 스페인 | 182cm | 76kg
경력 | 아틀레틱(13~18)▷테네리페(18~20)▷사바델(20~21)▷톤델라(21~22)
▷레가네스(22~24)▷조호르 다룰 탁짐(24~25)▷인천(26~　)
K리그 통산기록 | 2026시즌 K리그1 데뷔
대표팀 경력 | 스페인 U-16, U-17

스페인 명문 빌바오 유스 출신이다. '광인' 마르셀로 비엘사 감독 체제에서 1군 데뷔전을 치렀다. 두 번의 무릎 부상 여파로 빌바오 1군에 자리잡지 못했지만, 톤델라, 레가네스에서 꾸준한 출전으로 프로 무대 경쟁력을 입증했다. 레가네스에선 스페인 1부 승격도 경험했다. 2024년 말레이시아 명문 조호르 다룰 입단으로 아시아 무대에 도전장을 내민 운다바레나는 2026시즌을 앞두고 승격팀 인천의 러브콜을 받고는 K리그로 날아왔다. 후방 조율 능력과 너른 시야를 지닌 미드필더로, 박스 투 박스 성향인 주장 이명주와 케미가 기대된다.

2025시즌 기록					WEEKLY BEST 11 주간베스트11	강점	약점
2	0	**1,400(18)** MINUTES 출전시간(경기수)	**0** GOALS 득점	**0** ASSISTS 도움	-	안정적인 빌드업, 높은 전술 이해도	부족한 전진 능력, 낮은 압박 강도

■ 말레이시아 슈퍼리그 기록

박승호

2003년 9월 1일 | 23세 | 대한민국 | 179cm | 75kg
경력 | 인천(23~　)
K리그 통산기록 | K리그1 – 34경기 3득점 2도움 | K리그2 – 38경기 9득점 1도움
대표팀 경력 | –

2025시즌 날개를 활짝 폈다. 팀내에서 세번째, 토종 선수 중 가장 많은 골을 넣으며 팀 승리 주역으로 자리매김했다. 양민혁을 발굴한 윤정환 감독의 전폭적인 신뢰 아래 그라운드 위를 날아다녔다. 저돌적인 돌파, 적극적인 압박, 반박자 빠른 슈팅은 국가대표 스트라이커 오현규를 떠올리게 했다. 전방 공격수치고는 다소 왜소한 체구를 에너지와 센스로 채워넣었다. K리그2 영플레이어상은 박승호의 자신감에 날개를 달았다. 박승호는 이제부터가 본격적인 싸움이라는 걸 안다. 상대 수비수의 거친 견제를 뛰어넘어야 오현규의 길을 따라걸을 수 있다.

2025시즌 기록					WEEKLY BEST 11 주간베스트11	강점	약점
2	0	**2,970(38)** MINUTES 출전시간(경기수)	**9** GOALS 득점	**1** ASSISTS 도움	3	전방 압박과 득점력 갖춘 '오현규 스타일'	2% 아쉬운 피지컬, 1부리그 내공

오후성

1999년 8월 25일 | 27세 | 대한민국 | 173cm | 64kg
경력 | 대구(18~22)▷광주(23~25)▷인천(26~　)
K리그 통산기록 | K리그1 – 93경기 6득점 5도움
대표팀 경력 | –

대구, 광주, 찍고 인천. 공교롭게 '광역시 투어' 중이다. 첫 클럽 대구에서 5년간 45경기를 뛴 오후성은 2023년 광주로 이적해 2년간 '눈물 젖은 빵'을 먹었다. 이정효 감독의 하드 트레이닝을 받아 프로 8년차인 2025시즌 33경기 4골 3도움, 커리어 하이를 찍으며 잠재력을 폭발했다. 전반기엔 측면에서 번뜩이는 플레이를 펼치며 리그에서 손꼽는 윙어로 각광을 받았다. 2025시즌 제로소, 바로우의 측면 돌파에 의존하던 인천이 찾던 새로운 유형의 날개다. 이정효 감독과 정반대 스타일을 지닌 윤정환 감독 체제에서 오후성이 어떤 모습을 보일지 기대된다.

2025시즌 기록					WEEKLY BEST 11 주간베스트11	강점	약점
1	0	**2,212(33)** MINUTES 출전시간(경기수)	**4** GOALS 득점	**3** ASSISTS 도움	2	번뜩이는 문전 침투, 2선 전포지션 소화	부족한 몸싸움, 종종 흔들리는 멘털

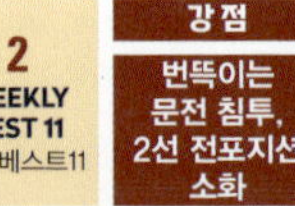

박경섭

2004년 7월 2일 | 22세 | 대한민국 | 188cm | 83kg
경력 | 인천(25~)
K리그 통산기록 | K리그2 – 19경기 1득점
대표팀 경력 | –

"정밀 검사 결과 전두동 골절 소견을 받았습니다." 2025년 7월 주전 센터백으로 활약하던 박경섭이 자체 훈련 도중 불의의 시즌아웃 부상을 당했다. 청천벽력이었다. 인천은 대체자와 전술 변화로 공백을 메웠지만, 우승을 확정하는 순간까지 박경섭 공백은 크게 느껴졌다. 박경섭은 인천 유스팀에서 성장한 수비수로 프로 데뷔 1년차에 윤정환 감독의 '윤심'을 잡았다. 단순한 신인의 패기를 넘어 선문대에서 익힌 빌드업 능력과 공중볼 장악 능력, 대인마크 능력을 마음껏 뽐냈다. 데뷔시즌에 천당과 지옥을 경험한 박경섭은 다시 축구화 끈을 동여맸다. 이번 무대는 K리그1이다.

2025시즌 기록					1 WEEKLY BEST 11 주간베스트11	강점	약점
4	0	1,798(19) MINUTES 출전시간(경기수)	1 GOALS 득점	0 ASSISTS 도움		안정적인 빌드업, 대인마크 능력	부상 리스크

■ K리그2 기록

김명순

2000년 7월 17일 | 26세 | 대한민국 | 177cm | 76kg
경력 | 제주(21~22)▷충북청주(23~24)▷인천(25~)
K리그 통산기록 | K리그1 – 23경기 | K리그2 – 95경기 3득점 12도움
대표팀 경력 | –

'김명순이 하나의 전술'이라는 말이 나올 정도로 인천 데뷔시즌인 2025년에 강력한 임팩트를 남겼다. 충북청주에서 인천으로 이적하고 시즌 초 주로 교체로 출전하던 김명순은 4월부터 주전 라이트백으로 떠올라 폭발적인 오버래핑 능력과 인버티드 움직임으로 인천 측면 공격에 활력을 불어넣었다. 4월 천안전부터 부상을 당한 9월 천안전까지 선발 자리를 놓친 적이 없다. 2024시즌 K리그2 3골 7도움(35경기)보단 부족했지만, 3개 도움으로 팀 승점 쌓기에 기여했다. 부상으로 자리를 비운 두 달 동안 김명순의 소중함은 더 커졌다. 김명순이 K리그1에서 뛰는 건 제주 소속이던 2022년 이후 4년만이다.

2025시즌 기록					1 WEEKLY BEST 11 주간베스트11	강점	약점
3	0	1,672(25) MINUTES 출전시간(경기수)	3 GOALS 득점	12 ASSISTS 도움		하키미 빼닮은 공격성, 전술 이해도	뒷공간 커버, K리그1 미검증

■ K리그2 기록

정태욱

1997년 5월 16일 | 29세 | 대한민국 | 194cm | 92kg
경력 | 제주(18)▷대구(19~22)▷전북(23~25)▷웨스턴 시드니(24~25)▷서울(25)
▷인천(26~)
K리그 통산기록 | K리그1 – 175경기 5득점 4도움
대표팀 경력 | 2020 올림픽

'잃어버린 2년'을 되찾아야 한다. 대구에서 리그 정상급 수비수로 성장해 거액의 이적료에 전북에 입성한 정태욱은 2024시즌 전북의 부진과 여러 논란으로 침체기를 겪었다. 호주 임대, 서울 임대도 순탄치 않았다. 그러는 사이 2년이란 시간이 훌쩍 지나갔다. 변화가 필요했다. '우승팀' 전북을 떠나 '승격팀' 인천으로 향한 선택에서 정태욱의 각오가 느껴진다. 출전 기회만 주어지면 194cm의 압도적 체구에서 비롯되는 파워풀한 수비는 경험이 부족한 인천 수비진에 큰 도움이 될 수 있다. 정태욱은 2026년에야말로 부활할 수 있을까?

2025시즌 기록					- WEEKLY BEST 11 주간베스트11	강점	약점
1	0	210(2) MINUTES 출전시간(경기수)	0 GOALS 득점	0 ASSISTS 도움		압도적인 고공 장악력, 예측 수비	뒷공간 커버, 부족한 경기 감각

19 FW 박호민

박호민

2001년 10월 9일 | 25세 | 대한민국 | 191cm | 86kg
경력 | 서울(22) ▷ 부천(23~24) ▷ 인천(25~)
K리그 통산기록 | K리그2 – 61경기 9득점 1도움
대표팀 경력 | –

대학 시절 '고대 레반도프스키'로 불리며 큰 기대를 받았다. 프로의 벽은 높았다. 2022년 데뷔 시즌에 감독 플랜에서 배제돼 단 1경기 출전에 그쳤다. 빅클럽 서울의 그늘에서 빠르게 벗어난 건 탁월한 선택이었다. 골키퍼 최철원과 트레이드로 부천 유니폼을 입고 두 시즌 동안 꾸준한 출전으로 경험을 쌓았다. 2025시즌 인천으로 이적해 시즌 초 백업 역할을 맡았지만, 스스로 껍질을 벗기고 주력 자원으로 입지를 넓혔다. 천안시티전 멀티골은 윤정환 감독의 마음을 꿰차는 계기가 됐다. 4년만에 다시 돌아온 K리그1은 박호민에게 크나큰 시험대다.

2025시즌 기록						1 WEEKLY BEST 11 주간베스트11	강점	약점
2	0	**892(26)** MINUTES 출전시간(경기수)	**5** GOALS 득점	**0** ASSISTS 도움			양발 슈팅, 연계플레이	헤더 스킬, 부족한 기동성

■ K리그2 기록

10 FW 이동률

이동률

2000년 6월 9일 | 26세 | 대한민국 | 174cm | 70kg
경력 | 제주(18~21) ▷ 이랜드(22~24) ▷ 인천(25~)
K리그 통산기록 | K리그2 – 104경기 20득점 9도움
대표팀 경력 | –

폭발적인 스피드로 데뷔 초부터 주목을 받았다. 제주에서 강등 아픔을 겪었지만, 팀이 강등된 시즌에 영플레이어상을 받으며 두각을 드러냈다. 2022년 이랜드로 이적한 후 스피드에 득점력, 여유를 장착한 멀티 툴 윙어로 성장했다. 인천에 입단한 2025시즌 K리그2 극초반 퍼포먼스는 제르소 뺨을 칠 정도였다. 단 229분을 뛰고 3골을 넣었다. 4월 어느 날, 발목 부상을 당한 건 그래서 더더욱 아쉬웠다. 시즌 최종전을 통해서야 복귀한 이동률은 겨우내 이를 악물었다. '건강한 이동률'의 빠른 발은 K리그1에서 통한다. 빠른 발은 차이를 만든다.

2025시즌 기록						- WEEKLY BEST 11 주간베스트11	강점	약점
0	0	**229(9)** MINUTES 출전시간(경기수)	**3** GOALS 득점	**0** ASSISTS 도움			폭발적인 스피드, 예측이 어려운 움직임	투박한 볼 컨트롤, 잦은 부상

■ K리그2 기록

2 DF 후안 이비자

후안 이비자 *Juan Fernández Blanco*

1995년 8월 17일 | 31세 | 스페인 | 188cm | 79kg
경력 | 비야레알B(16~19) ▷ 알메리아(18~21) ▷ 사바델(20~21) ▷ 이비자(21~23) ▷ 비제프 우치(23~25) ▷ 부리람 유나이티드(25) ▷ 인천(26~)
K리그 통산기록 | 2026시즌 K리그1 데뷔
대표팀 경력 | –

인천이 수비진의 무게감을 늘리고 다양성을 확보하기 위해 야심차게 영입한 스페인 출신 수비수다. 고향인 이비자를 따와 '후안 이비자'로 활동하고 있다. 인천에서 태어난 김씨성을 가진 선수가 김인천으로 뛰는 격이다. 스페인 최고의 유스 아카데미 중 하나인 비야레알 유스팀에서 성장했다. 작고 빠른 윙어였던 이비자는 신체 사이즈가 커지면서 중앙 미드필더, 센터백으로 포지션을 바꿔 지금의 '공격 마인드를 지닌 센터백'으로 자리매김했다. 탄탄한 체격조건을 바탕으로 한 대인마크에 능하다. 왼발잡이여서 오른발 센터백과 호흡을 맞추는데 안성맞춤이다.

2025시즌 기록						- WEEKLY BEST 11 주간베스트11	강점	약점
4	1	**1,667(21)** MINUTES 출전시간(경기수)	**0** GOALS 득점	**0** ASSISTS 도움			희귀한 왼발 센터백, 안정적인 빌드업	부족한 아시아 무대 경험

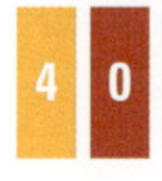

여승원

2000년 5월 5일 | 26세 | 대한민국 | 179cm | 72kg
경력 | 전남(22~24) ▷충북청주(25) ▷대전(25) ▷인천(26~)
K리그 통산기록 | K리그2 – 52경기 4득점 3도움
대표팀 경력 | –

인천의 2026년 겨울 이적시장 공식 1호 영입은 서재민이지만, 인천이 가장 먼저 영입을 추진한 건 여승원이다. 윤정환 감독이 여승원의 '재능'을 높이 평가하고, 활용가치가 높은 선수라고 판단했다는 의미다. 여승원은 2025년 '천당과 지옥'을 오갔다. 전반기엔 충북청주에서 그야말로 날아다녔다. 전매특허인 왼발 직접 프리킥으로만 2골을 넣었다. K리그2 정상급 풀백으로 우뚝 섰다. 이런 활약을 토대로 여름 대전에 입단했으나 부상 등이 겹쳐 한 경기도 뛰지 못했다. 인천 유니폼을 입고 K리그1 데뷔를 다시 노린다. 인천은 이주용, 여승원의 존재로 왼쪽 수비 걱정은 덜었다.

2025시즌 기록					- WEEKLY BEST 11 주간베스트11	강점	약점
4	0	**1,071(14)** MINUTES 출전시간(경기수)	**2** GOALS 득점	**3** ASSISTS 도움		프리킥 스페셜리스트, 크로스	수비 안정감, 대인마크

■K리그2 기록

서재민

2003년 9월 16일 | 23세 | 대한민국 | 178cm | 73kg
경력 | 서울(22~23) ▷이랜드(24~25) ▷인천(26~)
K리그 통산기록 | K리그2 – 60경기 4득점 3도움
대표팀 경력 | –

FC서울 유스와 각급 연령별 대표를 두루 거친 '엘리트 미드필더'. 2024년 서울에서 이랜드로 이적해 두 시즌간 K리그2 60경기를 뛰며 이름을 알렸다. 2024시즌엔 K리그2 영플레이어상도 받았다. 중앙 미드필더에게 요구되는 활동량, 볼 배급을 '장착'했다. 공 소유권을 되찾아오는 획득 기록이 경기당 평균 9.13개로 K리그 전체 8위였다. 2025시즌 도중 민경현이 입대한 이후로 중원 에너지 고갈 문제를 겪어온 인천이 찾은 열쇠다. 서울에서 2년간 출전기회를 잡지 못했던 서재민에겐 K리그1 데뷔시즌이다. 서울과의 개막전부터 동기부여가 충만하다.

2025시즌 기록					**2** WEEKLY BEST 11 주간베스트11	강점	약점
6	0	**2,717(31)** MINUTES 출전시간(경기수)	**2** GOALS 득점	**2** ASSISTS 도움		압박과 탈압박, 안정적인 볼 배급	2% 아쉬운 피지컬, 부족한 마무리 스킬

■K리그2 기록

이청용

1988년 7월 2일 | 38세 | 대한민국 | 180cm | 69kg
경력 | 서울(04~09) ▷볼턴(09~15) ▷크리스탈팰리스(15~18) ▷보훔(18~20) ▷울산(20~25) ▷인천(26~)
K리그 통산기록 | K리그1 – 214경기 26득점 23도움
대표팀 경력 | 89경기 9득점 | 2010 · 2014 월드컵

천재 테크니션 출신 윤정환 감독이 품은 '현역' 천재 테크니션. 윤정환 감독은 2차 동계 훈련부터 합류한 이청용의 첫 터치를 보고 "역시, 이청용"이라고 외쳤다. 선수들도 입을 모아 "(이)청용이형 볼 터치는 확실히 다르다"라고 했다. 이적하는 과정에선 우여곡절이 있었다. 울산 시절 골을 넣고 신태용 감독을 저격하는 듯한 골프 스윙 세리머니를 해 대중의 비판을 받았다. 현역 연장과 은퇴를 두고 고민하던 이청용은 개막 전 러브콜을 받고 마지막 불꽃을 태울 곳으로 인천을 택했다. 윤정환 감독은 이청용을 '10번 플레이메이커'로 활용할 예정이다.

2025시즌 기록					**2** WEEKLY BEST 11 주간베스트11	강점	약점
1	0	**1,159(24)** MINUTES 출전시간(경기수)	**4** GOALS 득점	**2** ASSISTS 도움		천부적인 축구 센스, 침투 패스	떨어진 체력, 떨어진 에너지

김성민

2000년 7월 3일 | 26세 | 대한민국 | 171cm | 69kg
경력 | 인천(22) ▷ 김포(23) ▷ 인천(24~)
K리그 통산기록 | K리그2 – 62경기 3득점 2도움
대표팀 경력 | –

인천이 아끼는 인천 유스 출신 멀티플레이어. 데뷔시즌인 2022년 도중 출전 기회를 잡기 시작해 윙백, 미드필더, 윙어 등 2~3선을 가리지 않고 왕성한 활동량을 뽐냈다. 프로 데뷔 3번째 경기인 전북전에서 후반 34분 극적인 동점골로 프로 데뷔골을 작성하며 팬들의 눈도장을 확실히 찍었다. 2023년 K리그2 김포로 임대를 떠나서도 전북을 상대로 골맛을 봤다. 2025시즌 1라운드 경남, 2라운드 수원 삼성전에서 두 경기 연속 승리의 쐐기골을 넣으며 인천이 '1강' 분위기를 타도록 도왔다. 멀티 플레이어다보니 선발보다 교체출전이 많은 점은 아쉬운 대목.

2025시즌 기록						강점	약점
3	0	832(31) MINUTES 출전시간(경기수)	2 GOALS 득점	0 ASSISTS 도움	1 WEEKLY BEST 11 주간베스트11	폭발적인 에너지, 인천 DNA와 킬러 DNA	공중볼 경합, 조커 이미지

이태희

1995년 4월 26일 | 31세 | 대한민국 | 189cm | 84kg
경력 | 인천(14~23) ▷ 거제시민(24~25) ▷ 인천(25~)
K리그 통산기록 | K리그1 – 100경기 133실점
대표팀 경력 | –

인천의 흥망성쇠를 함께 한 '살아있는 화석' 같은 존재다. 인천 유스 출신으로 2014년 프로팀에 콜업돼 강산이 한번 변할 때까지 인천 골문을 지키고 있다. 선발로 뛴 기간보다 백업을 맡은 기간이 더 많지만, 인천에 대한 애단심으로 자기 역할을 묵묵히 수행했다. 김이섭, 권정혁, 유현, 조수혁, 정산 등의 뒤를 이어 2019년부턴 '직속 후배' 김동헌과 번갈아 인천의 뒷문을 책임졌다. '잔류왕'의 최후의 보루였다. 입대로 자리를 비운 사이, 팀은 강등이 되었다가 1부로 승격했다. 2026년 인천 선수단에서 이태희보다 인천에 머문 기간이 긴 선수는 없다.

2025시즌 기록						강점	약점
-	-	-(17) MINUTES 출전시간(경기수)	17 SAVE 선방	24 LOSS 실점	- WEEKLY BEST 11 주간베스트11	안정적인 공중볼 캐칭, 수준급 선방 능력	불안한 빌드업

■K4리그 기록

정치인

1997년 8월 21일 | 29세 | 대한민국 | 182cm | 71kg
경력 | 대구(18~22) ▷ 김천(23~24) ▷ 대구(24~25) ▷ 인천(26~)
K리그 통산기록 | K리그1 – 113경기 10득점 6도움 | K리그2 – 27경기 5득점 1도움
대표팀 경력 | –

대구에서 학교를 나와 김천 상무를 제외하곤 줄곧 대구에서만 뛴 '대구맨'이다. 2018년 대구에서 프로데뷔해 대구 유니폼을 입고 정확히 100경기를 뛰었다. 2024년 전역 후 대구로 돌아와 '반짝' 임팩트를 발휘했지만, 2025시즌 2% 부족한 파괴력과 일관성없는 플레이로 팀의 강등을 바라볼 수밖에 없었다. 2026시즌을 앞두고 대구와 정치인에게 모두 변화가 필요했다. 2선 공격수 보강이 절실한 인천은 정치인이 새 도전을 하기엔 최적의 장소였다. 왼발잡이 윙어인 정치인은 양 측면을 모두 소화할 수 있는데다 드리블, 크로스, 공중볼 장악 능력 등을 두루 갖춰 활용도가 높다.

2025시즌 기록						강점	약점
3	0	1,896(31) MINUTES 출전시간(경기수)	3 GOALS 득점	1 ASSISTS 도움	- WEEKLY BEST 11 주간베스트11	양 날개 소화, 러닝 크로스	결정력, 세밀한 플레이

전지적 작가 시점

윤진만이 주목하는 인천의 원픽!
박승호

양민혁과 박승호, 지난 2년간 윤정환 감독의 '마사지'를 받고 잠재력을 폭발한 신성이다. 윤 감독은 2025시즌 박승호 앞에서 일부러 양민혁의 이름을 언급했다. '(양)민혁이는 이것도 잘했는데'라는 말로 박승호에게 신선한 자극을 줬다. 박승호는 이를 악물고 '박승호 스타일'로 윤정환 감독에게 어필했다. 본래 포지션은 공격수이지만, '나는 수비수'란 마인드로 전방에서부터 전력을 다해 압박에 가담했다. 그 덕에 인천은 시즌 내내 높은 수준의 압박으로 '1강'으로 질주했다. 그 덕에 무고사와 제르소는 수비 부담을 줄이고 득점 생산에 집중할 수 있었다. 경기 기여도만큼은 강원 시절 양민혁 못지않았다. 박승호가 압박에만 전력투구했다면, '수비형 스트라이커'라는 혹평을 받았겠지만, 프로 3년차에 처음으로 두자릿수 공격포인트(9골 1도움)까지 적립했다. 박승호는 자신감을 한아름 안고 다시 1부에 당당한 도전장을 내밀었다. 덜 여문 신인은 이제 잊어야 한다. 근육도 붙고, 실력도 늘었다. 박승호는 2026년 K리그1에서도 통한다는 걸 직접 증명하고 싶다.

지금 인천에 이 선수가 있다면!
양민혁

'박승호 보유팀'일지라도 양민혁과 같은 선수가 합류한다면 더할나위 없을 것이다. 2026시즌 인천의 공격진 네 자리 중 왼쪽 윙은 무주공산이다. 이동률 오후성은 재능이 출중한 윙어들이지만, 풀 시즌을 풀로 소화하긴 벅찰 수 있다. 이동률은 지난 시즌 큰 부상으로 여전히 리스크를 떠안고 있고, 오후성은 광주 시절 조커로 출전하는 경기가 많았다. 두 선수 모두 K리그1 클럽에서 에이스로 추앙받아본 적이 없다. 확실한 좌측 윙 카드가 있다면 인천 공격은 확실히 힘을 받을 수 있다. 양민혁은 어떨까. 잉글랜드 프리미어리그의 문을 두드리는 양민혁을 당장 영입하기엔 불가능해 보이지만, 만약 양민혁을 품는다면 인천의 예상 순위는 몇 계단 더 오를 수 있다. 양민혁은 상대 수비수의 허를 찌르는 원터치 슈팅의 '달인'이다. 제르소와는 다른 방식으로 팀 공격에 차이를 만들 수 있다. 물론 돌파 속도도 빠르다. 좌민혁-우제르소면 상대 양 풀백은 경기 전날 잠을 이루지 못할 것이다. 게다가 윤 감독은 양민혁의 재능을 꽃피운 지도자로, '양민혁 사용법'을 누구보다 잘 알고 있다. 또한, 'K리그1 영플레이어상' 출신 양민혁이 바로 옆에서 'K리그2 영플레이어상'을 박승호를 직접 자극하는 효과도 기대할 수 있다.

바사니
윤빛가람
가브리엘
신재원
백동규
갈레고
김승빈
김종우
김상준
김민준
몬타뇨
티아깅요
패트릭
정호진
김형근
카즈
안태현
홍성욱
이의형
김규민
한지호
어담
이충현
최원철
여봉훈

12
부천 FC 1995

감격의 승격, 기적은 계속된다

부천FC1995

2007년 12월 세상 밖으로 고개를 내민 지 18년만, 2부 리그를 밟은 지 12년 만에 창단 '첫' 승격을 이뤄냈다. 치열한 순위 경쟁과 감독의 수명이 계속해서 짧아지는 상황에서도 부천은 이영민 감독에게 전폭적으로 신뢰를 보냈다. 이영민 감독도 부임 5년 차에 승격이라는 성과를 거둬 구단의 믿음에 보답했다. 이제부터는 다시 현실이다. 부천은 어느 때보다 바쁜 겨울을 보냈다. '승격 공신' 일부가 팀을 떠났지만 베테랑 윤빛가람과 김종우를 영입해 부천에 부족한 '경험'을 더했다. 또 지난시즌 맹활약한 바사니, 갈레고, 몬타뇨 등 외국인 선수 5명과는 동행한다. 여기에 공격수 가브리엘과 수비수 패트릭을 영입해 외국인 선수 7명 시대를 열었다. 뿐만 아니라 김승빈, 안태현, 신재원 등을 데려와 전 포지션에 걸쳐 무게감을 더했다. 이영민 감독은 지난시즌에 재미를 본 공격적인 스리백을 1부에서도 유지하되 세밀함을 추가하겠다는 뜻을 내비쳤다. 처음으로 1부에 오른 부천은 누구도 부인할 수 없는 '도전자'다. 부천은 '잔류'라는 또 하나의 목표를 꿈꾼다.

구단 소개

정식 명칭	부천 FC 1995
구단 창립	2007년 12월 1일
모기업	시민구단
상징하는 색	빨간색, 검은색, 금색
경기장(수용인원)	부천종합운동장 (34,456명)
마스코트	헤르, 보라
레전드	닐손 주니어, 공민현 등
서포터즈	헤르메스
커뮤니티	RedsGo!

우승

K리그	–
코리아컵(FA컵)	–
AFC챔피언스리그(ACL)	–

최근 5시즌 성적

시즌	K리그	코리아컵(FA컵)	ACL
2025시즌	3위 (2부)	4강	–
2024시즌	8위 (2부)	16강	–
2023시즌	5위 (2부)	2라운드	–
2022시즌	4위 (2부)	8강	–
2021시즌	10위 (2부)	3라운드	–

이영민

1973년 12월 20일 | 53세 | 대한민국

K리그 전적
259경기 99승 74무 86패(*K리그2)

이영민 감독은 2025년 동계훈련 때부터 목표를 플레이오프가 아닌 '승격'으로 세웠다. 자신뿐 아니라 팀 전체의 한계를 짓지 않기 위한 '자기반성'에서 시작된 목표 설정이었다. 그렇게 그는 부임 5년 차에 그토록 고대하던 '승격' 감독으로 우뚝 섰다. 이영민 감독은 FC안양부터 중국 여자 U−19 대표팀, 울산 유소년 디렉터 등 다양한 경험을 보유했다. 이를 통해 탁월한 안목으로 젊은 선수들의 성장과 외국인 선수의 장점을 극대화하는 데 능한 지도자다. 부천 부임 6년 차를 맞는 이영민 감독은 누구도 해내지 못한 구단 역사상 최장수 감독이기도 하다. 내친김에 K리그1 '잔류'를 넘어 부천이 오래 살아남을 수 있게 '초석'을 다지길 원한다.

선수 경력

포항	경찰 축구단	고양 국민은행

지도자 경력

고양 코치	안양 코치	안양 감독대행	안양 감독	안산 코치	안산 감독대행	중국 여자 U−19 코치	부천 감독(21~)

주요 경력

K리그2 10번째 최저 연봉으로 '승격 기적'

선호 포메이션	3-4-3	3가지 특징	육성 전문가	부천 최장수 감독	탁월한 스카우팅 능력

STAFF

수석코치	코치	GK코치	피지컬 코치	물리 치료사	트레이너	전력 분석관	테크니컬 디렉터	팀매니저	통역	장비
마현욱	고경민	김지운	박효준	최환석	장우혁 유호준	김형철	권오규	조용훈	강샛별 고강재	오동영

2 0 2 5　R E V I E W

아디다스 포인트로 보는 부천의 2025시즌 활약도

이영민 감독의 2025년 승부수는 공격축구였다. 지난 수년간 플레이오프 문턱에서 좌절했던 이 감독은 기존의 수비적인 축구로는 승산이 없다고 판단, 공격적인 축구로 과감히 전환했다. 기존의 바사니에 몬타뇨, 갈레고 등 검증된 외국인 공격수를 더했다. 박창준을 윙백으로 전환시키며, 공격 숫자를 늘렸다. 이 감독의 선택은 완벽히 맞아 떨어졌다. 부천은 창단 후 최다인 59골을 폭발시키며 아무도 예상 못한 승격에 성공했다. 이를 감안하듯 부천 내 다이나믹 포인트 1~4위는 모두 공격수였다. 특히 바사니는 다이나미 포인트 전체 2위에 왔다. 수비수 홍성욱, 골키퍼 김형근, 미드필더 박현빈의 활약도 돋보였다.

2025시즌 아디다스 포인트 상위 20명　　■ 포인트 점수

포지션 평점

FW

MF

DF

GK

출전시간 TOP 3

1위	김형근	3,940분
2위	바사니	3,399분
3위	박현빈	3,172분

득점 TOP 3

1위	바사니	14골
2위	몬타뇨	12골
3위	박창준	9골

도움 TOP 3

1위	바사니	6도움
2위	박창준	5도움
3위	갈레고	4도움

주목할 기록

37	2025년 부천의 연봉 총액, K리그2 10위
59	2025년 부천이 기록한 골 (구단 한시즌 최다)

성적 그래프 (*K리그2)

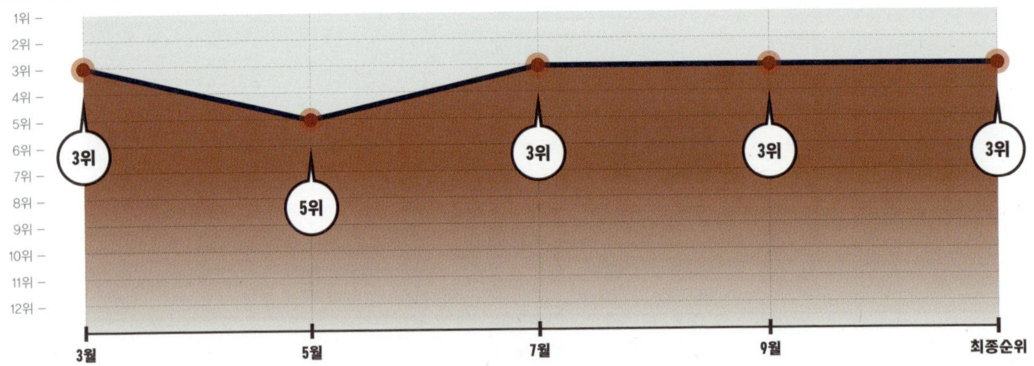

2026 시즌 스쿼드 운용 & 이적 시장 인앤아웃

IN

가브리엘 김민준
_강원
윤빛가람_수원FC
김종우_포항
김승빈_슬로바츠코
김상준_수원삼성
안태현_제주
신재원_성남
패트릭_교토상가
여봉훈_청주
김종민_김포

OUT

박현빈_수원삼성
박창준_제주
최재영_김포
조수철 전인규
설현빈_계약만료
공민현 박형진
_시흥

FW

가브리엘 · 바사니 · 몬타뇨
갈레고 · 이의형 · 한지호 ⓒ
김규민 · 어 담 · 이충현

MF

최원철 · 정호진 · 윤빛가람 · 김민준
김종우 · 김상준 · 카 즈 · 김승빈
여봉훈 · 김동현 · 성 신 · 강재우

DF

김종민 · 패트릭 · 이상혁 · 티아깅요
홍성욱 · 백동규 · 안태현 · 신재원
이예찬 · 이재원 · 유승현

GK

김형근 · 김현엽 · 김찬영

ⓒ 주장

부천도, 이영민 감독도 처음 오르는 1부 무대다. 부천에는 젊은 선수들이 많고 그만큼 1부 경험이 적다. 이영민 감독이 베테랑 윤빛가람와 김종우를 데려온 이유다. 수비진에도 백동규를 제외하면 1부 경험이 부조한 자원이 즐비하다. 외국인 수비수 패트릭 역시 K리그는 처음이다. 부천의 '히든카드' 김승빈은 K리그에서 증명되지는 않았다. 부천의 승격에 핵심적인 역할을 해낸 바사니, 갈레고, 몬타뇨 역시 1부 무대에서는 이렇다 할 활약을 펼치지 못했던 기억이 있다. 이영민 감독의 지도력과 리더십이 어느 때보다 중요하다. 무엇보다 시즌 초반에 강팀을 연달아 만나는 만큼, 연패에 빠진다면 다소 이르게 1부의 높은 벽을 마주할 수 있다. 반대로 기대 이상의 성적을 거둔다면, 자신감을 얻고 가파른 상승 흐름에 올라탈 수도 있다. 2025시즌 안양처럼.

주장의 각오

한지호

"지난 시즌에 이어 다시 주장을 맡게 돼 영광이다. K리그1에 올라온 만큼 더 큰 책임감을 느낀다. 선수단과 코칭스태프 사이의 가교 구실을 충실히 수행해 올해도 기대에 부응하는 성적을 거두겠다."

2026 예상 베스트 11

이적시장 평가

승격 '공신'인 박현빈, 박창준을 떠나보냈지만 전력 보강도 착실히 했다. 윤빛가람, 김종우와 같은 1부 경험이 많은 베테랑 미드필더들로 '노련미'를 추가했다. 김상준과 김승빈은 미드필더뿐 아니라 여러 포지션을 뛸 수 있는 '멀티 플레이어'라는 장점이 있다. 안태현과 신재원으로 측면도 뎁스도 강화하는 데 성공했다. 가브리엘과 패트릭을 통해 최전방과 최후방을 동시에 업그레이드했다. 바사니, 몬타뇨, 갈레고까지 외국인 공격수 3총사를 지켜낸 것도 소득이다.

저자 5인 순위 예측

· 윤 진 만 ·	· 박 찬 준 ·	· 김 가 을 ·	· 김 대 식 ·	· 이 현 석 ·
10위_ 냉정하게 객관적 전력만 놓고 보면 상스권에 두긴 어렵다. 그렇더라도 이영민 감독의 지도력과 부천만의 끈끈한 색깔로 다이렉트 강등은 충분히 면할 것으로 예상된다.	**10위**_ 최근 승격팀이 다이렉트 강등하는 케이스는 거의 없었다. 조직력이 탄탄하고 필요한 자리에 보강이 잘된만큼, 잔류 이상의 성적도 가능해 보인다.	**11위**_ 지난해 승격을 이룬 선수단에 새 얼굴을 더해 스쿼드에 깊이를 더했다. 하지만 이영민 감독도, 구단도 K리그1 무대는 처음이다. K리그1은 또 다른 세계다.	**12위**_ 정말 어렵게 올라온 K리그지만 K리그1 냉혹하다. 강자가 많은 세상이다. 바사니와 몬타뇨의 힘만으로는 잔류하기 어려울 것이다. K리그1에서 쌓은 경험치가 부족하다는 점도 큰 단점이다.	**11위**_ K리그1은 잔혹하다. 승격팀에게는 더 잔혹하다. 12위를 피하는 것이 지상과제다.

바사니 **Rodrigo Bassani da Cruz**

1997년 10월 17일 | 29세 | 브라질 | 177cm | 80kg

10
FW

바사니

WEEKLY　　BEST 11

경력

F이투아누(15~18)
▷과라니(18)
▷루셀라레(19)
▷자카테펙(20)
▷모렐리아(20)
▷수자노(20~21)
▷마링가FC(21)
▷피게이렌시(21~23)
▷수원삼성(23)
▷부천(24~　)

K리그 통산기록

K리그1 – 22경기 3득점 1도움
K리그2 – 70경기 25득점 13도움

대표팀 경력

－

부천을 얘기할 때 이제는 바사니를 빼놓을 수 없다. 부천 첫 승격의 '일등공신'이다. 부천에서 2시즌동안 25득점 13도움을 몰아쳤다. 특히 이영민 감독과 만난 뒤 자신의 기량을 제대로 발휘했다. 이 감독은 바사니의 수비 가담을 줄이고 2선에서 사실상 '프리롤'로 움직이는 역할을 부여했다. 공격형 미드필더지만 오른쪽 측면에서도 활발하게 움직였다. 그러자 바사니의 장점인 왼발 킥과 드리블이 부각됐다. 바사니 스스로도 이 감독을 만나 축구 인생이 바뀌었다고 말할 정도다. 지난시즌 14득점 6도움으로 공격 포인트 20개를 달성했다. 라운드 베스트11에도 8차례나 선정됐다. 승강 플레이오프(PO)에서도 2득점1도움으로 부천 승격을 그야말로 '캐리'했다. 이적설도 있었으나 부천과 2년 재계약을 체결한 바사니는 부천의 K리그1 잔류에 힘을 보탠다. 백동규, 신재원과 함께 부주장도 역임하는 만큼 책임감도 크다. 다만 K리그1에서 확실한 존재감을 보이지 못했다. 2023시즌 당시 K리그1에 속한 수원 삼성에서 자리잡지 못했다. 23경기에 출전해 3득점1도움이 전부였다. 또 더욱더 거세질 상대의 집중 견제를 어떻게 이겨내느냐가 관건이다.

■K리그2 기록

2025시즌 기록				**8**
10 **3,001(35)** MINUTES 출전시간(경기수)	**14** GOALS 득점	**6** ASSISTS 도움	**0**	WEEKLY BEST 11 주간베스트11

강점	알고도 못 막는 왼발	특징	승격 일등공신, 따발총 세리머니
약점	떨어지는 오른발 정확도	별명	복덩이

윤빛가람

1990년 5월 7일 | 36세 | 대한민국 | 178cm | 75kg

경력

경남(10~11)
▷ 성남(12)
▷ 제주(13~15)
▷ 옌벤(16~19)
▷ 제주(17)
▷ 상무(18~19)
▷ 제주(19)
▷ 울산(20~21)
▷ 제주(22)
▷ 수원FC(23~25)
▷ 부천(26~)

K리그 통산기록

K리그1 – 420경기 62득점 52도움

대표팀 경력

15경기 3득점

윤빛가람은 부천 구단 역사상 최고의 '빅네임' 영입이다. 여지없는 K리그 최고의 테크니션이다. K리그1에서만 420 경기를 뛴 베테랑 중 베테랑이다. 젊은 선수들이 주축인 부천에 경험을 더하고 또 가감없이 조언해줄 수 있는 자원임은 분명하다. 이영민 감독이 고민없이 윤빛가람을 선택한 이유다. 그의 역할이 중요한 이유는 또 있다. 부천은 지난시즌 핵심 미드필더로 활약한 박현빈이 수원 삼성으로 최재영이 김포FC로 이적했다. 중원에는 공백이 있다. 자연스럽게 볼 소유를 늘리는 동시에 중원에서의 패스 미스를 줄이는 것이 부천의 과제였다. 일본인 미드필더 카즈가 있으나 그 역시 K리그1 경험이 없다. 이 감독은 윤빛가람과 김종우를 번갈아 기용할 계획을 세웠다. 또 윤빛가람은 여전히 정확한 킥과 창의적인 패스를 보유하고 있다. 바사니, 김민준, 김승빈 등과 같은 공격수들이 있기에 윤빛가람이 수비 부담과 체력적인 문제를 해소한다면 부천의 좋은 옵션이 될 수 있다. 윤빛가람은 지난시즌 11경기 출전에 그쳤다. 십자인대 파열이라는 큰 부상을 겪었다. 스스로도 몸관리의 중요성을 잘 안다. 비시즌 훈련 강도를 높여 철저한 준비를 마쳤다.

2025시즌 기록

1	721(11) MINUTES 출전시간(경기수)	1 GOALS 득점	0 ASSISTS 도움	0	1 WEEKLY BEST 11 주간베스트11

강점	창의적인 패스, 명불허전 프리킥	특징	녹슬지 않은 테크니션
약점	떨어지는 수비 가담과 체력	별명	윤비트

가브리엘　Vitor Gabriel Claudino Rego Ferreira

2000년 1월 20일 | 26세 | 브라질 | 187cm | 76kg

63 FW

가브리엘

WEEKLY BEST 11

경력

플라멩구(17~23)
▷노바이구아수(17)
▷브라가B(20~21)
▷주벤투지(22)
▷세아라(23)
▷강원(23~25)
▷부천(26~)

K리그 통산기록

K리그1 – 54경기 7득점 2도움

대표팀 경력

–

가브리엘은 K리그에 입성해 3시즌을 치르고 처음으로 새로운 도전에 나선다. 2023시즌 큰 기대를 받고 강원FC로 이적한 가브리엘은 그동안 기대에 완벽하게 부응하지는 못했다. 그럼에도 탁월한 강점은 있다. 187㎝의 신장과 탄탄한 피지컬을 활용해 적극적인 몸싸움을 펼치고 저돌적인 돌파는 상대 수비수들을 상당히 부담스럽게 만든다. 다만 결정력은 계속해서 아쉬운 부분이다. 가브리엘은 지난시즌에도 27경기에 출전해 4득점(1도움)밖에 넣지 못했다. 슛이 적었던 건 아니다. 27개의 슛과 13개의 유효 슛을 시도했다. 2024시즌에는 13경기에서 득점이 없다. 3시즌 동안 기록한 득점이 7득점에 불과하다. 이영민 감독은 가브리엘에게 저돌성과 공을 지켜주는 플레이를 원한다. 상대 수비와 경합에서 이겨내 공을 지켜준다면 2선 자원들과 충분한 시너지를 낼 수 있다는 판단에서다. 부천은 외국인 최전방 스트라이커와 유독 인연을 맺지 못했다. 스리백을 바탕으로 탄탄한 수비를 취한 뒤 역습을 주로 펼치는 부천 전술에 가브리엘은 적합한 자원으로 보인다. 또 외국인 선수의 장점을 잘 활용하는 이 감독의 지도 아래 가브리엘이 자신의 실력이 만개할 가능성도 있다.

2025시즌 기록

4	1,395(27) MINUTES 출전시간(경기수)	4 GOALS 득점	1 ASSISTS 도움	0	- WEEKLY BEST 11 주간베스트11

강점	저돌적인 돌파와 강력한 피지컬	특징	나이에 어울리지 않는 노안, 피지컬과 다른 스피드
약점	떨어지는 결정력, 신경질적인 반응	별명	탱크

신재원

1998년 9월 16일 | 28세 | 대한민국 | 183cm | 75kg

77 DF

신재원

WEEKLY · 7 · BEST 11

경력

서울(19)
▷ 안산(20)
▷ 서울(21)
▷ 수원FC(22)
▷ 성남(23~25)
▷ 부천(26~)

K리그 통산기록

K리그1 – 19경기 11득점
K리그2 – 92경기 4득점 15도움

대표팀 경력

—

신재원은 2025시즌에 최고의 한 해를 보냈다. 성남FC에서 38경기를 뛰며 9도움을 올렸다. 비록 도움왕 '등극'에는 실패했으나 K리그2 베스트11 오른쪽 측면 수비수로 선정되는 겹경사도 누렸다. 특유의 적극적인 공격 가담은 물론 수비수와 골키퍼 사이로 떨어지는 날카로운 크로스는 그의 트레이드 마크가 됐다. 부천이 바이아웃을 지불하고 데려올 정도로 신재원을 향한 기대는 크다. 이영민 감독의 꾸준한 구애 끝에 함께하게 됐다. 박창준이 제주로 떠난 자리를 신재원과 안태현이 메울 것으로 보인다. 이 감독은 지난시즌에도 측면 공격수를 윙백으로 기용해 그 효과를 봤다. 신재원 역시 공격성이 강점인 측면 수비수다. 그만큼 활용 가치가 높은 자원이다. 물론 신재원에게도 2026년은 중요한 한 해가 될 것으로 보인다. K리그2에서는 자신의 가치를 드높였으나 스스로도 K리그1에서 증명하지 못한 것을 아쉬워한다. K리그1 기록은 18경기 1득점이 전부다. 지난시즌 퍼포먼스가 '반짝' 활약이 아니라는 것을 보여주고자 한다. 부주장단에도 포함됐다. 또 이 감독이 국가대표 발탁을 신재원에게 약속한 만큼, 신재원도 충분한 동기부여를 갖고 K리그1 무대에 재도전한다.

■ K리그2 기록

2025시즌 기록

6	3,400(38) MINUTES 출전시간(경기수)	0 GOALS 득점	9 ASSISTS 도움	0	7 WEEKLY BEST 11 주간베스트11

강점	숨기지 못하는 공격 본능, 택배 크로스	특징	K리그1 3번째 도전
약점	공격에 비해 약한 수비력	별명	신태용 아들

백동규

1991년 5월 30일 | 35세 | 대한민국 | 184cm | 71kg

경력

안양(14~15)
▷제주(15~17)
▷상무(18~19)
▷제주(19~21)
▷안양(21~24)
▷수원삼성(24~25)
▷부천(25~)

K리그 통산기록

K리그1 – 81경기 1도움
K리그2 – 189경기 5득점

대표팀 경력

—

백동규는 지난시즌 여름, 부천에 뒤늦게 합류했다. 그럼에도 부천의 '승격' 공신 중 한 명이다. 수원 삼성에서 사실상 전력 외로 분류됐으나 이영민 감독이 손을 내밀었다. 구자룡이 떠난 수비진에 풍부한 경험이 필요했기 때문이다. 부천은 백동규가 뛴 경기에서 11경기를 무실점으로 마쳤다. 백동규는 홍성욱, 이재원 등 경험이 적은 20대 초반 나이의 수비수들을 이끌고 뒷문을 든든하게 지켜냈다. 백동규는 K리그2 189경기는 물론 K리그1도 81경기를 뛴 베테랑 수비수다. 그런 만큼 처음 K리그1으로 올라가는 부천에는 필요한 수비수다. 물론 부천은 새롭게 외국인 수비수 패트릭을 데려왔다. 패트릭은 J리그 무대를 거쳤다고하나, K리그1과 부천이라는 팀에 적응할 시간이 필요하다. 시즌 초반에는 백동규를 중심으로 수비진이 운영될 가능성이 크다. 그만큼 수비 쪽에서 백동규의 존재감과 역할이 클 수밖에 없다. 경기 안팎에서 팀의 중심을 잡아줘야 한다. 또 그는 지난시즌이 끝난 뒤 2년 재계약을 체결하고 부주장단에도 포함된 만큼, 책임감도 크다. 그에게도 지난 2019시즌 이후 6시즌 만에 K리그1 무대를 밟는다. 백동규에게도 분명히 증명해야 할 시즌이다.

■K리그2 기록

	2025시즌 기록				
2	**1,693(20)** MINUTES 출전시간(경기수)	**0** GOALS 득점	**0** ASSISTS 도움	0	**1** WEEKLY BEST 11 주간베스트11

강점	밀리지 않는 몸싸움, 제공권	특징	라커룸 리더
약점	떨어진 스피드, 체력 저하	별명	무사 백동규

갈레고

Jefferson Galego

1997년 4월 4일 | 29세 | 브라질 | 177cm | 71kg
경력 | 모지미링(17) ▷리넨시(17~18) ▷마릴리아(18) ▷과라니(18)
▷레드불브라간치누(18~19) ▷폰치프레타(19~20) ▷포르투게자산티스타(20)
▷모레이렌스(20~22) ▷강원(22~24) ▷제주(24) ▷부천(25~)
K리그 통산기록 | K리그1 – 67경기 6득점 1도움 | K리그2 – 25경기 5득점 4도움
대표팀 경력 | –

갈레고는 부천과 이영민 감독을 만난 뒤 완전히 다른 선수가 됐다. 지난시즌 25경기에 출전해 5득점4도움으로 부천 공격의 한 축을 담당했다. 득점과 도움 모두 K리그에서 가장 많이 기록한 수치다. 무엇보다 수비 부담을 다소 덜면서 공격에 치중한 것이 효과를 발휘했다. 저돌적인 드리블과 돌파는 물론 아쉬웠던 결정력도 어느정도 해소했다. 특히 조커로 투입돼 '게임 체인저' 구실을 완벽하게 수행해냈다. 강원과 제주에서 K리그1 경험이 있는 갈레고는 한층 더 수준 높은 수비수들을 상대로도 해결사 역할을 해내는 것이 숙제다.

2025시즌 기록					강점	약점
5	0	1,590(25) MINUTES 출전시간(경기수)	5 GOALS 득점	4 ASSISTS 도움	5 WEEKLY BEST 11 주간베스트11	저돌적인 움직임	무리한 돌파, 떨어지는 공격 생산성

■K리그2 기록

김승빈

2000년 12월 28일 | 26세 | 대한민국 | 175cm | 68kg
경력 | 두클라프라하(20~22) ▷슬로바츠코(23~25) ▷부천(26~)
K리그 통산기록 | 2026시즌 K리그1 데뷔
대표팀 경력 | –

김승빈은 언남고를 졸업한 뒤 FK 두클라 프라하, FC 슬로바츠코 등 다소 낯선 체코 무대에서 프로 경험을 쌓았다. K리그 무대를 밟는 건 이번이 처음이다. 이영민 감독이 몇 년 간 지켜봐온 자원으로 지속적인 '구애' 끝에 데려오는 데 성공했다. 주로 미드필더로 뛰지만 왼쪽 측면 공격수도 소화 가능하다. 공격형, 수비형 미드필더로 모두 뛸 수 있어 활용 가치가 크다. 이 감독은 물론 구단 내부에서도 '히든카드'로 꼽을 만큼 기대가 크다. 활동량은 물론 침투를 비롯한 공격적인 움직임과 창의성이 강점으로 꼽힌다.

2025시즌 기록					강점	약점
0	0	213(4) MINUTES 출전시간(경기수)	1 GOALS 득점	0 ASSISTS 도움	- WEEKLY BEST 11 주간베스트11	솔로 플레이, 만능 멀티플레이어	K리그 경험 無

■체코 리그 기록

김종우

1993년 10월 1일 | 33세 | 대한민국 | 181cm | 70kg
경력 | 수원삼성(15) ▷수원FC(15) ▷수원삼성(16~20) ▷광주(21~22) ▷포항(23~25)
▷부천(26~)
K리그 통산기록 | K리그1 – 153경기 13득점 11도움 | K리그2 – 52경기 7득점 9도움
대표팀 경력 | –

김종우는 K리그 통산 출전이 209경기인 베테랑 미드필더다. K리그1에서만 153경기를 뛰었다. 그런 만큼 경험은 풍부하다. 그런 만큼 또 다른 베테랑 윤빛가람과 함께 중원에서 중심을 잡아야 할 자원 중 한 명이다. 활동량과 수비력보다는 창의적인 패스와 볼 소유 능력이 뛰어나다. 관건은 그를 괴롭히는 '부상' 리스크다. 김종우는 지난시즌까지 포항에서 3시즌 동안 부상으로 온전히 시즌을 치른 적이 없다. 지난시즌에도 13경기 출전에 그쳤다. 부상 관리만 이뤄진다면 충분히 제 몫을 해줄 수 있는 자원이다.

2025시즌 기록					강점	약점
1	0	424(13) MINUTES 출전시간(경기수)	0 GOALS 득점	0 ASSISTS 도움	- WEEKLY BEST 11 주간베스트11	창의적 패스, 공격적인 움직임	유리몸, 90분 어려운 체력

김상준

16 MF

김상준

WEEKLY BEST 11

2001년 10월 1일 | 25세 | 대한민국 | 185cm | 75kg
경력 | 수원삼성(19~22) ▷ 부산(22~23) ▷ 수원삼성(24~25) ▷ 부천(26~)
K리그 통산기록 | K리그1 – 11경기 2득점 | K리그2 – 72경기 4득점 3도움
대표팀 경력 | –

김상준은 그야말로 다재다능하다. 어릴 때부터 주목받던 유망한 자원이다. 수원 삼성과 준프로 계약을 체결해 프로 무대를 밟았다. 중앙 수비수와 수비형 미드필더를 계속해서 소화했다. 뿐만 아니라 지난시즌에는 공격형 미드필더와 최전방 공격수로도 활용될 만큼 공격적인 재능도 갖고 있다. 부천에서는 미드필더로 뛸 가능성이 크다. 185cm의 신장을 보유한 장신 미드필더인데 넓은 시야와 패스 능력이 뛰어나다. 다만 수원 삼성과 부산 아이파크에서는 치열한 팀 내 경쟁을 이겨내지 못하고 붙박이 주전 자리를 꿰차지 못했다.

2025시즌 기록					강점	약점
1	0	**153(6)** MINUTES 출전시간(경기수)	**0** GOALS 득점	**0** ASSISTS 도움	– WEEKLY BEST 11 주간베스트11	넓은 시야, 뛰어난 신체 조건	안착하지 못한 포지션

■ K리그2 기록

김민준

13 FW

김민준

WEEKLY BEST 11

2000년 2월 12일 | 26세 | 대한민국 | 183cm | 76kg
경력 | 울산(20~22) ▷ 상무(23~24) ▷ 강원(25) ▷ 부천(26~)
K리그 통산기록 | K리그1 – 102경기 14득점 7도움
대표팀 경력 | –

김민준은 촉망받는 왼발잡이 공격수다. 측면 공격수와 공격형 미드필더가 모두 가능하다. 폭발적인 스피드를 갖고 있지는 않지만 감각적인 드리블 돌파는 물론 왼발을 활용한 결정력과 침착함이 돋보인다. 울산 에서 프로 무대에 데뷔했고, 2023시즌 김천 상무에서 8득점4도움으로 커리어 하이를 기록했다. 하지만 2024시즌 제대 후 합류한 울산에서 6경기, 지난시즌에도 강원으로 이적해 9경기 출전에 그쳤다. 붙박이 주전은 아니더라도 '게임 체인저' 구실을 기대한다. K리그 6번째 시즌인 만큼 이제는 확실한 모습을 보여줄 시기다.

2025시즌 기록					강점	약점
0	0	**442(9)** MINUTES 출전시간(경기수)	**0** GOALS 득점	**1** ASSISTS 도움	– WEEKLY BEST 11 주간베스트11	미친 왼발, 침착함	기복 있는 플레이

몬타뇨
John Montano

9 FW

몬타뇨

WEEKLY BEST 11

1997년 5월 7일 | 29세 | 콜롬비아 | 184cm | 79kg
경력 | 리오그란데밸리(18) ▷ 마이애미(19~20) ▷ 산티아고모닝(20~22) ▷ 드라곤(22~24) ▷ 무니시팔리메뇨(24) ▷ 전남(24) ▷ 이랜드(24) ▷ 부천(25~)
K리그 통산기록 | K리그2 – 66경기 18득점 8도움
대표팀 경력 | –

몬타뇨는 부천에서 출전 기회를 보장받으며 안정감을 찾았다. 전남, 서울 이랜드에서 뛸 때와는 확실히 달라졌다. 그는 지난시즌 36경기에 출전해 12득점 2도움을 기록했다. 팀 내에서 바사니(14득점) 다음으로 많은 득점을 올렸다. 지난시즌(6득점)보다 2배나 많은 득점 수치다. 또 189cm의 장신이지만 빠른 스피드와 저돌적인 움직임이 강점이다. 물론 2026시즌에는 경쟁자가 더 많아졌다. 이의형은 물론 외국인 공격수 가브리엘과도 선의의 경쟁을 펼쳐야 한다. 때로는 최전방이 아닌 측면 공격수로 뛸 가능성도 배제할 수 없다.

2025시즌 기록					강점	약점
4	1	**2,406(36)** MINUTES 출전시간(경기수)	**12** GOALS 득점	**3** ASSISTS 도움	**3** WEEKLY BEST 11 주간베스트11	강력한 피지컬	케어 필요한 멘탈

■ K리그2 기록

티아깅요

Thiago Nascimento Dos Santos

2000년 1월 4일 | 26세 | 브라질 | 170cm | 63kg

경력 | 리우프레투(20~22) ▷ 타쿠아리칭가(21) ▷ 카탄두바(22~24) ▷ 아라샤(22)
▷ 마두레이라(23) ▷ 플로리아나(24) ▷ 부천(25~)

K리그 통산기록 | K리그2 – 37경기 1득점 1도움

대표팀 경력 | –

티아깅요는 지난시즌 처음으로 부천 유니폼을 입고 37경기를 뛰었다. 2000년생으로 나이는 어리나 빠른 스피드와 과감한 돌파로 부천 측면에 활기를 불어 넣은 자원이다. 원래 포지션은 측면 공격수다. 부천에서는 윙백으로 주로 출전했다. 공격수다운 적극적인 공격 가담과 드리블 돌파, 정확한 왼발 킥으로 눈도장을 제대로 찍었다. 이영민 감독이 공격적인 스리백을 사용하기에 티아깅요의 역할과 존재감은 빼놓을 수 없는 요소다. 다만 티아깅요는 170cm의 작은 신장과 다소 아쉬운 피지컬이 약점으로 꼽힌다.

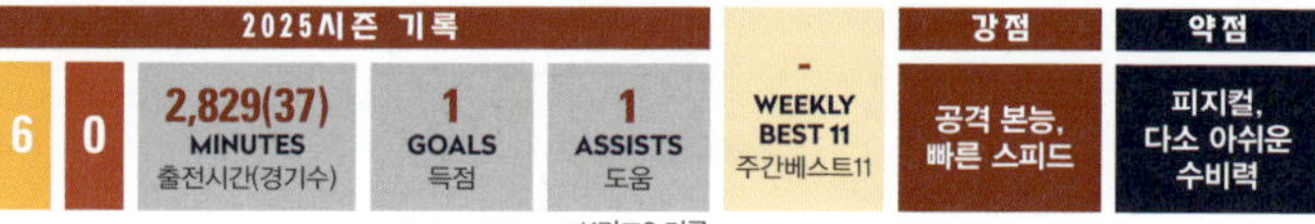

		2025시즌 기록				강점	약점
6	0	**2,829(37)** MINUTES 출전시간(경기수)	**1** GOALS 득점	**1** ASSISTS 도움	**-** WEEKLY BEST 11 주간베스트11	공격 본능, 빠른 스피드	피지컬, 다소 아쉬운 수비력

■ K리그2 기록

패트릭

Patrick William

1997년 3월 6일 | 29세 | 브라질 | 187cm | 78kg

경력 | 투피(17) ▷ 세아라(18~19) ▷ 빌라노바(19) ▷ 파말리캉(19~22)
▷ 이스토릴프라이아(21~22) ▷ 히우아브(22~25) ▷ 교토상가(25) ▷ 부천(26~)

K리그 통산기록 | 2026시즌 K리그1 데뷔

대표팀 경력 | –

패트릭은 부천이 선택한 외국인 중앙 수비수다. 주로 브라질, 포르투갈 무대에서 활약했고, 지난해에는 일본 J리그 교토 상가에서 뛰며 아시아 무대 경험도 했다. 187㎝의 신장임에도 패스 능력과 스피드가 뛰어나다는 평가를 받는다. 다만 패트릭은 교토 상가에서 이렇다 할 활약을 펼치지 못했다. J리그 17경기에 출전해 632분을 소화했다. 경기당 출전 시간이 37분에 불과하다. 뿐만 아니라 지난해 8월부터 1경기도 나서지 못한 '공백기'가 있다. 또 K리그 무대는 이번이 처음인 만큼 적응하기까지 시간은 필요하다.

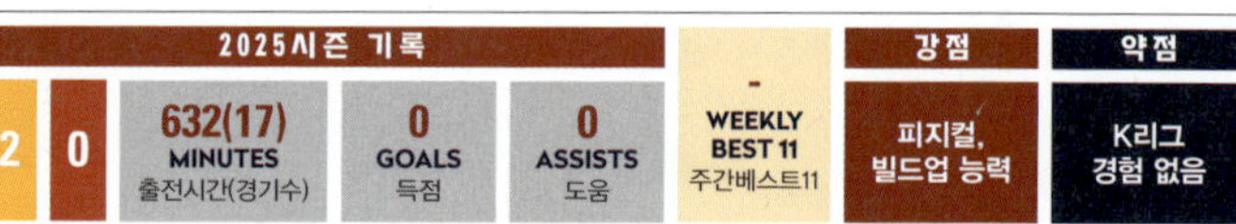

		2025시즌 기록				강점	약점
2	0	**632(17)** MINUTES 출전시간(경기수)	**0** GOALS 득점	**0** ASSISTS 도움	**-** WEEKLY BEST 11 주간베스트11	피지컬, 빌드업 능력	K리그 경험 없음

■ 일본 리그 기록

정호진

1999년 8월 6일 | 27세 | 대한민국 | 182cm | 72kg

경력 | 전남(19~22) ▷ 수원삼성(22) ▷ 전남(23) ▷ 부천(24~)

K리그 통산기록 | K리그1 – 2경기 | K리그2 – 93경기 1득점

대표팀 경력 | –

정호진의 원래 포지션은 수비형 미드필더다. 투지 넘치고 몸을 사리지 않는 플레이가 강점이다. 지난시즌 부천에서는 포지션을 변경했다. 부천 스리백의 한 축을 담당했다. 활동량과 넓은 활동 범위를 자랑하며 부천 수비의 '믿을맨'으로 거듭났다. 거친 플레이로 카드를 수집하던 과거와도 단절한 모습. 정호진은 4년 만에 다시 K리그1 무대를 밟는다. 지난 2022시즌 수원 삼성 소속으로 K리그1 2경기 출전이 전부. 수비수치고는 크지 않은 신장(181cm)도 극복해야 할 요소다. 정호진 스스로에게도 시험대가 될 전망이다.

		2025시즌 기록				강점	약점
5	0	**1,811(25)** MINUTES 출전시간(경기수)	**0** GOALS 득점	**0** ASSISTS 도움	**2** WEEKLY BEST 11 주간베스트11	대인 방어, 투지	거친 플레이

■ K리그2 기록

김형근

1 GK

김형근

1994년 1월 6일 | 33세 | 대한민국 | 188cm | 78kg
경력 | 부산(16~19) ▷ 이랜드(20~22) ▷ 제주(23) ▷ 부천(24~)
K리그 통산기록 | K리그1 – 1경기 | K리그2 – 141경기 181실점
대표팀 경력 | –

김형근은 확고한 부천의 붙박이 주전 골키퍼. 부천으로 이적한 첫 해인 2024시즌에는 33경기에 출전했고, 지난시즌에도 38경기에 나섰다. 순위가 결정된 후 치른 정규리그 최종전을 제외하면 전 경기를 책임졌다. 김형근은 49실점을 기록했고, 클린시트는 13차례로 K리그2 2위의 기록이다. 플레이오프에서도 3경기 중 2경기를 무실점으로 마쳤다. 확실히 뛰어난 선방 능력과 여유가 생긴 모습이다. 수비진의 K리그1 경험이 많지 않기에 김형근의 안정감도 중요한 요소다. 김형근은 K리그1 1경기 출전이 전부다.

2025시즌 기록					강점	약점
4	0	**3,420(38)** MINUTES 출전시간(경기수)	**95** SAVE 선방	**49** LOSS 실점	**3** WEEKLY BEST 11 주간베스트11	안정적인 세이브, 빌드업 능력	종종 나오는 큰 실수

■ K리그2 기록

카즈
Kazuki Takahashi

23 MF

카 즈

1996년 10월 6일 | 30세 | 일본 | 178cm | 73kg
경력 | 레알아랑후에스(15~16) ▷ 이갈로(16~17) ▷ 야로(18) ▷ 크라이오바(19)
▷ 판두리트르구지우(19~20) ▷ 에스킬스투나(20~21) ▷ 블라고에브그라드(22) ▷ 부천(23~)
K리그 통산기록 | K리그2 – 104경기 2득점 5도움
대표팀 경력 | –

카즈는 부천 승격의 숨은 공신이다. 2023시즌부터 3시즌동안 부천에서 뛰었는데 모두 30경기 이상을 소화해냈다. 지난시즌에도 플레이오프까지 포함하면 39경기를 소화했다. 크게 돋보이지는 않지만 공수 연결 고리는 물론 전진 능력도 갖춰 부천에 없어서는 안 될 존재다. 아시아 쿼터가 사라졌음에도 부천에서 살아남은 이유다. 무엇보다 부천은 중원에 변화가 많다. 박현빈과 최재영이 떠났다. 카즈가 중원에서 중심을 잡아줘야 한다. 그래야 새 얼굴인 윤빛가람, 김종우, 김상준 등이 팀에 빠르게 녹아들 수 있다.

2025시즌 기록					강점	약점
7	0	**2,129(36)** MINUTES 출전시간(경기수)	**1** GOALS 득점	**1** ASSISTS 도움	**1** WEEKLY BEST 11 주간베스트11	쉬지 않는 체력, 볼 소유	몸싸움

■ K리그2 기록

안태현

26 DF

안 태 현

1993년 3월 1일 | 33세 | 대한민국 | 174cm | 70kg
경력 | 이랜드(16) ▷ 부천(17~19) ▷ 상무(20~21) ▷ 부천(21) ▷ 제주(22~25) ▷ 부천(26~)
K리그 통산기록 | K리그1 – 108경기 6경기 6득점 | K리그2 – 160경기 8득점 6도움
대표팀 경력 | –

안태현은 지난 2017시즌부터 3시즌 동안 부천 소속으로 뛰었다. 군 복무를 마친 뒤에는 '연고지' 악연이 있는 제주로 이적해 지난시즌까지 4시즌을 뛰었다. 그리고 다시 6시즌 만에 부천으로 돌아온 특이한 이력을 보유하게 됐다. 안태현은 왕성한 활동량과 투지 넘치는 플레이가 뛰어난 측면 수비수다. 오른쪽과 왼쪽 측면 수비수를 모두 뛸 수 있고 측면 공격수도 가능한 멀티플레이어다. 오른쪽 측면에서는 신재원과 치열한 경쟁을 펼쳐야 한다. 또 K리그1에서 108경기에 출전해 6득점6도움을 올린 경험을 무시할 수 없다.

2025시즌 기록					강점	약점
5	1	**1,630(25)** MINUTES 출전시간(경기수)	**0** GOALS 득점	**2** ASSISTS 도움	**2** WEEKLY BEST 11 주간베스트11	지치지 않는 활동량	투박한 빌드업

홍성욱

2002년 9월 17일 | 24세 | 대한민국 | 187cm | 77kg
경력 | 제주(21~22) ▷ 무앙통(22) ▷ 부천(23~)
K리그 통산기록 | K리그1 – 8경기 | K리그2 – 48경기 2득점 1도움
대표팀 경력 | –

홍성욱은 지난시즌 이영민 감독의 전폭적인 신뢰 속에 급성장한 수비수다. 27경기를 뛰었다. 이미 여름에 2년 재계약을 체결했다. 187cm의 신장을 활용한 제공권과 일대일 수비에 강점을 보인다. 이러한 활약을 인정받아 홍성욱은 지난시즌 부천 수비수로는 유일하게 베스트11 후보에 오르기도 했다. 홍성욱에게도 K리그1 무대는 또 다른 시험대다. 지난 2021시즌과 2022시즌 제주 소속으로 8경기를 뛴 경험이 있다. 당시에는 불안한 모습을 보였다. 다시 K리그1 무대를 밟는 만큼 달라진 모습을 보이겠다는 각오다.

2025시즌 기록					강점	약점
5	0	2,274(27) MINUTES 출전시간(경기수)	2 GOALS 득점	0 ASSISTS 도움	3 WEEKLY BEST 11 주간베스트11	제공권, 헤딩 능력	한 번씩 나오는 치명적 실수

■ K리그2 기록

이의형

1998년 3월 3일 | 28세 | 대한민국 | 183cm | 72kg
경력 | 경남(21~22) ▷ 부천(22~)
K리그 통산기록 | K리그2 – 93경기 12득점 4도움
대표팀 경력 | –

이의형은 2022시즌부터 부천에서 뛰고 있다. 부천 소속으로 82경기를 뛰며 10득점4도움을 기록하고 있다. 엄청나게 많은 공격 포인트는 아니지만 그렇다고 존재감이 없는 건 아니다. 활동량을 바탕으로 한 수비 가담과 침투 움직임이 뛰어나고 전술 이해도도 준수하다. 결정력은 다소 아쉽다. 지난시즌에는 23경기에서 4득점을 넣었다. 더욱이 2026시즌 최전방 경쟁은 더욱더 치열해졌다. 부천은 기존 자원인 몬타뇨에 새 얼굴 가브리엘까지 데려왔다. 이의형도 K리그1에서 자신만의 강점을 제대로 발휘해야 살아남을 수 있다.

2025시즌 기록					강점	약점
3	1	873(23) MINUTES 출전시간(경기수)	4 GOALS 득점	0 ASSISTS 도움	2 WEEKLY BEST 11 주간베스트11	헤딩 능력, 침투 움직임	결정력

■ K리그2 기록

김규민

2003년 3월 15일 | 23세 | 대한민국 | 173cm | 60kg
경력 | 부천(22~)
K리그 통산기록 | K리그2 – 52경기 2득점
대표팀 경력 | –

김규민은 12세 이하(U-12) 팀부터 프로 무대까지 오른 부천 '성골' 유스다. 데뷔시즌인 2022시즌에는 2경기 출전에 그쳤고, 2023시즌과 2024시즌에는 10경기에 나섰다. 그리고 지난시즌에는 완벽하게 자리를 잡았다. 김규민은 30경기를 뛰며 1득점을 기록했다. 특히 승강 플레이오프 2차전에서 득점하는 등 부천 승격에 상당한 공을 세웠다. 주 포지션은 공격수이나 측면 수비수로도 확실한 존재감을 보인다. 속도를 살린 돌파와 과감한 플레이가 강점이다. 2026시즌에도 멀티플레이어로서 부천에 소금같은 역할을 맡을 전망이다.

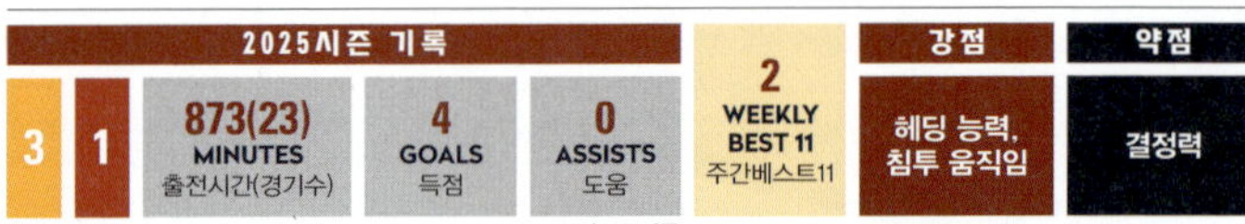

2025시즌 기록					강점	약점
1	0	1,580(30) MINUTES 출전시간(경기수)	1 GOALS 득점	0 ASSISTS 도움	1 WEEKLY BEST 11 주간베스트11	보기 드문 성득점 유스, 과감한 돌파	약한 피지컬

■ K리그2 기록

전지적 작가 시점

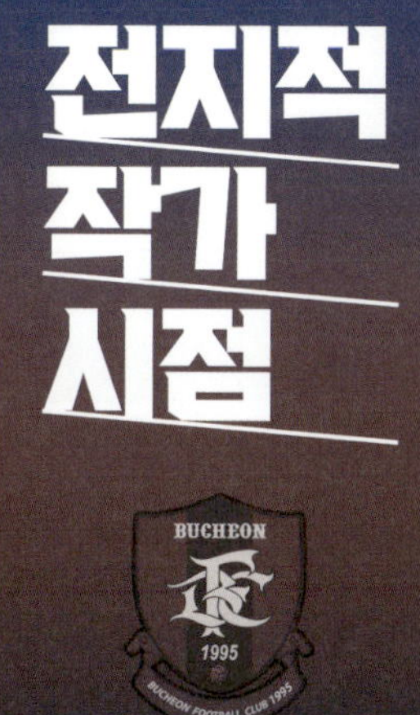

박찬준이 주목하는 부천의 원픽!
바사니

부천의 에이스는 누가 뭐래도 바사니다. 수원 삼성에서 철저한 실패를 맛봤던 바사니는 부천 이적 후 K리그2 최고의 외국인 선수로 자리매김했다. K리그1에 세징야(대구)가 있다면, K리그2에 바사니가 있다는 말이 나왔을 정도다. 바사니는 부천 공격의 시작이자 마침표 역할을 하고 있다. 우측에 포진한 바사니는 역습 상황에서 중앙으로 이동하며 프리하게 볼을 잡고, 여기서 부천의 공격이 시작된다. 공격의 선봉에서 킬패스를 뿌리거나 직접 골로 마무리하는 능력이 탁월하다. 바사니는 이같은 패턴 속 지난 두 시즌 동안 무려 41개의 공격포인트를 기록했다. 이는 부천 구단 역사상 최다 공격포인트다. 바사니가 있었기에 부천은 2025시즌을 통해 1부로 첫 승격할 수 있었다. 이영민 감독의 올 겨울 포인트도 바사니다. 바사니의 짐을 덜기 위해 윤빛가람, 김종우 등 창의성 있는 미드필더를 더했고, 상대의 집중 견제를 분산시키기 위해 공격력이 뛰어난 2025년 K리그2 최고의 오른쪽 윙백 신재원을 영입했다. 최전방에도 버텨줄 수 있는 가브리엘을 데려왔다. 결국 바사니가 해줘야, 부천이 살 수 있다는 것을 누구보다 잘 아는 이영민 감독이다.

지금 부천에 이 선수가 있다면!
후이즈

승격팀의 잔류를 위한 '필요조건'은 똘똘한 '외국인 스트라이커'다. 역사가 말해준다. 경남FC는 득점왕과 MVP를 거머쥔 말컹을 앞세워 승격 첫 시즌이었던 2018년 준우승을 차지했고, 광주FC도 펠리페가 맹활약을 펼친 2020년 파이널A 진출에 성공했다. 지난시즌 승격한 FC안양도 모따의 활약으로 잔류를 넘어 8위까지 올랐다. 부천의 올 겨울 최우선 과제는 바로 특급 외국인 스트라이커 영입이었다. 이영민 감독은 고심 끝에 강원에서 뛰던 '익숙한 얼굴' 가브리엘을 데려왔다. 가브리엘은 이영민 감독이 선호하는 힘과 높이를 갖춘 공격수이지만, 아쉬운 점은 마무리. 두 자릿수를 담보할 수 있는 유형은 아니다. 그래서 후이즈 영입 실패가 아쉽다. 후이즈는 지난 시즌 성남에서 최고의 활약을 펼쳤다. 결정력은 물론, 연계와 압박까지 갖춰 부천 전술에 딱 맞는 공격수로 여겨졌다. 하지만 후이즈는 일찌감치 서울행을 택했다. 가브리엘이 기대만큼의 활약을 펼치지 못할 경우, 후이즈란 이름은 이 감독 머릿속에서 두고두고 생각날 수밖에 없다.

CHAPTER 2

K LEAGUE 2
CLUB REPORT

수원FC

승격 후보, 우리도 있소
수원더비에 나서는 '수원FC 사령탑' 박건하의 도전

구단 소개

정식 명칭	수원시민 프로축구단
구단 창립	2003년 3월 15일
모기업	시민구단
상징하는 색	네이비, 레드
경기장(수용인원)	수원종합운동장 (30,000명)
마스코트	화서장군, 장안장군, 팔달장군, 창룡장군
레전드	박종찬, 김한원, 박배종 등
서포터즈	리얼크루
커뮤니티	–

우승

K리그	–
코리아컵(FA컵)	–
AFC챔피언스리그(ACL)	–

최근 3시즌 성적

시즌	K리그	코리아컵(FA컵)	ACL
2025시즌	10위	16강	–
2024시즌	5위	32강	–
2023시즌	11위	3라운드	–

감독 소개

박건하

1971년 7월 25일 | 55세 | 대한민국

K리그 전적
78경기 28승 24무 26패

박건하 감독의 최근 행보는 놀라움의 연속이다. 2025년 돌연 축구대표팀 코치직을 내려놓더니, 수원 삼성의 레전드인 그는 수원 삼성의 연고지 라이벌인 수원FC 지휘봉을 잡고 약 4년 만에 K리그 현장으로 복귀했다. K리그2팀을 맡은 건 2016년 이랜드 시절 이후 꼭 10년만이다. 얄궂게도 '빅버드'에서 수원 삼성과 수원더비를 펼쳐야 할 운명이다. 박건하 감독은 포용의 리더십과 풍부한 경험, 확고한 전술 전략으로 수원FC를 1년만에 다시 원래 있는 곳으로 되돌려놓겠다는 각오다.

주요 영입

양한빈_성남 | **김정환**_성남 | **델란**_오이타트리니타 | **프리조**_톰벤시 |
마테우스바비_주벤투지 | **조진우**_대구

예상 베스트 11

올 시즌 주목할 선수

월리안

2025년 9월, 스포츠탈장으로 인해 장기결장하기 전까지 '역대급 퍼포먼스'를 펼쳤다. 시즌 중 서울에서 수원FC로 이적해 11경기, 720분을 뛰고 8골, 90분당 평균 1골에 달하는 엄청난 득점력을 선보였다. 단 11개의 유효슛으로 빚어낸 '마법'이었다. 월리안은 K리그에서 몇 안 되는 '솔로골'을 넣을 수 있는 '재능러'다. 싸박, 루안이 떠난 2026시즌, 월리안의 역할은 더 커질 게 불 보듯 뻔하다. 다쳐서도 곤란하다.

2026 시즌 프리뷰

5년만에 강등 수모를 겪었다. 2025 K리그1에서 다이렉트 강등권인 12위는 피했지만, 승강 플레이오프에서 부천FC에 맥없이 패해 2부로 떨어졌다. 최순호 단장과 김은중 감독이 성적 부진에 책임을 지고 사퇴했다. 허망함이 수원종합운동장 곳곳에 남아있던 2025년 12월, 수원FC는 박건하 감독을 깜짝 선임하며 한 시즌만의 1부 승격을 위한 시동을 본격적으로 걸었다. K리그2에 잔뼈가 굵은 양한빈, 김정환, 조진우, 최기윤 등을 영입했다. 2025시즌 K리그1 득점왕 싸박이 떠난 건 분명한 타격이다. 마테우스 바비, 홀, 프리조 등 K리그 경험이 없는 새로운 외국인이 얼마나 잘해주느냐에 시즌 성패가 달렸다 해도 과언이 아니다.

주장의 한마디

한찬희

"팬들과 함께, 그리고 동료들의 마음을 잘 모아서 올해 반드시 승격을 이뤄내는 시즌의 주장이 되겠다."

대구FC

구단 소개

정식 명칭	대구시민 프로축구단
구단 창립	2002년 10월 9일
모기업	시민구단
상징하는 색	스카이블루
경기장(수용인원)	대구iM뱅크PARK (12,469석)
마스코트	빅토, 리카
레전드	박종진, 이근호, 세징야 등
서포터즈	그라지예

우승

K리그	–
코리아컵(FA컵)	1회 (2018)
AFC챔피언스리그(ACL)	–

최근 3시즌 성적

시즌	K리그	코리아컵(FA컵)	ACL
2025시즌	12위	8강	–
2024시즌	11위	32강	–
2023시즌	6위	16강	–

감독 소개

김병수

1970년 11월 24일 | 56세 | 대한민국

K리그 전적

195경기 53승 60무 82패

2025시즌 강등 위기를 맞이한 대구의 소방수로 부임해 극적인 반등을 이끌 뻔했다. 팀 분위기를 빠르게 수습해 잔류 싸움을 막판까지 끌고 갔다. 과거 '자기만의 축구 스타일이 확고한 김병수 감독은 팀을 조직하기 위해선 다른 감독보다 많은 시간이 필요하다'라는 평가가 많지만, 연륜이 쌓인 지금은 임기응변도 가능한 지도자로 거듭났다. 대구가 김병수 감독을 유임한 건 그래서 놀랍지 않은 결정이었다. 선수 시절 '천재'로 불린 김병수 감독은 대구 지휘봉을 잡기 전 영남대, 이랜드, 강원, 수원 삼성에서 톡톡 튀는 전술을 선보였다.

주요 영입

한국영_전북 | **세라핌**_상조제 | **김주원**_성남 | **류재문**_서울 |
박인혁_광주 | **김대우**_강원 | **황인택**_수원FC

예상 베스트 11

올 시즌 주목할 선수

세라핌

'세드가'는 잊어라. 이제는 '세세드가'다. 빠른 스피드와 득점력을 장착한 세라핌은 대구 공격진에 새 바람을 불어넣어줄 자원으로 꼽힌다. 세징야, 에드가의 부족한 스피드와 에너지를 채워넣어줄 것으로 기대된다. 2025시즌 수원 삼성 유니폼을 입고 K리그2 13경기에서 4골로 '대박'을 터뜨린 점도 기대가 되는 요소다. 전 소속팀 수원 삼성과의 승격 경쟁을 뒤흔들 키플레이어다.

2026 시즌 프리뷰

강등은 이제 과거다. 2026년, 오로지 승격만 바라본다. 대구는 세징야 에드가 김강산 황재원 정치인 등 주력 자원을 대거 남겼다. 여기에 김병수 감독의 제자인 류재문 김주원을 품었고, 박인혁 한국영 황인택 등 검증된 선수를 영입해 스쿼드 뎁스를 넓혔다. 베스트11은 물론이고 백업도 든든하다. 특히, 공격진은 뎁스와 다양성 측면에서 K리그2 최강으로 평가받는다. 관건은 밸런스다. 대구는 2025년 최다실점 팀이었다. 수비가 강한 팀이 우승한다는 건 축구계 진리다. 밸런스가 잡혀야 '이정효 수원'을 위협할 수 있다.

주장의 한마디

세징야

"시즌을 치르다 보면 좋을 때도 있고, 힘들 때도 있다. 주장으로서 어떠한 상황이 오더라도 팀을 가족처럼 하나로 뭉치게 만들고, 우리 모두의 공동 목표인 승격을 위해 주장으로서, 또 한 명의 선수로서 최선을 다하겠다."

수원삼성블루윙즈

구단 소개

정식 명칭	수원 삼성 블루윙즈 축구단
구단 창립	1995년 12월 25일
모기업	제일기획
상징하는 색	블루, 화이트, 레드
경기장(수용인원)	수원월드컵경기장(43,168명)
마스코트	아길레온 패밀리
서포터즈	프렌테 트리콜로
주요 레전드	서정원, 이병근, 박건하, 이운재, 곽희주, 고종수, 염기훈 등
서포터즈	프렌테 트리콜로

우승

K리그	4회 (1998, 1999, 2004, 2008–K리그1)
코리아컵(FA컵)	5회 (2002, 2009, 2010, 2016, 2019)
AFC챔피언스리그(ACL)	2회 (2001, 2002)

최근 3시즌 성적

시즌	K리그	코리아컵(FA컵)	ACL
2025시즌	2위 (2부)	3라운드	–
2024시즌	6위 (2부)	16강	–
2023시즌	12위	8강	–

감독 소개

이정효

1975년 7월 23일 | 51세 | 대한민국

K리그 전적
482경기 190승 102무 90패

올 겨울이적시장 최대어는 단연 이정효 감독이었다. 광주와 결별을 선언한 이 감독을 향해 국내외 클럽들의 구애가 이어졌다. 그의 선택은 수원이었다. 지난 몇년간 이어진 내리막으로 한숨을 쉬던 수원 팬들은 일제히 환호를 질렀다. 이 감독은 현재 K리그 최고의 감독으로 꼽힌다. 2022년 광주 지휘봉을 잡아, 승격, 구단 최고 성적, 아시아챔피언스리그 진출 등 숱한 성과를 이뤄냈다. '정효볼'로 불리는 트렌디하면서도 공격적인 축구는 그만의 색깔이다. 거침없는 발언으로 그라운드 밖에서도 주목 받는 '이슈 메이커'다.

주요 영입

홍정호_전북 | **고승범**_울산 | **정호연**_미네소타 | **김준홍**_DC유나이티드 | **헤이스**_광주 | **송주훈**_제주

예상 베스트 11

올 시즌 주목할 선수

정호연

지난 시즌 수원의 고민은 후방이었다. 리그에서 8번째로 많은 50골이나 내줬다. 후방이 흔들리다보니 시즌 내내 불안정한 모습이 반복됐다. 이 감독은 정호연–홍정호–김준홍으로 이어지는 새로운 척추 라인을 꾸리며, 뒷문을 새롭게 했다. 그 중 핵심은 역시 정호연이다. 정호연은 광주 시절 이 감독의 '그라운드 오른팔'이라고 해도 과언이 아니었다. 정호연의 존재는 수원에 이정효식 축구를 빠르게 녹아내리게 할 수 있다.

2026 시즌 프리뷰

말 그대로 칼을 갈았다. 2시즌 연속 승격에 실패한 수원은 'K리그 최고 명장' 이정효 감독을 '모셔왔다'. 최고 대우는 물론, 사단까지 모두 받는 파격 조건이었다. 곧바로 선수단 보강에 나섰다. K리그 베스트11에 빛나는 베테랑 수비수 홍정호를 비롯해, '이정효 페르소나' 정호연, 헤이스에 검증된 김준홍, 페신, 박현빈, 송주훈 등을 영입했다. 개막을 앞두고는 고승범까지 영입해 마지막 퍼즐을 맞췄다. 이미 K리그2 최고 수준이었던 전력을 더 업그레이드하며, '승격은 떼놓은 당상'이라는 평가가 이어지고 있다. 늘 그랬지만, 수원의 최대 적은 '부담감'이다. '부담감'은 이정효 감독이 넘어야 할 산이자, 수원이 그를 데려온 이유기도 하다.

주장의 한마디

홍정호

"블루윙즈의 DNA를 되살리기 위해 그라운드에서 먼저 앞장서겠습니다. 매 경기 최선의 모습으로 팬 여러분께 감동을 드리고, 우승, 승격 모두 들어 올리는 해가 되도록 하겠습니다."

서울이랜드FC

구단 소개

정식 명칭	서울이랜드 프로축구단
구단 창립	2014년 4월 14일
모기업	이랜드그룹
상징하는 색	진청색, 황금색, 푸른색
경기장(수용인원)	목동종합운동장 (15,127명)
마스코트	레울, 레냥
레전드	김영광, 김재성 등
서포터즈	누에보, 군청

우승

K리그	–
코리아컵(FA컵)	–
AFC챔피언스리그(ACL)	–

최근 3시즌 성적

시즌	K리그	코리아컵(FA컵)	ACL
2025시즌	4위 (2부)	2라운드	–
2024시즌	3위 (2부)	3라운드	–
2023시즌	11위 (2부)	16강	–

감독 소개

김도균

1977년 1월 13일 | 49세 | 대한민국

K리그 전적
124경기 86승 51무 79패

이랜드의 역사는 김도균 부임 전후로 나뉜다. 창단 첫 해 플레이오프 진출을 제외하고 줄곧 내리막을 타던 이랜드의 물줄기를 바꿨다. 2024년 이랜드 지휘봉을 잡은 김 감독은 부임 첫 해 팀을 창단 첫 승강 플레이오프에 진출시켰다. 지난 시즌에도 4위에 오르며, 창단 처음으로 두 시즌 연속 플레이오프 무대에 올려놨다. 젊은 명장을 향해 올 겨울 울산의 러브콜이 보냈다. 김 감독이 고심 끝 잔류를 택한 이유는 승격의 약속을 지키기 위해서다. 이를 위해 트레이드마크인 공격 축구의 색채를 더욱 짙게 했다.

주요 영입

민성준_인천 | **박재용**_전북 | **박진영**_대구 | **김현**_수원삼성 | **박재환**_경남 | **강현제**_포항 | **최랑**_양평 | **조준현**_수원FC

예상 베스트 11

올 시즌 주목할 선수

까리우스

2로빈에서 주춤하던 이랜드는 여름이적시장 반등을 위해 사우디 2부리그 득점왕 까리우스를 영입했다. 하지만 기대는 단 1경기 만에 꺾였다. 데뷔전에서 불의의 부상으로 시즌 아웃됐다. 겨우내 재활에 매달린 까리우스는 건강한 모습으로 전지훈련에 참가했다. 오른쪽에 이미 검증된 에울레르를 보유한 이랜드는 까리우스가 왼쪽에서 좋은 모습을 보인다면, 그야말로 최강의 공격진을 구축하게 된다.

2026 시즌 프리뷰

눈에 띄는 것은 공격진이다. 지난 시즌 득점력으로 고생한 김도균 감독은 김현, 박재용 등을 데려오며 스트라이커진에 많은 공을 들였다. 기존의 가브리엘, 아이데일까지 자원은 충분하다. 구성윤이 떠난 골문에 'K리그2 베스트 골키퍼' 민성준을 데려왔고, 수비진에도 젊은 박재환, 박진영이 가세했다. 전체적으로 지난 시즌에 비해 전력이 올라간 모습이지만, 고민은 미드필더다. 서재민까지 떠나며 가용 자원이 확 줄었다. 박창환, 백지웅이 다치면 답이 없다. 두 시즌 연속 플레이오프 진출을 통해 힘을 끌어올린 이랜드는 이제 매 시즌마다 찾아오는 한번의 고비만 넘으면 된다. 그러면 승격이다.

주장의 한마디

김오규

"안정적인 환경 속에서 시즌을 준비하고 있다. 분위기는 매우 좋다. 지난해 준플레이오프 패배를 가슴속에 새기고 있다. 올 해가 선수 생활의 마지막이라는 각오로 반드시 승격이라는 목표를 이루겠다."

성남FC

구단 소개

정식 명칭	성남시민 프로축구단
구단 창립	1989년 3월 18일
모기업	시민구단
상징하는 색	검정색
경기장(수용인원)	탄천종합운동장 (16,146명)
마스코트	까오, 까비
레전드	신태용, 신의손, 김상식, 고종운 등
서포터즈	블랙리스트

우승

K리그	7회 (1993, 1994, 1995, 2001, 2002, 2003, 2006—K리그1)
코리아컵(FA컵)	3회 (1999, 2011, 2014)
AFC챔피언스리그(ACL)	2회 (1995, 2010)

최근 3시즌 성적

시즌	K리그	코리아컵(FA컵)	ACL
2025시즌	5위 (2부)	3라운드	–
2024시즌	13위 (2부)	8강	–
2023시즌	9위 (2부)	16강	–

감독 소개

전경준

1973년 9월 10일 | 53세 | 대한민국

K리그 전적
142경기 49승 52무 41패

(*K리그2)

한때 '지니어스'로 불린 K리그 대표 전술가다. 전남 사령탑 시절이던 2021년 기적과도 같은 코리아컵 우승을 이끌었다. 2022년 전남을 떠나 약 2년간의 공백기를 거쳐 2024년 9월 성남 지휘봉을 잡았다. 첫 시즌 소방수 임무에 실패한 전경준 감독은 2025시즌 선수단 개편에 나선 2025년에도 더딘 출발을 보였지만, 무더운 여름부터 자기만의 색깔을 내기 시작했다. 7월 이후론 K리그2 어느 팀보다 많은 승점을 쌓았다. 전경준 감독은 개인 단일시즌 최다승(17승) 기록을 세웠다. 2026시즌이 더 기대되는 이유다.

주요 영입

이광연_강원 | **쿠도슌**_나가노파르세이루 | **빌레로**_부산 | **윤민호**_부산 | **안젤로티**_가고시마

예상 베스트 11

올 시즌 주목할 선수

이광연

별명 '빛광연'처럼 빛나는 선방 능력과 정확한 킥을 장착한 골키퍼. 골키퍼치고 작은 신장(184cm)은 동물적인 반사 신경으로 극복한다. 2019년 U-20 월드컵에서 한국의 깜짝 준우승을 이끈 뒤 K리그에서도 어린나이에 빠르게 두각을 드러냈다. 하지만 큰 부상을 겪은 뒤 강원에서 성장이 정체된 이십대 중반 이광연은 2026년 첫 이적을 감행했다. 숙원이 1부 승격을 위해 성남이 야심차게 꺼낸 카드다. 좋은 골키퍼는 팀을 우승으로 이끈다.

2026 시즌 프리뷰

2025시즌 후반기에 드라마틱한 대반등으로 플레이오프 진출권을 따내는 저력을 과시했다. 전경준식 단단한 수비가 빛을 발했다. 아쉬움은 남는다. '처음부터 잘했으면 어땠을까?' 2026시즌 성남이 풀어야 할 숙제다. '전경준 3년차'에 접어들어 전경준색이 더욱 선명해질 시즌이라는 점은 기대가 크다. 서울로 떠난 에이스 후이즈의 공백을 안젤로티, 윤민호 등이 얼마나 잘 메울지가 관건이다. 골 없인 플레이오프 진출을 바라볼 수 없다. 박수빈, 베니시오로 대표되는 성남 미드필더와 수비진 걱정은 딱히 안 된다. 까치가 얼마나 높이 날 수 있을지는 모르지만, 2026년에도 까치의 날개가 쉽게 꺾이지 않을 거라는 건 분명해 보인다.

주장의 한마디

박수빈

"약간의 선수단 변화는 있지만 감독님 전술을 잘 수행한다면 원하는 승격을 이룰 수 있다고 믿는다."

전남드래곤즈

구단 소개

정식 명칭	전남드래곤즈 프로축구단
구단 창립	1994년 11월 1일
모기업	POSCO
상징하는 색	노란색
경기장(수용인원)	광양축구전용구장 (10,073석)
마스코트	철룡이, 주주
레전드	노상래, 이종호, 김도근, 김태영 등
서포터즈	미르

우승

K리그	–
코리아컵(FA컵)	4회 (1997, 2006, 2007, 2021)
AFC챔피언스리그(ACL)	–

최근 3시즌 성적

시즌	K리그	코리아컵(FA컵)	ACL
2025시즌	6위 (2부)	2라운드	–
2024시즌	4위 (2부)	3라운드	–
2023시즌	7위 (2부)	16강	–

감독 소개

박동혁

1978년 4월 18일 | 48세 | 대한민국

K리그 전적
239경기 79승 61무 99패

(*K리그2)

이동국, 현영민 등과 함께 축구계를 대표하는 1979년생. 청소년 대표와 국가대표로 활동한 명수비수 출신으로, 전북, 울산, 가시와 등에서 다양한 우승컵을 들어올렸다. 2014년 현역 은퇴 후 지도자로 빠르게 두각을 드러냈다. 2018년 아산 무궁화 감독으로 K리그2 우승을 이끌며 그해 감독상을 거머쥐었다. 2020년 이후 충남 아산, 경남FC를 거치면서는 다소 내리막을 걸었다. 2년 만에 다시 기회를 잡을 때까지 한국프로축구연맹 기술연구그룹(TSG) 위원으로 활동하며 현장 감각을 유지했다. 전남 지휘봉을 잡은 2026시즌엔 박동혁 감독이 얼마나 달라졌는지를 확인할 수 있다.

주요 영입

코리누스_랏차부리 | **최한솔**_강원 | **김범수**_포항 | **김경준**_김포 | **이준희**_경주한수원

예상 베스트 11

올 시즌 주목할 선수

김범수

'보고싶다'로 유명한 가수 김범수와 동명이인이자 5부리그에서 시작해 7부리그를 거쳐 1부리그까지 진입한 'K-제이미 바디'의 스토리로 프로 입단 당시 큰 화제를 모았다. 제주에서 빛을 보지 못한 김범수는 2023년부터 2025년까지 안산, 성남 소속으로 K리그2 정상급 윙어로 자리매김했다. 전남이 포항으로 복귀한 김범수를 임대로 데려온 이유다. 김범수는 빠른 발과 번뜩이는 문전 침투 능력으로 전남 공격의 한 축을 담당할 예정이다.

2026 시즌 프리뷰

2018년 K리그1 최하위로 강등 고배를 마신 뒤 7년째 승격이 좌절됐다. 승격 플레이오프권에는 포함될 정도의 전력은 유지하지만, 승격을 이루기까진 늘 2% 부족했다. '2%'는 박동혁 감독이 채워야 하는 몫이다. 다행히 'K리그 최고의 크랙' 발디비아를 지켰다. 2025시즌 맹활약한 공격수 호난, 윙어 정지용, 수비형 미드필더 최한솔 등도 동행한다. 승격을 위해선 윙어 김범수, 센터백 코리누스, 공격수 김경준 등의 이적생의 빠른 적응과 활약도 중요하다. 홈구장 잔디 문제로 5월에야 홈경기를 치르는 초반 변수를 어떻게 슬기롭게 극복하느냐가 시즌 성패를 가를 전망이다.

주장의 한마디

발디비아

"'전남은 하나다'. 이번 시즌 슬로건처럼 구성원 모두가 하나로 뭉쳐, 우리 모두가 원하는 K리그1 승격이라는 목표를 달성하겠다."

김포FC

올해는 적토마의 시간,
목표는 오직 승격

구단 소개

정식 명칭	김포FC 프로축구단
구단 창립	2013년 1월 29일
모기업	시민구단
상징하는 색	초록색, 금색, 하얀색
경기장(수용인원)	김포솔터축구장 (10,037명)
마스코트	포수, 포미
레전드	이상욱, 박경록, 루이스 등
서포터즈	골든크루

우승

K리그	–
코리아컵(FA컵)	–
AFC챔피언스리그(ACL)	–

최근 3시즌 성적

시즌	K리그	코리아컵(FA컵)	ACL
2025시즌	4위 (2부)	2라운드	–
2024시즌	3위 (2부)	8강	–
2023시즌	11위 (2부)	16강	–

감독 소개

고정운

1966년 6월 27일 | 60세 | 대한민국

K리그 전적

187경기 66승 56무 65패

(*K리그2)

2026년 병오년, 붉은 말의 해에 가장 잘 어울리는 축구인. '적토마'라는 별명을 달고 전설적인 커리어를 쌓았다. 은퇴 후 선문대 감독, 전남 코치, 서울 코치, 안양 감독을 거쳐 2020년 당시 K3리그에 참가하는 김포 지휘봉을 잡았다. '적토마'의 질주는 멈추지 않았다. 2023시즌 K리그2 깜짝 3위를 차지하며 올해의 감독상을 수상하며 지도력을 입증했다. 고정운 감독은 "많이 뛰는 팀에 못 당한다"라는 평소 지론대로, 김포를 K리그2에서 가장 끈질기고, 끈끈한 팀으로 만들었다. 이를 토대로 올해는 1부 승격에 도전한다.

주요 영입

루안_수원FC | **김태한**_수원FC | **김도혁**_인천 | **김동민**_인천 |
이학민_충남아산 | **아마르무신**_브라게 | **최재영**_부천

예상 베스트 11

올 시즌 주목할 선수

루안

승격을 노리는 김포의 '마지막 퍼즐'이다. 핵심 공격수 루이스의 득점력을 극대화해줄 플레이메이커로, 이미 K리그에서 어느 정도 검증을 마쳤다. 2025시즌 수원FC에서 키패스 44개(전체 8위)와 5골(팀내 3위)을 기록했다. 기동성과 창의성을 지닌 왼발잡이인 루안은 중앙 공격형 미드필더, 측면 공격수로 뛸 수 있다. 다른 포지션에 비해 공격 무게감이 떨어진다는 평가를 받았던 김포는 루안의 영입으로 더 무시무시해졌다.

2026 시즌 프리뷰

2023시즌 승강 플레이오프에 올라 승격을 넘봤던 김포는 2024~2025시즌 연속해서 7위를 기록하며 플레이오프 진출에 아쉽게 실패했다. 하지만 고정운 축구의 밑그림을 그리는 과정이었기에 7위라는 순위가 아쉽진 않았다. 2026년, 김포는 어떻게든 그림을 완성하려고 한다. 이를 위해 공격진에서 차이를 만들어줄 루안을 영입했고, 팀이 흔들릴 때 중심을 잡아줄 김도혁 김성준 등 베테랑을 대거 품었다. 김동민이 가세한 스리백은 더 단단해졌다. K리그2에서 검증된 이학민, 최재영, 이시헌 등을 영입해 뎁스도 넓혔다. 스페인 2부리그 득점왕 출신 아마르 무신이 '대박'을 터뜨려준다면 다이렉트 승격도 꿈은 아니다.

주장의 한마디

김도혁

"올 시즌 새롭게 김포 주장까지 맡게 돼 책임감을 느낀다. 선수단의 중심에서 모범이 되고 팀에 도움이 되는 역할로 승격을 돕겠다."

부산아이파크

믿음의 '조성환 2년차',
명가 부활 노리는 부산

구단 소개

정식 명칭	부산아이파크 프로축구단
구단 창립	1979년 11월 22일
모기업	HDC
상징하는 색	빨간색, 흰색, 회색
경기장(수용인원)	구덕운동장 (12,349석), 부산아시아드주경기장 (53,769석)
마스코트	똑디, 해라
레전드	김주성, 정용환 등
서포터즈	P.O.P(Pride Of Pusan)

우승

K리그	4회 (1984, 1987, 1991, 1997)
코리아컵(FA컵)	1회 (2004)
AFC챔피언스리그(ACL)	1회 (1985−86)

최근 3시즌 성적

시즌	K리그	코리아컵(FA컵)	ACL
2025시즌	8위 (2부)	2라운드	−
2024시즌	5위 (2부)	3라운드	−
2023시즌	2위 (2부)	3라운드	−

UNIFORM

HOME

GK

AWAY

감독 소개

조성환

1970년 10월 16일 | 56세 | 대한민국

K리그 전적
359경기 134승 106무 119패

2017년 제주의 준우승을 이뤄낸 지도자. K리그를 대표하는 '덕장 매니저'다. 2020시즌부터는 인천 지휘봉을 잡아 많은 역사를 썼다. 2022시즌에는 인천을 4위로 이끄는 '기적'을 썼다. 전설은 오래가지 않았다. 2024시즌 도중 성적 부진으로 눈물을 흘리며 인천과 작별했다. '검증된 지도자' 조성환 감독은 '1부 승격'의 특명을 받아 곧바로 부산에 입성했다. 곧바로 팀 분위기를 반등시켰으나, 2025시즌엔 아쉬움 속 플레이오프 진출에 실패했다. 조성환 감독은 지금까지 맡았던 팀(제주, 인천)에서 풀 시즌 2년차에 성과를 냈다. 2026년이 부산에서 맞이하는 2년차다. 기대를 해도 좋다.

주요 영입

안현범_전북 | **김민혁**_울산 | **크리스찬**_자유계약 | **김진혁**_대구 | **가브리엘**_보타보구 | **박지민**_수원삼성

예상 베스트 11

올 시즌 주목할 선수

안현범

조성환 감독과 함께 제주의 K리그1 준우승을 이끌었다. 제주, 전북에서 리그 정상급 윙백으로 자리매김한 안현범은 조성환 감독의 부름을 받고, K리그2로 과감한 이적을 결정했다. 리그 최고 수준의 오버래핑 능력을 지닌 안현범이 제 기량만 펼칠 수만 있다면 부산의 우측면은 걱정할 필요가 없다. 부산에 어린 선수가 많기에 안현범은 경기장에서 리더십도 발휘해야 한다. 안현범을 중심으로 부산이 상승세를 탄다면 승격의 꿈도 충분히 가능하다.

2026 시즌 프리뷰

어느덧 강등된 후 6번째 시즌이다. 2023시즌 K리그2 2위로 승격에 가까워졌지만, 이후 다시 정체됐다. 2026년만큼은 좋지 않은 흐름을 반드시 끊어야 한다. 조성환 축구의 핵심은 결국 안정적인 수비에서 비롯된다. 조위제가 전북으로 떠났지만, 베테랑 김진혁 우주성을 데려와 공백을 메웠다. 포백으로 변신을 꾀한다. 걱정은 공격이다. 외국인 공격수 삼총사가 모두 부산을 떠나면서 공격은 아예 새판을 짜야 한다. 중위권 수준 공격력이 개선되어야만 치열한 승격 경쟁에서 우위를 점할 수 있다. 골 없이 승격 없다. 가브리엘과 크리츠찬의 몫이 중요해졌다.

주장의 한마디

장호익

"작년에 주장으로서 많이 부족했다. 올해는 말이 아니라 매 경기, 매 순간의 태도와 경기력으로 증명하겠다. 힘들 때 도망가지 않고, 팀이 흔들릴 때 가장 먼저 앞에 서는 주장이 되겠다."

충남아산FC

구단 소개

정식 명칭	충남아산 프로축구단
구단 창립	2020년 2월 7일
모기업	시민구단
상징하는 색	파란색, 노란색
경기장(수용인원)	이순신종합운동장 (17,789명)
마스코트	뿡뿡이, 티티
레전드	박세직 등
서포터즈	아르마다(ARMADA)

우승

K리그	–
코리아컵(FA컵)	–
AFC챔피언스리그(ACL)	–

최근 3시즌 성적

시즌	K리그	코리아컵(FA컵)	ACL
2025시즌	9위 (2부)	2라운드	–
2024시즌	2위 (2부)	3라운드	–
2023시즌	10위 (2부)	3라운드	–

UNIFORM

감독 소개

임관식

1975년 7월 28일 | 51세 | 대한민국

K리그 전적
32경기 6승 7무 19패

(*K리그2)

임관식 감독은 선수 은퇴 후 K리그 지휘봉을 잡을 때까지 수많은 경험을 쌓았다. 아마추어부터 프로 수석코치를 거치며 실력을 차곡차곡 쌓았다. 2023년 안산의 지휘봉을 잡고 K리그에서 감독 커리어를 시작했다. 속도감 있는 공격 전개, 끈끈한 조직력을 기반으로 팀을 이끌었다. 하지만 성적이 따르지 않았다. 충남아산에서 이를 악물었다. "지금까지 쌓아온 지도 경험을 토대로 공격 축구를 선보이겠다"라고 말했다. 더 나은 성적도 약속했다.

주요 영입

윌리암_페르시브반둥 | **막스**_치크세레다 | **서주환**_자유계약

예상 베스트 11

올 시즌 주목할 선수

박시후

2007년생 박시후는 충남아산 역사상 최초로 준프로 선수다. 지난해 K리그2 9경기에 나서 2골을 기록했다. 구단 최연소 출전, 구단 역대 최연소 득점 기록을 갈아치웠다. 2026시즌 프로 계약을 맺고 본격적으로 프로 세계에 합류한다. 박시후는 빠른 발을 활용한 드리블, 돌파 능력 등 출중한 잠재력을 갖췄다는 평가다. 박시후는 "팀에 더 도움이 되기 위해 노력하겠다"고 다짐했다. TMI: 박시후의 누나는 2025년 미스코리아 출신 박지유다.

2026 시즌 프리뷰

각오가 남다르다. 더 이상의 논란은 안 된다. 충남아산은 지난해 배성재 감독의 사퇴 번복 해프닝, 선수들 연봉 미지급 등 각종 논란의 중심에 섰다. 어수선한 분위기 속 성적은 곤두박질쳤다. 새 출발선에 선다. 충남아산은 임관식 감독 체제로 출발한다. 임 감독은 "준비된 선수만이 살아남는다. 증명해야 한다"고 짧지만 강렬한 메시지로 선수단을 깨웠다. 충남아산은 2024년 K리그2 준우승 기억을 떠올리며 올 시즌 이순신의 정신으로 다시 달린다.

주장의 한마디

최보경

"올 시즌 구단이 목표하는 승격을 이루기 위해 주장으로서 책임감을 가지고 팀을 대표해 헌신하겠다. 선수들과 한마음 한뜻으로 최선을 다해 반드시 이뤄내겠다."

화성FC

구단 소개

정식 명칭	화성FC
구단 창립	2013년 1월 23일
모기업	시민구단
상징하는 색	주황색, 남색
경기장(수용인원)	화성종합경기타운 (35,270명)
마스코트	코리요
레전드	박태웅, 하재훈 등
서포터즈	오렌지샤우팅

우승

K리그	–
코리아컵(FA컵)	–
AFC챔피언스리그(ACL)	–

최근 3시즌 성적

시즌	K리그	코리아컵(FA컵)	ACL
2025시즌	10위 (2부)	3라운드	–
2024시즌	–	–	–
2023시즌	–	–	–

감독 소개

차두리

1980년 7월 25일 | 46세 | 대한민국

K리그 전적

39경기 9승 13무 17패

(*K리그2)

일찌감치 '준비된 지도자'라는 평가를 받았던 차두리 감독은 데뷔 시즌부터 기대 이상의 지도력을 과시했다. '감독이 최고 스타'라는 할 정도로 빈약한 스쿼드를 가지고, 경쟁력 있는 축구를 펼쳤다. 과감한 압박과 빠른 트랜지션을 앞세운 화성은 10위에 올랐다. '차붐' 차범근의 아들로 출발해, 본인만의 확고한 영역을 만들었던 차 감독은 아버지를 뛰어넘는 지도자가 될 수 있다는 평가까지 받았다. 본격적인 지원을 등에 업은 차 감독이 두번째 시즌 어떤 모습을 보일지, 팬들의 눈과 귀가 모아지고 있다.

주요 영입

이종성_천안 | **박의정**_가시마 | **플라나**_김포 | **제갈재민**_제주 | **김정민**_제주 | **페트로프**_젤레즈니차르 | **문건호**_대전

예상 베스트 11

올 시즌 주목할 선수

플라나

지난 시즌 화성은 기대 이상의 경기력을 보였지만, 가장 아쉬운 부분은 역시 에이스 부재였다. 알뚤, 리마 등 외국인 공격 자원들이 기대에 미치지 못했다. 화성은 리그에서 4번째 최소 득점을 기록한 공격진을 업그레이드 시켜줄 자원을 찾았고, 그게 플라나다. 플라나는 개인 기량만큼은 K리그2 정상급 윙어다. 1대1 돌파 능력과 파워넘치는 완발 슈팅을 보유했다. 그가 기대만큼 활약을 펼친다면 화성의 공격력은 더욱 날카로워 질 수 있다.

2026 시즌 프리뷰

화성은 지난 시즌 조용한 겨울을 보냈다. 신생팀들이 으레 이름값 있는 선수들을 더했던 것과 달리. 화성은 K3리그에서 함께한 선수들 위주로 시즌을 치렀다. 기대 이상의 모습을 보였지만, 역시 스쿼드의 한계를 절감했다. 예산이 대거 올라간 올 겨울, 화성은 공수에 걸쳐 선수 보강에 성공했다. '베테랑' 이종성은 중원의 중심을 잡아줄 선수고, 플라나와 페트로프는 공격에 날카로움을 더해줄 자원들이다. 경험을 쌓은 차두리 감독의 지도력까지 더해진다면, 지난 시즌 이상의 성적도 가능하다. 진짜 실력은 두번째 시즌부터 나온다. 김포처럼 대박을 칠지, 아니면 대부분의 팀들처럼 벽을 실감할지, 올 시즌의 다크호스임에는 분명하다.

주장의 한마디

이종성

"올해 팀의 슬로건이 '빌딩 투게더'다. 선수들뿐만 아니라 스태프, 구단 프런트, 그리고 팬들까지 모두가 하나로 뭉쳐 시즌을 치른다면, 언더독이라는 시선을 반드시 깨뜨릴 수 있을 것이다."

경남FC

구단 소개

정식 명칭	경남도민 프로축구단
구단 창립	2006년 1월 17일
모기업	도민구단
상징하는 색	빨간색, 노란색, 검은색
경기장(수용인원)	창원축구센터 (15,071명)
마스코트	군함이, 경남이
레전드	말컹, 윤빛가람 등
서포터즈	Aa:v, 아뜨레브, 더로즈 유나이티드

우승

K리그	1회 (2017 – K리그2)
코리아컵(FA컵)	–
AFC챔피언스리그(ACL)	–

최근 3시즌 성적

시즌	K리그	코리아컵(FA컵)	ACL
2025시즌	11위 (2부)	2라운드	–
2024시즌	12위 (2부)	16강	–
2023시즌	4위 (2부)	2라운드	–

UNIFORM

HOME

GK

AWAY

감독 소개

배성재

1979년 7월 1일 | 47세 | 대한민국

K리그 전적
32경기 8승 13무 11패

(*K리그2)

자존심을 회복할 절호의 기회다. 배성재 감독은 지난해 충남 아산의 지휘봉을 잡고 처음으로 K리그 사령탑에 올랐다. 하지만 그라운드 안팎에서 어려움을 겪으며 한 시즌도 채우지 못하고 물러났다. 누구보다 아쉬운 건 배성재 감독 본인이었을 것이다. 두 번째 클럽인 경남에선 아쉬움을 털어내야 한다. 매너리즘에 빠진 경남에 필요한 건 바로 배성재 감독의 신선한 아이디어다. 배 감독은 "창단 20주년에 걸맞게 끈끈하고 단단한 팀을 만들겠다. 형태는 변화하더라도 원칙은 흔들리지 않는, 어떤 상황에서도 기준을 지키는 경남의 정체성을 분명하게 구축해 나가겠다"고 말했다.

주요 영입

윤일록_강원 | **이범수**_인천 | **배현서**_서울 | **알렉사**_세라브랑카 | **루컹**_세라브랑카

예상 베스트 11

올 시즌 주목할 선수

윤일록

14년 만에 친정팀으로 돌아온 '연어'. 경남 유스팀을 거쳐 2011년 경남 프로팀에서 곧바로 두각을 드러냈다. 두 시즌 동안 리그컵을 포함해 68경기 10득점–8도움을 기록하며 강한 인상을 남겼다. 이후 프랑스, 일본 등 해외 무대를 누비며 풍부한 경험을 쌓았다. 본래 포지션은 윙어지만, 프로필에 풀백을 더했다. 정상급 선수로 성장해 돌아온 만큼 리더십도 기대된다. 윤일록은 "선수들과 빠르게 어울려 팀이 원하는 목표를 향해 갈 수 있도록 잘 이끌고 싶다"고 다짐했다.

2026 시즌 프리뷰

확 바뀌었다. 경남FC는 지난해 성적부터 구단 운영까지 모든 부문에서 어려움을 겪었다. 팬들의 신뢰도 뚝 떨어졌다. 경남은 창단 20주년을 맞아 싹 바꿨다. 배성재 감독 체제로 새출발을 알렸다. 브라질 출신 수비수 루컹, 몬테네그로 연령별 대표 출신 수비수 알렉사, 나이지리아 윙어 치기 등 외국인 라인업도 새로 꾸렸다. '베테랑' 윤일록 이범수는 경남으로 복귀했다. 재능 넘치는 어린 선수들도 영입하며 신구 조화를 이뤘다. 경남은 다시 한번 K리그1 무대를 꿈꾼다.

주장의 한마디

원기종

"쉽게 지지 않는 팀이 될 수 있게 하겠다. 경남이 다시 예전의 모습으로 돌아갈 수 있도록 노력하고, 도민의 응원이 헛되지 않게 경기장에서 최선을 다하겠다."

충북청주FC

구단 소개

정식 명칭	충북청주 프로축구단
구단 창립	2023년 1월 3일
모기업	시민구단
상징하는 색	진청색
경기장(수용인원)	청주종합경기장 (16,280명)
마스코트	차바, 레오니
레전드	–
서포터즈	울트라스 NNN

우승

K리그	–
코리아컵(FA컵)	–
AFC챔피언스리그(ACL)	–

최근 3시즌 성적

시즌	K리그	코리아컵(FA컵)	ACL
2025시즌	12위 (2부)	2라운드	–
2024시즌	10위 (2부)	16강	–
2023시즌	8위 (2부)	3라운드	–

감독 소개

루이 퀸타

1960년 6월 6일 | 66세 | 포르투갈

K리그 전적
2026시즌 K리그2 감독 데뷔

포르투갈에서 20년 넘게 지도자로 활동했다. 다양한 레벨의 포르투갈 리그 구단을 맡아 산전수전을 다 겪었다. 김민재, 황희찬 소속팀 감독을 맡았던 비토 페레이라 감독의 사단으로 FC포르투, 플라멩구 등에서 코치로 활동한 것으로 더 유명하다. K리그에선 아직 베일에 쌓여있는 퀸타 감독은 파울루 벤투 감독이 대한민국 축구대표팀에서 활용해 국내에 알려진 '전술주기화' 분야의 전문가, 공격 축구를 선호하는 지도자로 알려져 있다. 포르투갈 2~3부리그에서 승격 싸움을 벌여본 경험은 1부 승격을 염원하는 충북 청주에 도움이 될 것이다.

주요 영입

노동건_이랜드 | **조윤성**_수원삼성 | **핀리웰치**_노리치시티 |
엔소몬테이로_산투스 | **라파엘반데이라**_크리비리흐

예상 베스트 11

올 시즌 주목할 선수

핀리 웰치

잉글랜드 출신 미드필더 핀리 웰치는 눈길이 한 번 더 간다. 스티븐 제라드 입에서 나온 "위 고 노리치"(We go norwich)로 유명해진 잉글랜드 클럽 노리치 시티 유스 출신으로 2024년 노리치와 프로 계약을 체결할 정도로 기대를 모았다. 기동성과 창의성을 겸비한 공격형 미드필더 겸 윙어인 웰치는 충북 청주의 구단 위상을 한 단계 끌어올릴 외인으로 손꼽힌다. 젊은 자원 중에선 FC서울에서 임대한 2005년생 '영리한 미드필더' 민지훈을 주목하자.

2026 시즌 프리뷰

지난 3시즌 성적표는 8위-10위-12위다. 지난 2년간 잘못된 감독 선임, 영입 실패 등 '초보 구단'다운 헛발질을 반복했다. 더 떨어질 때가 없다. 그저 그런 시도민구단이라는 평가 속 축구팬에게 잊히지 않으려면 더 늦지 않게 바뀌어야 한다. 구단도 변화의 필요성을 공감한 듯, 칼을 빼 들었다. 첫 외인 사령탑 선임과 과감한 외국인 영입으로 우중충했던 팀 컬러를 오색빛깔로 바꿨다. 특히 빅리그, 유명 클럽 유스 출신 중 팀 전력에 보탬이 될 외인을 대거 품으며 이목을 집중시켰다. 퀸타 감독이 K리그에서 얼마나 새로운 전술을 펼칠까? '남다른 떡잎'들이 얼마나 센세이셔널한 활약을 펼칠까? 성공 여부를 확신할 순 없지만, 새로운 바람을 일으킬 거란 건 분명하다.

주장의 한마디

윤석영

"작년에 더 아쉬웠던 만큼 올해는 다른 모습을 보여드리겠습니다."

천안시티FC

구단 소개

정식 명칭	천안시민 프로축구단
구단 창립	2008년 1월 9일
모기업	시민구단
상징하는 색	천안 스카이블루, 블랙
경기장(수용인원)	천안종합운동장 (26,000명)
마스코트	호랑이
레전드	–
서포터즈	제피로스

우승

K리그	–
코리아컵(FA컵)	–
AFC챔피언스리그(ACL)	–

최근 3시즌 성적

시즌	K리그	코리아컵(FA컵)	ACL
2025시즌	13위 (2부)	3라운드	–
2024시즌	9위 (2부)	3라운드	–
2023시즌	13위 (2부)	3라운드	–

감독 소개

박진섭

1977년 3월 11일 | 49세 | 대한민국

K리그 전적
204경기 79승 59무 68패

2019년, 42세 초보 사령탑 박진섭 감독은 남다른 지도력으로 광주의 1부 승격을 이끌었다. 현역 시절 영리한 플레이를 펼쳐 '꾀돌이'로 불리던 박진섭 감독은 기술지역에서도 톡톡 튀는 아이디어와 용병술을 발휘했다. 서울에서 실패를 맛본 박진섭 감독은 2022년 부산 지휘봉을 잡아 2023년 부산을 K리그2 준우승, 승격 플레이오프까지 끌고 가며 광주의 승격이 단순한 우연이 아니란 사실을 증명했다. 2024년 7월, 시즌 도중 부산을 떠난 박진섭 감독은 천안 지휘봉을 잡고 1년여 만에 K리그로 돌아왔다. 어느덧 200경기 이상을 지휘한 박진섭 감독의 존재는 2026시즌 천안의 가장 강력한 무기다.

주요 영입

라마스_대구 | **고태원**_전남 | **박창우**_부산 | **최규백**_수원 | **최준혁**_화성

예상 베스트 11

올 시즌 주목할 선수

라마스

이미 K리그에선 진즉에 검증을 마친 '국밥 외인'이다. K리그1에선 느린 스피드 때문에 활약이 미미하지만, K리그2에선 '미친 왼발'이 통한다. 2023~2024년 박진섭 감독이 이끌던 부산에서 19골 17도움을 작성했다. 시즌 당 공격포인트 20개 정도를 올려줄 플레이메이커는 다시 박진섭 감독과 손을 맞잡았다. 올 시즌 천안 공격 컨셉은 '라마스'다.

2026 시즌 프리뷰

어느덧 프로 데뷔 4년차 클럽. 지난 3년은 아쉬움의 연속이었다. 2025시즌 가까스로 최하위에서 탈출했다. 축구대표팀의 훈련센터가 이전하면서 천안이 한국 축구의 새로운 성지가 되어가지만, 정작 천안시티는 K리그2 하위권에 맴돌았다. 2026년에도 여전한 재정적 한계로 인해 '폭풍 영입'을 기대하기 어려운 현실에서 박진섭 감독—유경렬 코치 콤비에게 구단 명운을 걸었다. 라마스, 고태원, 최규백, 박대한, 최준혁과 같이 K리그에서 잔뼈가 굵은 선수와 박창우, 이준호, 허동민, 이동협 등 젊은피를 두루 영입하며 신구조화를 이뤘다. 최전방에선 이바닐도가 해줘야 할 게 많다. 박진섭 감독의 축구에선 전방에서 싸워줄 묵직한 외인 공격수는 '필수 옵션'이다.

주장의 한마디

고태원

"모든 선수가 최선을 다하고 있어 주장으로서 뿌듯하고 기대가 많이 되는 시즌입니다. 반드시 경기장에서 승리로 증명하겠습니다."

안산 그리너스 FC

구단 소개

정식 명칭	안산시시민프로축구단
구단 창립	2017년 2월 21일
모기업	시민구단
상징하는 색	청록색
경기장(수용인원)	안산 와~스타디움 (35,008명)
마스코트	다니, 로니
레전드	장혁진, 이인재, 송주호, 이승빈, 김영남 등
서포터즈	베르도르

우승

K리그	–
코리아컵(FA컵)	–
AFC챔피언스리그(ACL)	–

최근 3시즌 성적

시즌	K리그	코리아컵(FA컵)	ACL
2025시즌	14위 (2부)	3라운드	–
2024시즌	11위 (2부)	3라운드	–
2023시즌	12위 (2부)	3라운드	–

UNIFORM

HOME

GK

AWAY

감독 소개

최문식

1971년 1월 6일 | 55세 | 대한민국

K리그 전적

69경기 18승 16무 35패

최문식 감독은 선수 시절 최고의 테크니션으로 평가받았다. 머릿속에 그린 그림대로 플레이했다. 지도자로선 아직 그림을 완성하지 못했다. 경험은 풍부하다. 아마추어~연령별 대표팀~K리그 등 다양한 무대를 누볐다. 지난시즌 막판 안산의 '소방수'로 부임해 '워밍업'을 마쳤다. 올 시즌이야말로 최 감독의 철학을 펼쳐보일 때다. 최 감독은 "선수들의 기술과 창의성을 중시하면서도, 상대를 끈질기게 물고 늘어지는 근성을 팀 컬러로 이식할 것이다. 투쟁심 가득한 감동을 선사할 것을 약속한다"고 출사표를 던졌다.

주요 영입

류승우_가루다약사 | **연제민**_화성 | **리마**_아메리카RN | **마춥**_잘기리스 | **오브라도비치**_무아이다르

예상 베스트 11

올 시즌 주목할 선수

류승우

독일 분데스리가 출신으로 한때 손흥민과 한솥밥을 먹기도 했던 류승우가 안산의 유니폼을 입고 3년 만에 K리그 무대로 돌아왔다. 20세 이하 대표팀에서 인연을 맺은 최문식 감독의 손을 잡았다. 그는 K리그를 비롯해 유럽, 아시아 등에서 뛰며 풍부한 경험을 쌓았다. 구단은 류승우의 기술적인 세밀함과 탁월한 골 결정력에 기대를 걸고 있다. 류승우는 "올 시즌 안산의 도약과 승리에 큰 보탬이 될 수 있도록 최선을 다하겠다"고 다짐했다.

2026 시즌 프리뷰

안산은 2017년 K리그2 무대에 첫발을 내디딘 이후 줄곧 하위권에 머물렀다. 2019년 5위(10개팀 체제)를 기록한 것이 최고 성적. 급기야 지난해에는 14개팀 가운데 최하위에 머무르는 굴욕을 겪었다. 냉정히 올 시즌, 하위권 탈출이 현실적 목표다. 안산은 세르비아 1부에서 뛰던 오브라도비치, 브라질 명가 코린치안스 출신 가브리엘 리마, 스웨덴 출신 막강 피지컬의 팀 하츠젤 등을 대거 영입하며 스쿼드를 강화했다. 연제민 류승우 등 베테랑을 더해 안정감까지 더해 반전을 꾀한다.

주장의 한마디

연제민

"대표팀 시절 이후 최문식 감독과 다시 함께할 수 있어 5년만에 안산으로 복귀를 결심하는 데 어려움이 없었다. 지난 시즌 안산이 최하위를 기록했지만, 이번 시즌에는 감독님을 비롯한 선수단에 많은 변화가 생긴 만큼 이전과 다른 모습으로 안산만의 색이 있는 팀이 되고자 한다."

김해FC2008

구단 소개

정식 명칭	김해FC2008
구단 창립	2008년 1월 25일
모기업	시민구단
상징하는 색	빨간색
경기장(수용인원)	김해종합운동장 (15,066석)
마스코트	토더기
레전드	–
서포터즈	구신

우승

K리그	–
코리아컵(FA컵)	–
AFC챔피언스리그(ACL)	–

최근 3시즌 성적

시즌	K리그	코리아컵(FA컵)	ACL
2025시즌	–	–	–
2024시즌	–	–	–
2023시즌	–	–	–

감독 소개

손현준

1972년 3월 20일 | 54세 | 대한민국

K리그 전적

28경기 11승 7무 10패

2024년 김해의 지휘봉을 잡은 손현준 감독은 지난해 팀을 K3(3부) 최정상으로 이끌었다. 다음 무대는 K리그다. 대구FC 사령탑이던 2017년 이후 9년 만에 K리그 감독으로 돌아왔다. 그는 "항상 발전적이고, 도전적이어야 한다. 안주하면 절대로 발전할 수 없다고 생각한다"며 힘찬 출사표를 던졌다. 쉽지 않은 길이 예고돼 있다. 쟁쟁한 팀과의 경쟁에서 이겨야 살아남는다. 손 감독은 "나는 경험이 많다. K3, K4에서 활동했고, 사무직 근무도 해봤다. K리그20에서 또 K리그1으로 도약할 수 있도록 준비하고 계획 세워서 함께 가겠다"고 다짐했다.

주요 영입

최필수_경남 | **브루노코스타**_경남 | **이래준**_시흥시민 | **베카**_몬테디오야마가타

예상 베스트 11

올 시즌 주목할 선수

베카

조지아 국가대표 출신 베카가 2년 만에 K리그 무대로 돌아왔다. 2023년 광주FC의 유니폼을 입고 두 시즌 동안 활약했다. 이후 K리그를 떠났다가 김해 소속으로 복귀했다. 왕성한 활동량, 영리한 위치 선정 등 장점을 활용해 공격진의 다양한 포지션에서 '게임체인저' 역할을 할 수 있는 공격수다. 신생팀의 '킬러'로 김해의 돌풍을 일으킬 수 있을지 관심이 쏠린다.

2026 시즌 프리뷰

2026년 새 도전의 문이 열린다. 김해가 올 시즌 K리그2 무대를 밟는다. 파주 프런티어 FC, 용인FC와 함께 '막내 3인방'으로 신생팀 돌풍을 노린다. 냉정하게 말해 파주, 용인과 비교해 다소 조용한 겨울 이적 시장을 보낸 것이 맞다. 하지만 김해는 손현준 감독을 중심으로 그동안 단단하게 다져온 조직력을 바탕으로 힘차게 첫발을 내딛는다. K리그 경험이 있는 베카, 브루노 코스타 등 외국인 선수들의 합류는 든든한 힘이다.

주장의 한마디

윤병권

"신생팀이지만 상대가 부담스러워하는 팀, 쉽게 무너지지 않는 팀이 되는 것이 이번 시즌 목표다. 결과만큼이나 팬들이 보고 싶어 하는 재미있고 열정적인 축구를 선보이고 싶다."

용인FC

구단 소개

정식 명칭	용인시민프로축구단
구단 창립	2025년 4월 28일
모기업	시민구단
상징하는 색	블러드 오브 미르 레드, 셀레스티얼 블루
경기장(수용인원)	용인미르스타디움 (37,155명)
마스코트	–
레전드	–
서포터즈	용비어천가, 용아, 드라군즈

우승

K리그	–
코리아컵(FA컵)	–
AFC챔피언스리그(ACL)	–

최근 3시즌 성적

시즌	K리그	코리아컵(FA컵)	ACL
2025시즌	–	–	–
2024시즌	–	–	–
2023시즌	–	–	–

감독 소개

최윤겸
1962년 4월 21일 | 64세 | 대한민국

K리그 전적
396경기 130승 137무 128패

K리그를 대표하는 백전노장. 부천, 대전, 강원, 부산, 제주, 충북청주 등 수많은 구단을 지도했다. 튀르키예와 베트남과 같은 해외 무대도 경험했다. 2016시즌 강원의 승격을 이끌고, 충북청주의 초대 감독으로 8위 돌풍을 이끈 최윤겸 감독은 용인 초대 사령탑으로 새 도전에 나섰다. 용인 전력이 신생팀답지 않게 탄탄하다는 평가를 받고 있는 만큼 곧바로 승격에 도전하겠다는 자신감을 보이고 있다. 온화한 리더십을 구사하는 리더라 베테랑과 유망주들이 중심이 된 용인 선수단을 잘 융화시킬 것으로 기대된다.

주요 영입

석현준_남양주 | **신진호**_인천 | **김보섭**_인천 | **임채민**_제주 |
김민우_수원삼성 | **최영준**_수원삼성

예상 베스트 11

올 시즌 주목할 선수

석현준

한때 대한민국 최고의 기대주였다. 어린 시절 당돌하게 아약스에 입단해 곧바로 유럽에서 커리어를 시작. 네덜란드, 포르투갈, 프랑스 등 여러 나라를 통해 경험을 쌓았다. 전성기 시절에는 국가대표에도 뽑혔다. 2023년 병역 회피 논란을 일으킨 석현준은 사회복무요원으로 복무했다. 전역 후 다시 그라운드 복귀를 꿈꿨고, 고향과 다름없는 용인에 입단했다. 서른다섯 늦깎이 신인은 초심의 자세로 용인 공격 선봉에 선다. 팀이 돌풍을 일으킨다면 그 중심에는 석현준이 있을 것이다.

2026 시즌 프리뷰

2026년 K리그 신생팀 중 용인을 향한 기대감은 특히 남다르다. 전력이 K리그2 중위권 이상이라는 평가다. 석현준, 신진호, 최영준, 김민우, 임채민이 중심이 된 베테랑 라인은 든든하다. 골키퍼를 외국인 노보로 채웠으며 가브리엘과 자브델까지 영입했다. 최윤겸 감독이 '1년차 승격'을 입에 올린 건 다 이유가 있다. 최대 4팀까지 승격이 가능한 시즌이라 못할 것도 없다. 다만 주축들이 대부분 30대 중반이라는 점은 변수로 작용할 수 있다. 더운 여름과 부상을 어떻게 이겨낼 것인지가 관건이다.

주장의 한마디

신진호

"팀이 막 만들어진 시기일수록 방향성이 가장 중요하다고 생각한다. 우리가 어떤 축구를 하고 싶은지, 어떤 팀이 되고 싶은지를 먼저 분명히 해야 한다. 주장으로서 그 기준을 경기장 안에서 보여주고 싶다. 시즌이 끝났을 때 용인이 단순한 신생팀이 아니라, 준비된 팀이었다는 평가를 받는 것이 목표다."

파주프런티어FC

구단 소개

정식 명칭	파주 프런티어 FC
구단 창립	2012년 2월 16일
모기업	시민구단
상징하는 색	프런티어 블루, 코스모스 핑크
경기장(수용인원)	파주 스타디움 (23,000명)
마스코트	코스밍, 파프몬
레전드	–
서포터즈	핑크블루

우승

K리그	–
코리아컵(FA컵)	–
AFC챔피언스리그(ACL)	–

최근 3시즌 성적

시즌	K리그	코리아컵(FA컵)	ACL
2025시즌	–	–	–
2024시즌	–	–	–
2023시즌	–	–	–

감독 소개

제라드 누스

1985년 1월 31일 | 41세 | 스페인

K리그가 처음은 아니다. 2011시즌 전남 코치를 역임했다. 한국을 떠난 후 잉글랜드, 호주, 가나, 카자흐스탄, 스페인, 인도, 그리스에서 다양한 경험을 쌓았다. 코치, 디렉터, 유스 디렉터 등 직책도 다양했다. 지난시즌 전북 현대를 부활시킨 거스 포옛 감독의 그리스 국가대표팀 수석코치였다. 정식 감독 경험은 짧지만, '준비된 지도자'다. 파주는 유망주가 가득한 선수단과 젊은 누스 감독이 제대로 시너지 효과를 발휘하길 기대하고 있다.

주요 영입

홍정운_대구 | **류원우**_경남 | **전현병**_충북청주 | **아리아스**_호이에 | **바우텔손**_이투아누 | **홀리오바에즈**_스포르티보루루케뇨

예상 베스트 11

올 시즌 주목할 선수

홍정운

팀을 이끌어가는 건 감독이지만 경기장 안에서의 중심은 주장이다. 이번 시즌 파주는 어느 구단보다도 주장의 역할이 막중하다. 창단 첫 시즌이며 파주만큼 선수단 구성이 어린 팀도 없다. '아기' 파주에 노련함과 경험을 보여줄 수 있는 선수가 주장 홍정운이다. 대구에서 주장을 했기에 믿음직하다. 수비에서도 중책을 맡았다. 팀의 성적은 공격보다는 수비에 의해 좌우되는 경우가 많다. 파주가 이번 시즌 파란을 일으키기 위해선 홍정운의 활약이 절실하다.

2026 시즌 프리뷰

신생 구단과 젊음의 패기로 무장했다. 프로 진입 첫해다. 파주가 곧바로 승격에 도전할 수 있다고 예상하는 이는 많지 않지만 파주는 높은 잠재력을 가지고 있다. 선수단 구성 자체가 매우 어리다. 2000년대 이후 출생자가 대부분. 이 선수들이 누스 감독과 잘 조화가 돼 시즌 초반 경험을 쌓고 상승세를 탄다면 어디까지 올라갈지 모른다. 다만 반대의 경우에는 시즌 내내 흔들릴 수 있다는 점에서 우려가 있다. 누스 감독이 지도자로서의 커리어는 길지만 감독으로서는 아직은 증명한 적이 없다는 점도 파주엔 변수가 될 수 있다.

주장의 한마디

홍정운

"파주 프런티어의 주장으로서 신생팀을 이끌게 되어 큰 영광으로 생각한다. 그만큼 책임감을 가지고 팀이 하나로 뭉칠 수 있도록 최선을 다해 이끌겠다."

2026 K리그 스카우팅리포트

초판 1쇄 펴낸 날 | 2026년 3월 13일

지은이 | 윤진만, 박찬준, 김가을, 김대식, 이현석
펴낸이 | 홍정우
펴낸곳 | 브레인스토어

책임편집 | 김다니엘
편집진행 | 김진호, 정채현, 박혜림
디자인 | 이예슬
마케팅 | 방경희
자료제공 | 한국프로축구연맹

주소 | (03908) 서울시 마포구 월드컵북로 375, DMC이안상암1단지 2303호
전화 | (02)3275-2915~7
팩스 | (02)3275-2918
이메일 | brainstore@publishing.by-works.com
블로그 | https://blog.naver.com/brain_store
인스타그램 | https://instagram.com/brainstore_publishing

등록 | 2007년 11월 30일(제313-2007-000238호)